总主编　冯守权

辽宁省高校思想政治工作研究丛书

2020 年度辽宁省社会科学规划基金项目（高校思政专项）（L20DSZ014）
“新时代高校班集体建设的理论与实践研究”成果

新时代高校班集体建设的理论与实践

主　编　马其南　王义波　李　珺

副主编　龙喜栋　张路怡　刘　浩

大连海事大学出版社

图书在版编目(CIP)数据

新时代高校班集体建设的理论与实践 / 马其南，王义波，李珺主编. — 大连 : 大连海事大学出版社，2022.12

(辽宁省高校思想政治工作研究丛书 / 冯守权总主编)

ISBN 978-7-5632-4306-8

Ⅰ. ①新…　Ⅱ. ①马… ②王… ③李…　Ⅲ. ①高等学校—班级—学校管理　Ⅳ. ①G647.34

中国版本图书馆 CIP 数据核字(2022)第 186591 号

大连海事大学出版社出版

地址:大连市黄浦路523号　邮编:116026　电话:0411-84729665(营销部)　84729480(总编室)

http://press.dlmu.edu.cn　E-mail:dmupress@dlmu.edu.cn

大连永盛印业有限公司印装　　大连海事大学出版社发行

2022 年 12 月第 1 版　　2022 年 12 月第 1 次印刷

幅面尺寸:184 mm×260 mm　　印张:12.5

字数:307 千　　印数:1~500 册

出版人:刘明凯

责任编辑:魏　悦　　责任校对:高　颖

封面设计:解瑶瑶　　版式设计:解瑶瑶

ISBN 978-7-5632-4306-8　　定价:37.00 元

辽宁省高校思想政治工作研究丛书

总 主 编　冯守权

副总主编　张秀丽　曲建武

执行主编　胡承波

总　序

教育是国之大计、党之大计。培养什么人、怎样培养人、为谁培养人是教育的根本问题。育人的根本在于立德。全面贯彻党的教育方针,落实立德树人根本任务,培养德智体美劳全面发展的社会主义建设者和接班人,是新时代赋予高校思想政治工作的重要使命。党的十九大以来,中共中央、国务院以及教育部等部委印发了《关于新时代加强和改进思想政治工作的意见》《高校思想政治工作质量提升工程实施纲要》《关于加快构建高校思想政治工作体系的意见》等文件,丰富和发展了我们党对高校思想政治工作的规律性认识,为我们做好高校思想政治工作提供了遵循。

一直以来,辽宁省委、省政府高度重视高校思想政治工作,始终坚持把教育摆在优先发展的战略地位,坚持落实立德树人根本任务,扎实推进高校思想政治工作高质量发展。我省高校思想政治工作以习近平新时代中国特色社会主义思想为指导,全面贯彻党的教育方针,坚持和加强党对高校的全面领导,坚持社会主义办学方向,以立德树人为根本,以理想信念教育为核心,以培育和践行社会主义核心价值观为主线,逐步建立并完善全员、全程、全方位育人体制机制,着力构建目标明确、内容完善、标准健全、运行科学、保障有力、成效显著的高校思想政治工作体系,努力造就了一支政治强、业务精、纪律严、做风正的高水平思想政治工作队伍,一大批高校思想政治工作的优质成果脱颖而出。为了更好地总结近年来我省高校思想政治工作成果,进一步推广富有成效的工作经验,中共辽宁省委教育工委、辽宁省教育厅组织编写了"辽宁省高校思想政治工作研究"丛书。该丛书由中共辽宁省委教育工委副书记、辽宁省教育厅厅长冯守权同志担任总主编。

"辽宁省高校思想政治工作研究"丛书聚焦新时代高校思想政治工作主要内容,围绕高校党的建设、高校思想政治理论课建设、高校思想政治教育等内容进行理论研究与实践探索,旨在总结我省高校思想政治工作的规律与经验,有针对性地解决高校思想政治工作中的具体问题。该丛书中的每种书均分为理论篇和实践篇两个部分,理论篇是高校思想政治工作的学理基础,旨在探寻工作规律,不断提升高校思想政治工作的科学化水平;实践篇是我省高校思想政治工作具体工作案例介绍,是我省高校思想政治工作实践的全景展现,也是工作经验的总结与思考,旨在提高高校思想政治理论课教师、辅导员、组织员等一线高校思想政治工作人员的工作实务能力。

"辽宁省高校思想政治工作研究"丛书收录了近年来辽宁省高校思想政治工作的丰硕成果,展现了近年来辽宁高校思政课教师、辅导员、组织员等一线思政工作者的综合素质和理论研究水平。希望这套丛书能为高校思想政治工作者相互交流学习和相互借鉴工作经验提供参考,为建设一支信念坚定、业务精湛、纪律严明、结构优化、战斗力强的高校思想政治工作队伍发挥积极作用,进而为提升全省高校思想政治工作质量和水平做出应有的贡献。

辽宁省教育厅

2022 年 10 月

前　言

高校班集体是大学生思想政治教育的重要组织力量，是大学生自我教育、自我管理、自我服务的主要组织载体。一般来讲，高校班集体是按照学校有效开展教育教学活动的要求和规则进行建制的。班集体是高等教育管理体制中的一个普遍和基本的教育教学和学生管理单位。高校班集体建设是我国高等教育领域的一个传统命题。新时代我国高等教育进入高质量发展的新阶段，高校班集体建设这个传统命题也有了新的含义，如何适应新时代大学生群体的思想行为特征，关注其发展需求，如何满足新时代高等教育发展的要求，如何充分发挥育人的价值和功能、落实立德树人的根本任务等，都成为高校班集体建设亟待解决的新问题。

本书是“辽宁省高校思想政治工作研究”丛书之一，由“时代楷模”、大连海事大学曲建武教授策划。该选题来源于高校辅导员工作实际，研究的成果对班集体建设可提供一定的借鉴。本书特点如下:第一，编写组成员皆为从事大学生思想政治教育的教师和辅导员，具有丰富的高校班集体建设经验;第二，既有理论阐释，又有实操分析，还有鲜活的工作案例，通俗易懂，便于读者理解和借鉴，具有很强的实用性;第三，所选用的案例均是辽宁省内各高校班集体建设的优秀案例，涉及“思想建设”“班风形成”“创新精神”“文化建设”“班级活动”“班级管理”等多个维度，力求对建设优秀班集体的路径和方法提供有益借鉴。

本书分为上篇和下篇。上篇是理论篇，从高校班集体建设的理论基础入手，充分借鉴我国高校班集体建设和发展的历史经验，系统阐释新时代高校班集体的文化建设、实践活动、管理与评价等相关问题，力求构建新时代高校班集体建设的理论体系。下篇是案例篇，收集整理了近年来辽宁省高校关于高校班集体建设的经典工作案例，既是对高校班集体建设实践的经验总结，也是对高校班集体建设发展的积极探索，力求探索新时代高校班集体建设实践创新的操作范式。

本课题组由成员多年从事大学生思想政治教育的优秀工作者组成，本书是课题组全体成员集体智慧的结晶。马其南负责拟定框架和全书的统编工作，王义波、张路怡编写第一章、第四章及第七章部分案例内容;龙喜栋、刘浩编写第二章、第三章及第七章部分案例内容;李珺编写第五章、第六章及第七章部分案例内容。宋德群、骆兴山、王宁、于小雯、张璐杨参与编写了部分内容。

在本书的编写过程中，参考了大量专家、学者编写的相关文献资料，借鉴了相关专家、学者的研究成果和文献资料，在此一并表示诚挚的感谢。尽管我们力求完美，受经验和研究水平的局限，书中难免存在疏漏或不足之处。欢迎广大同仁在阅读的过程中对本书多提宝贵意见，以促使我们不断提高对新时代高校班集体建设的研究能力。

编　者

2022 年 10 月

目　录

上篇　理论篇

下篇　案例篇

上　篇

理论篇

第一章
新时代高校班集体建设理论概述

高校班集体是大学生思想政治教育的重要组织力量，是高等教育管理体制中的一个最普遍、最基本的教育教学和学生管理单位，是按照高校有效开展教学活动的要求和规则进行建制的。高校班集体建设是在教育者的指导下，通过确立班集体成员共同的发展目标和愿景，变革班级制度和管理方式，丰富共同活动的内容，优化集体内部的人际关系，在促进每个个体发展的同时，使班集体成为一个不断发展和成长的教育主体。因此，加强班集体建设在整个高等教育过程中，特别是在大学生思想政治教育过程中具有十分重要的意义。我国高等教育始终重视高校班集体的建设，从20世纪八九十年代开始研究和探索高校班集体建设，注重界定并分析班集体的内涵、类型、特点和功能等，逐步构建我国高等教育班集体建设的理论体系。

第一节 ◎ 高校班集体建构的理论基础

高校班集体是群体性存在，群体是社会学的概念，对群体进行的研究是社会学的一个重要研究领域。从这个角度来看，高校班集体建构的理论基础是群体与群体理论，这也是深入研究高校班集体建设的前提和基础。

一、群体与群体理论

1. 群体与群体构成

什么是群体？群体是社会学的概念，也称为团体。俗语说“物以类聚，人以群分”，所谓群体(group)，是指人与人之间为了一定的共同目标，以一定方式结合到一起，彼此之间相互作用，心理上相互依存而产生共同感的两人以上的人群或共同体①。也可以说，群体是根据一定的特征(阶级、民族属性、共同活动的情况、人际关系的发展水平、组织特点等)而从社会整体中区分出来的人群共同体。群体概念的核心要素是共同目标，为了达成共同目标需要从事共同活动，这种共同活动是具有社会意义的活动，也是群体得以形成、能够发展的根本。因此，群

---

① 张晓明，陈建文. 高等教育心理学[M]. 北京：高等教育出版社，2008：483.

体是构成社会的基本单位和重要组成部分。群体可以把社会与个人紧密联系在一起,个人可以推动群体的发展,从而促进社会的发展与进步。

群体现象是自然界的普遍现象。人们之所以需要群体,首先是由于生存的需要。除此之外,人还有安全、交往、归属、自我实现等方面的需要,这些需要同样也只有在群体中才能得到满足。群体存在于社会的各个阶层、各个角落,在由地位和等级秩序构成的生活中,人们属于各种各样的群体。例如:人从出生后就生活在家庭、家族、村社、街坊等初级群体中;之后又生活在幼儿园、学校、工厂或机关等次级群体中;同时,还生活在非正式群体中,如亲属群体、邻里群体、同事群体、朋友群体等①。

关于群体问题的研究历时已久,国内外很多学者有众多的理论观点。关于群体的构成,具有代表性的观点是心理学家霍曼斯在 20 世纪 50 年代提出的“四要素”群体理论。霍曼斯认为,任何群体都是由活动、相互作用、思想情绪和群体规范四种要素组成的,其中相互作用是指群体内个体之间的信息沟通和行为响应,思想情绪是指群体成员的态度、感受、意见、信念、思维过程。此外,也有的专家还提出群体构成的“八要素”说,认为群体是由成员的共同性、群体规模的大小、群体与外部的关系、成员对群体的依赖性、群体的地位、群体目标的达成、信息的沟通以及领导的要求与压力八个方面构成。

2. 群体的分类

社会心理学在考察群体问题时,会从不同角度对群体进行分类。具有代表性的是美国学者卡茨从群体的社会功能出发,把群体划分为生产性群体、养护性群体、政治性群体、适应性群体等。群体分类的方法有很多种,最常见的方法就是将群体划分为统计群体与实际群体。哈佛大学的梅奥教授把群体分为正式群体和非正式群体。根据不同的划分标准,群体的分类有所不同:

第一,按照群体是否存在的角度来划分,群体可以分为统计群体与实际群体。所谓统计群体,是指实际上并不存在,只是为了研究和分析的需要,把具有某种特征的人在想象中组织起来,成为群体。这种群体主要存在于统计学中,如老年群体。实际群体是指在一定空间和时间范围内存在的群体。这类群体有着明显的界限和实际交往,如学校的班级。

第二,按照构成群体的原则和方式来划分,群体可以分为正式群体与非正式群体。正式群体是指那些有明确规章,成员的地位和角色、权利和义务都很清楚,并具有稳定、正式编制的群体,如机关的科室、工厂的班组、学校的班级等。正式群体按其存在时间的长短又可分为永久性正式群体和暂时性正式群体。永久性正式群体包括科室、班组等。暂时性正式群体是指新产品设计组、毕业生分配组等临时性组织。非正式群体是指那些自发产生的,无明确规章的,成员的地位与角色、权利与义务都不明确的群体。人们除了完成工作和学习任务,还有交友、娱乐、消遣等各种各样的欲望与需求,非正式群体往往借助于同乡会、集邮爱好者协会、诗社、绘画小组等形式,帮助其成员实现某种需求。非正式群体往往以共同的利益、观点为基础,以

① 高峰. 论群体理论在高校学生教育管理工作中的应用[J]. 四川理工学院学报(社会科学版),2008(05):131-133.

感情为纽带，有较强的内聚力和较高的行为一致性。

第三，按照群体建设的标准来划分，群体可分为成员群体与参照群体。成员群体是指个体为其正式成员的群体。参照群体是指个人特别向往并接受其规范，成为自己言行参照系的群体，有时特指某种现象，又可称为参照现象。参照群体通常包含三种含义：一是指作为比较标准的群体；二是指晋升期间的群体；三是指个体以其他群体的习惯和思维为行为准则。总之，参照群体是令其他群体成员向往的一类群体。当群体成员对其所属群体感到不满时，往往会寻找其他群体作为参照。参照群体常被其他群体成员视为榜样，在某些情况下能起到模范作用（例如学校的先进班集体、车间的先进班组等），但有时也会起到带头破坏社会规范的作用。注重参照群体的研究，认识、分析人们心目中的参照群体，能更好地发挥先进群体的带头作用。

第四，按照群体的规模来划分，群体可分为大群体与小群体。群体规模即群体内成员的数目，它与群体凝聚力有密切的联系，能直接影响成员的感情和行为。因此，群体可以划分为大群体与小群体。通常，大群体是指人数众多，成员间只是以间接方式联系在一起，没有直接的社会交往和互动的群体；小群体是指人数较少（一般为 2~50 人）且成员间有面对面的直接接触和互动的群体。群体每增加一位成员，彼此之间的关系就会复杂很多倍，不仅有两个人的关系，还有个人与群内群之间的关系、群内群与群内群之间的关系等。群体成员的多寡、人际关系的变化直接影响到群体凝聚力的变化①。

第五，按照群体的组织结构来划分，群体可分为正式组织群体和非正式组织群体。班级组织是由不同个体组成的群体，它反映正式组织层面与个人属性层面的需求，在结构上存在正式组织与非正式组织。班级组织是由学生组成的正式组织群体，旨在实现班级组织的公共目标。这是一种制度化的人际关系。每个班级组织都有工作目标，都要建立根据班级分工的组织机构。正式组织群体大多预先决定好时间、场所和活动内容，要求班级每一位成员接受。非正式组织群体源于班级组织的个人属性层面的人际关系，是学生在共同的学习与活动中基于成员间的需求、能力、特点的不同，从个人的好感出发而自然形成的。个人属性层面的需求没有定员编制，没有明确的组织形态，却是客观存在的。非正式组织群体强调的是情感的沟通和非正式的互动与交往，它的行为方式是比较松散的、非规范性的。正式组织群体与非正式组织群体往往是同时发生作用、交互影响的。两者在形成特点上都具有普遍性、自发性、随意性、选择性等特点。前者在学校人际关系系统中起主导作用，后者具有满足个体需要、保护心理健康、沟通信息、调节平衡等正式关系所不能替代的功能。

3. 群体的特点

群体成员为了共同的目标从事共同的活动，因此产生了一些群体心理特征，比如群体兴趣、群体价值、群体规范等，也产生了群体成员之间的亲近感、团结力等共性心理。因此，群体具有三个主要特征：一是群体成员之间具有一定的共同目标；二是群体具有一定的结构；三是群体成员心理上有相互依存的关系和共同的心理感受。大学生群体还具有以下更为鲜明的

① 乐国安. 社会心理学[M]. 北京：中国人民大学出版社，2009：227.

特征：

第一，群体成员之间具有共同目标。大学是获取知识的场所，学习是大部分学生的第一要务，学有所成是大学生群体的共同目标，为了实现这个目标，大学生群体要通过一系列相关活动，以及相应的规章制度等保障，不断调整心态和行为，以实现完成学业这个最基本的目标。

第二，群体成员之间平等交往。群体内的成员因为群体结构的存在担当某个角色，并承担相应的职责和义务，相互之间结成交往关系。大学生群体与社会其他群体相比较，是一个相对松散、互利共生、平等合作的群体。

第三，群体成员之间具有一定的影响力。大学生处于生理、心理的成熟发展期，思想心理和行为特别容易受到外界的影响，更容易受到群体内部其他个体的影响。大学生来自不同的地区，成长环境和背景也有不同，相互之间就容易产生一定的影响。

二、共同体理论与学习共同体理论

共同体是社会学的基本概念，最早从德国斐迪南·滕尼斯的《共同体与社会》中引入。共同体的内涵丰富，滕尼斯认为，共同体是一种以血缘、地缘等自然因素为基础的、原始的、真正的、持久的群体生活，是熟人社会中共同生活的一种形式。共同体的存在基本上依赖于某种共同遵从的传统习俗或约定，其内部成员自我意识薄弱，对群体绝对认同，因此，从理想意义上来讲，共同体是基本稳定、彼此信任、亲密和谐的存在。共同体的理念广泛应用于不同领域，教育领域关于共同体的论述主要集中于约翰·杜威、托马斯·萨乔万尼、佐藤学等人的著作中。杜威以“民主共同体”论述了民主的教育与教育的民主。萨乔万尼认为共同体是一种内在的基于自然意愿相互联系的团队，人们共享意识形态为建立规则、共同行动提供基础。佐藤学将学习共同体作为学校改革的哲学与愿景，学习共同体理论主要包含公共性、民主主义、卓越性三大原理。

共同体理论作为班集体建构的理论基础，是现代意义上的共同体在学校班集体这个微领域中的具体推衍与呈现。班集体作为一种共同体的存在形式，强调集体主义，重视班集体作为特殊社会组织的目标与规范要求，注重考量班集体作为群体存在的交往与互动特征，以及应该彰显的教育价值。

共同体理论下高校班集体不是静态的、共时的社会体系、社会组织或初级社会群体，而是集社会性、组织性、群体性于一体的动态的、历时的教育类组织，是一个半封闭、半开放的自组织，具有自主调节和整合的功能，能够达到有效均衡与和谐有序。班集体共同体既是一个由学生作为主体构成的实体形式，也是一种概念表达，是学习、实践、精神等共同体的有机体，班集体共同体是通过班级成员所具有的共同的精神纽带联系在一起的。班集体共同体既是班集体存在的形式，也是班级建设的一种范式。班集体作为共同体的存在，是教育教学的基本组织形式，教育性与学习性是班集体共同体的基本属性，“学习与思考永远都是置身在文化情境里，并且永远都需要依赖文化资源的使用”，所以，班集体共同体也具有文化属性，也是精神共同体。

美国教育学家博耶尔于1995年正式提出“学习共同体”的概念。学习共同体是一种关于学习和学习者的社会性安排,它提供给学习者围绕共同的知识建构目标进行社会交互的机会,以活动为载体的社会交互中蕴涵着多层次参与:边缘的和核心的,在场的和虚拟的①。由规则纪律的约束、共享的愿景、平等的交流,构成了共同体的关键特征。在班级的基础上形成班集体,某种程度上可以说是形成了一个基于班级的学习共同体,班集体教育功能的实现最终体现为学生的学习成长与健康发展。班集体的形成特征应更多从学生主体及其学习效果来分析和考察。作为一种关于学习和学习者的社会性安排,学习共同体提供了理解学习的新范式,借助其理论可为分析班集体的形成特征提供崭新的视角。

1. 学习共同体视角下的班集体建构的主体性特征

(1)积极主动。相比于班级,班集体的形成更有利于发挥学习者的主体作用,在班集体中每个学生都是主人。班集体的运作更多依靠学生的主动参与以及彼此间的默契与情感,学生行为更多源于自觉,受集体氛围的感染。学生之间以及学生与教师之间的多向互动过程构成了班级活动的主要部分。学生是主动的知识探索者,而不是被动的知识接受者,在与同伴的对话中建构意义,同时重视学习过程和结果,习得适合自己的有效学习策略。

(2)尊重差异。学习共同体将差异视为一种资源。正如日本学者佐藤学所表述的,每一个人的差异得到重视,和运用不同乐器演奏成一曲交响乐一样,在学习共同体中这种“交响式沟通”使每个人的经验得以交流。在班集体中,学生具有丰富多样的个性化特征,这种异质性增进了班集体成员之间的交流互动,使其成为一个开放的学习系统,使班级内部的对话充满了乐趣与生机,也使学生的生命活力得以自由发展。

(3)平等参与。从班级发展成为班集体,学生参与意识会更为平等,行为方式会更加民主。班集体中事务的处理以平等协商为主要沟通方式,尊重学生主体意愿,给予学生话语权,形成民主的氛围。在不断践行和发展民主的过程中,充分发挥学生的主体作用,促进师生的对话合作,班集体成员之间形成亲密的情感氛围,最终推动学生的全面发展。

2. 学习共同体视角下的班集体建构的实践性特征

(1)共同的事业。共同的愿景反映大多数成员的价值观和真实需求,共同的事业体现大多数成员共同的追求,必须经由所有成员的共同协商而形成,这也是共同体一致性的来源。班集体涉及的领域广泛,从课内学习的专业领域到课外活动的生活领域,从学校教育的外在目标到学生成长的内在需求,共同追求的事业不仅包括明确表达的陈述(比如班训、目标等),也包括处于实际运作状态的事业追求。领域的复杂并不会影响学生对该领域的理解和认同,却能指导学生提出问题,帮助学生确定值得分享的知识,促进学生提升思辨能力和认知能力。共同追求的事业受到所在领域的影响时,学生们通过共同协商最终确定共同的事业。

(2)相互的介入。在班级授课制模式下,学生之间实质性、有意义的互动较少。而在班集体中,学生因共同的兴趣爱好和实际需求聚集在一起,围绕共同的愿景和事业一起奋斗,相互

① 赵健.学习共同体的建构[M].上海:上海教育出版社,2008:24.

介入和支持,形成了学习共同体的成员关系。参与者的同质性和异质性都是驱动实践的重要因素,其中异质性体现为家庭背景、教育水平、认知程度、心理素质、学习动机等。相互介入的过程产生新的同质性和异质性,同时产生新的各种各样的关系网。在班集体中,每一位成员都有交流的需要,在交流中共同分享集体的智慧和经验。成员之间真实互动的深度体现相互介入的程度,最终影响学习的结果。

(3)共享的技艺库。共享的技艺库是指共同体内一整套共享的资源,包括惯例、用语、工具、做事的方式、故事、手势、符号、样式、行动或者概念。这些资源都是共同体形成的过程中产生或采用的,并成为共同体实践的重要部分①。共享的技艺库反映了共同介入的历史和实践,既有具体化的部分,也有参与化的部分。在班集体中,故事、案例、工具、文档、规则、手册、符号等共享知识和共享资源包括有形和无形两种,这些体现了班集体成员的智慧,更彰显着班集体的发展和成熟。这些集体智慧的建构不仅需要个人经验的分享和成员间的交流,更需要内嵌于班集体的信任和归属以及对知识的创新和管理。

3. 学习共同体视角下的班集体建构的目标要求

(1)知识的建构。学习是知识的社会建构,成员参与实践共同体的过程就是学习的过程。对于班集体成员来说,尽管生活背景和经历有所差异,学习动机也有不同,但最终目标都是要学有所获,促进知识的建构。班级授课制以师生之间知识的传授为主要教学方式,学生获得的基本上是显性知识。而在班集体中,学生通过相互交往、共同参与的实践活动置身于具体的情境,对于学习者而言,共同体是个体进行学习并建构知识的场,通过"合法的边缘参与"和"充分的参与"来建构个体的知识②,在逐渐感知和体会以及不断思考和总结过程中,学生能够获得不能系统表述的、难以言传的默会知识,更有利于实现深度学习。

(2)身份的形成。身份意味着归属,不仅是指拥有某些显性的知识,而且包含着与实践无法分离的实践知识,即只有知道在某种情境下做出某种行动,才能取得共同体的认可。身份的形成过程是学习的轨迹,如从新手成长为专家的过程③。在班集体中,学生通过相互的学习交流和共同的活动参与而相互影响,不断加深彼此间的相互认识,逐渐形成对共同体的共同理解,从边缘学习者转变为中心学习者。在此过程中,学生逐渐增强了成员身份感和集体归属感。在班集体实践中,学生可以体会共同的目标与价值追求,并在活动中逐渐认可自身所承担的责任,明确特定专业领域内的工作习惯和特有文化,同时这种身份也受到共同体所在的更广阔的社会背景的影响。

(3)集体凝聚力。班集体的情感特征比班级显著,一般都具有比较强烈的集体凝聚力,表现为成员的认同感和归属感。班集体成员会对共同愿景、信念、角色、身份产生认同,在集体内部建立相互依赖的感情和友谊。同时,学生对一些重大的事件或原则性问题都保持着共同的认识和评价,在个人目标和价值判断方面都会与集体有着高度的相似性。此外,当学生在交流

① 赵健.学习共同体:关于学习的社会文化分析[M].上海:华东师范大学出版社,2006:83.

② 伏荣超.学习共同体理论及其对教育的启示[J].教育探索,2010(7):6-8.

③ 贾义敏,詹春青.情境学习:一种新的学习范式[J].开放教育研究,2011,17(5):29-39.

讨论中引发不同的思考和碰撞时，知识的形成、深化、迁移成为必然结果，同时在深入沟通中促进情感深化和价值认同，实现共同发展。

三、朋辈理论

1. 朋辈

在汉语中，“朋”表示远近关系，指彼此友好的人，即朋友；“辈”则代表时间关系，表示一种辈分、尊卑等。结合来看，“朋辈”一词可以理解为“关系友好的辈分”或“朋友间的辈分”。尽管朋友不分年龄，但是朋友往往具有年龄相仿、志趣相投的特点，因此“朋辈”一词重点强调他们层次的相同或相近，往往是指“拥有共同的生活背景，年龄、地位、社会背景相似的一类人”的群体。他们有较为相似的生活理念和价值观念，也正因为如此，同龄人之间所遇到的问题和遭遇的境遇也有共通之处。

2. 朋辈教育

“朋辈教育”一词虽然是近代提出的，但追溯到古代，朋辈及朋辈的影响和作用也是存在的。从“三人行，必有我师焉；择其善者而从之，其不善者而改之”“近朱者赤，近墨者黑”“君子上交不谄，下交不渎”等可以看出古人已经开始重视朋辈的作用。前人对朋辈教育已经有了初步了解，只是没有提出朋辈教育的明确概念和方法。

目前，国内对于“朋辈教育”概念的界定比较繁杂。有学者将“朋辈教育”定义为年龄相仿或者年龄相当的，具有类似的生活、学习、工作背景或是由于某种原因使具有共同语言的人在一起分享信息、观念或行为技能，以实现改变教育对象思想和行为等教育目标的教育方法。有学者认为朋辈教育跟群体教育没有区别，并在大多数情况下将“朋辈教育”与“朋辈心理咨询”“朋辈督导”等概念混用。从广义上讲，朋辈教育可以理解为朋辈间的相互教育，即年龄相近、兴趣相投、辈分一致、追求一致的群体间的相互教育。通俗理解为具有相似年龄、生活背景、兴趣爱好的一类人通过多种途径，在互帮互励的过程中相互教育进而影响和改变彼此的思想、理念、行为和价值观，形成的实现特定教育目标的教育方法。

榜样的教育作用在朋辈教育中同样适用，朋辈教育是大学生群体自我教育和榜样示范教育的更深层次的拓展。相比传统的大学生思想政治教育而言，在大学生朋辈教育的开展过程中，教育者和受教育者都是大学生，相互之间地位平等，因此更易于沟通和相互作用。另外，大学生朋辈教育主张发挥大学生自身的教育力量，通过心理辅导、日常生活活动等形式开展教育，使得受教育者在新生入学教育、日常交流、能力提高、求职就业、心理卫生等方面获得较大的提升，营造大学生之间互帮互助、助人者自助的氛围。

大学生朋辈教育更加注重学生的特点，关注教育的新方法，能够利用自我教育调节自身和同伴面临的各项问题。在进行自我教育的过程中，大学生实现了自我价值，增强了责任感。因此，大学生思想政治教育工作者对朋辈教育的内容进行有目的性的引导，调动学生自我教育的意识，增强自我教育的主动性，有利于大学生的健康成长。

3. 朋辈教育理论与高校班集体建设

高校班集体是大学生在校最基本的归属单位，是学校进行教育、教学、管理活动的最基层组织，是高校满足大学生成长成才、实现立德树人的重要载体。班集体建设对于高校整体环境不断改善有着重要的意义。接下来将着重探讨大学生朋辈教育体现的价值导向功能、凝聚激励功能、约束干预功能和规范同化功能对高校班集体建设的价值。

（1）朋辈教育有利于加强高校班集体思想建设。朋辈教育在高校班集体建设中的价值导向功能就是根据班集体发展的需要，通过明确发展的目标，引导个人的发展符合集体的发展，使个人的价值观念、思想意识和社会行为符合集体的要求。大学生朋辈教育是朋辈之间的一种相互帮助、相互学习的隐性教育过程，其中暗含的榜样力量正如“灯塔”一样，起到标杆引领、价值导向的作用。所以，大学生朋辈教育群体中的榜样代表对身边同学的影响力量是不可忽视的，也正是这种作用才会使一个班集体的风气和氛围积极向上，影响整个群体的思想意识和价值观念。采取有效措施精心开发朋辈教育资源，充分发挥优秀学生群体的标杆作用、榜样示范作用和激励作用，用个体带动整体，不仅可以让个体更加优秀，个人素质得到提高；同时，强化其带动和辐射功能，形成以老带新、以强带弱的良好扩散效应，也能整体实现自我教育、自我调节，使大学生朋辈群体实现自我价值。大学生朋辈教育的建设对于加强和巩固高校班集体的思想建设，具有十分重要的现实意义和实践价值。

（2）朋辈教育有利于巩固高校班集体组织建设。朋辈教育具有的凝聚激励功能，能够在一定程度上激励个体主动接受正确的影响从而改正自身的缺点，更好地融入集体，有利于巩固高校班集体组织建设。在高校班集体环境中，虽然成员有不同的特点和性格，但是同处朋辈群体中，存在相同的氛围属性。朋辈教育强调朋辈教育主体与客体是一个有共同利益目标的整体，当个人的特点与群体的特点与利益发生矛盾时，或者，当意识到朋辈教育客体在某一个方面存在不足时，为了不被孤立或者想融入群体，群体中的一部分人会自发地变成朋辈教育的主体，会主动激励存在不足的客体，促进他们提升自我。群体的特点就会被独立的个体接纳并且相融，达到正向的激励功能，使得班集体组织建设更加紧密、融洽。

（3）朋辈教育制度运用到高校班集体建设工作中，能够充分体现学生自我教育、自我管理的本质。借助朋辈教育这一模式，大学生中的优秀分子由教育客体变成教育主体，容易使其他同学产生亲近感，有助于其他同学更好、更快地接受和消化教育内容，并自觉转化为内在的行动，其榜样的作用也会激励其他学生。这在一定程度上会弥补辅导员工作中的缺失，强化教育效果。

（4）朋辈教育有利于提升高校班集体文化建设。在高校班集体中，学生的文化素质难免存在差异，部分学生在学习生活中存在一定偏差认识，思想固化，不认同学校或教育者的思想及教育，或者难以接受班集体文化。在此情况下，大学生朋辈教育的规范同化功能则可发挥“文化同化”作用。大学生朋辈教育的主体与客体之间存在相互帮助的关系，朋辈教育的过程是一种交流碰撞的过程，他们更加容易受到彼此的感染，形成良好的互助、同化关系。因此，以朋辈教育理论为指导，通过开展有针对性的个性化教育引导工作，让优秀学生成为其他学生理想信念的引导者、学习方法的指导者、兴趣特长的挖掘者、生活困难的扶助者，尽可能给被帮助大学生精神上的鼓励和学习上的帮助。朋辈教育的开展能够促进大学生间良性的互动，形成共赢的合作关系，可以相互促进，形成良好的班级文化氛围。

综上，朋辈教育有利于促进大学生群体之间的平等交互，增强教育的感染力和可接受性，有利于激励广大优秀大学生自我加压，形成典型引领、比学赶超的良好校园氛围；同时，朋辈教育还能减轻学生管理工作中教师的负担，成为学生与老师间的沟通桥梁，有利于增强教育主体的力量，强化辅导员工作的效果。朋辈教育使高校班集体建设向制度化、科学化、人性化、自主化方向发展，推进高校思政教育工作不断进步。

第二节 ◎ 高校班级与班集体

高校班级与班集体是社会组织的特殊群体，是高校开展教育管理的基本单位，班集体建设是高校学生进行自我教育、管理和服务的重要载体。《关于加强和改进新形势下高校思想政治工作的意见》指出，高校应创新组织动员团结青年的载体和方式，推进服务型高校组织建设。班级是大学生的基本组织形式，是大学生自我教育、自我管理、自我服务的主要组织载体。班级与班集体不是完全相同的概念。班级是现代学校教育制度的产物。作为一种教育组织，它是班集体形成的基础。班级成为班集体，是一个渐进发展的过程，需要经过大量的组织管理和教育工作。一个优秀的班集体应拥有明确的奋斗目标，具有健全的组织系统、严格的规章制度、正确的舆论和积极向上的班风等。了解和把握班集体的发展阶段和特征，对于开展高校班集体建设工作具有重要的指导意义。

一、班级的内涵和特点

1. 班级的内涵

班级是基层教育组织。现代学校的班级是与班级授课制的建立相联系的。17 世纪，捷克教育家夸美纽斯不仅总结了当时已有的班级教育实践经验，而且从理论上阐明这一学校教育组织制度。他在《大教学论》中提出："国语学校的一切儿童规定在校度过六年，应当分成六班，如有可能，每班一个教室，以免妨碍其他班次。"①他所说的每班就是一个年级，"班"和"级"紧密联系在一起，从个别教学到班级教学，并不是多个个体的简单集合，而是使学校教育活动产生质的变化。根据现代社会学理论，社会群体一旦具有明确的组织目标、严密的组织机构和严格的组织规范，便成为社会组织。

班级作为一个正式群体，通常情况下都有其特定的成员、特定的目标、特定的文化、特定的人际交往及特定的功能。因此，班级是由一定年龄阶段、发展水平相当的一群学生组成的学校教育组织，学校以班级为基本单位开展多种教育活动。

---

① 夸美纽斯. 大教学论［M］. 傅任敢，译. 北京：人民教育出版社，1984：230.

2. 班级的特点

班级作为学校教育的基层组织,区别于其他社会组织,具有以下几个特点:

一是班级以促进学生的全面发展为目标。班级组织的目标是促进学生的全面发展。班级中的学生扮演的是"学习者"的角色,其基本任务是学习,学习内容既有预先设计好的如教学科目类的显性课程,也有如班集体中各种规范、角色、人际关系等方面认知的隐性课程。正是班级组织为大学生提供了一种集体生活的环境,对促进学生社会化和个性化发展具有重要的影响,凸显出班级对其成员的教育性。

二是班级组成具有规范性。就班级组织而言,在人员特质上,构成某一特定班级的成员在年龄和文化程度上是具有限定性的,即生理、心理发展水平相近,知识起点水平大致相同;在规模和人数上,每一班级学生人数大体上是固定的,即在接受某一类型教育的过程中(除特殊原因外)一个班级的学生人数是相对稳定的;在规范和秩序上,班级有严格的规章制度,并且各种规范和秩序是基本稳定的;在时限上,班级组成时间多规定有年限,通常是从某阶段教育任务的开始到完成。

三是班级师生交往的直接性与多面性。班级组织中师生交往是一种直接的面对面的互动。从教师的角度,教师要在认识学生的特性、当前的心理状态、对教学内容的理解之后,才能对学生施加有针对性的影响。教师对学生所采取的认知策略会对学生在班级的活动产生影响,尤其是教师与学生的人际关系,在班级管理与学生指导中极为重要。

班级组织中师生的交往还具有多面性。在现实的班级活动中,辅导员、教师与学生之间,学生与学生之间的交往常常是多方面的,既有知识传递与接受的交往,也有情感方面的交流与分享等。在实现班级这些功能时,既有教师与学生、学生与学生之间正式角色的关系,又有他们之间的各种非正式关系。因此,辅导员和教师要重视通过多种途径与学生广泛交往,促进学生之间的深入交往,从而在满足班级主体多方面需求的过程中实现班级组织的目标和功能。

四是班级成员具有不成熟性。作为班级主体成员的学生正处于身心的发展过程之中,尽管其发展水平因学生的年龄大小有较大差异,但就其整体,相对于成人来说,学生是社会成员中的未成熟者。因此,班级必须在一定程度上依靠教师的力量,不可能实行完全的学生自主管理。一方面,学生在学校中对教师或辅导员存在一定程度的依赖性,尤其是在凭借自己的力量解决问题受挫时表现比较明显,经验表明,在教育的整个过程中,学生的这种依赖意识是不会完全消失的,只不过依赖的程度随年龄的不同而不同;另一方面,随着年龄的增长,学生的自主意识会逐步增强。

五是情感是班级主体的纽带。情感是一种体验,它反映的是主体与客体的关系。班级组织的健康发展,在很大程度上取决于辅导员和教师的情感状况,以及以此为基础形成的对班级成员的认知与理解程度。辅导员和教师的教育艺术就在于,它能使班级组织对学生产生巨大的吸引力,让学生对班级产生向往感、荣誉感、友爱感,使学生的良好个性能在班级组织中得以培养。辅导员和教师要处理好规章制度、纪律等强制性手段与专业权力(闻道在先、术有专攻)、人格示范等非强制性影响的关系,紧紧抓住班级成员之间的情感纽带,与学生建立互动、互信、和谐的人际关系，提高班级活动的效率，促进班级目标的实现。

二、高校班集体的内涵和特点

1. 班集体的内涵

班集体不同于班级，它是班级发展的高级组织形式，必须在班级这种形式的基础上才能逐步建设起来，需要通过大量的组织工作才能形成。有班级不一定就有班集体，在实际工作中，常常把每个班级都称作“班集体”或“班级集体”。研究表明：“班级更侧重于组织名称，而班集体则是一种价值判断，反映组织的性质和水平。”马卡连柯也曾指出：“集体是活生生的社会有机体，它之所以是个有机体，就是因为它那里有机构、有职能、有责任、有各部分之间的相互关系和相互依赖。如果这样的因素一点也没有的话，也就没有集体了，所有的只是随随便便的一群人罢了。”[①]关于班集体的概念，存在很多界定，《教育大辞典》中把班集体的概念界定为“班集体是班级群体发展的高级形式，是由整个班级所组成，以完成学校教育任务为共同目标，有一定的组织结构、规章制度的学生共同体”[②]。檀传宝认为，班集体是在教育目的规范下的，由具有明确的奋斗目标、坚强的领导核心及良好的纪律和舆论的班级学生所组成的活动共同体[③]。

班集体是由整个班级组成，以完成学校教育任务为共同目标，有一定组织机构、规章制度的学生共同体。班集体不是班级个体学生的聚合体，而是班级群体发展的高级形式。在现代高等教育中，班集体的作用和功能十分重要。班集体的建设状况决定了学校的办学质量和风气。一个真正的班集体，有明确的奋斗目标、健全的组织系统、严格的规章制度与纪律、强有力的领导核心、正确的舆论及优良的作风和传统。它能正常发挥其整体功能，有计划地开展各种教育活动，不断总结经验，是不断自我提高、自我完善和不断前进的集体。不是任何一个班都能称得上班集体[④]。高校班集体是由一位辅导员、几位学科教师与一群学生群体共同组成的，这个由教师与学生组成的群体是为了实现一定的教育目标而建立的，通过师生之间、生生之间在活动中的交互作用而实现。因此，把握班集体的“双边”含义十分重要，否则，辅导员在管理班集体时，如果仅靠自己的辛苦工作，只靠个人去想方设法，是难以奏效的。

2. 班集体的特点

第一，班集体是学校对学生实施教育管理的基本单位。首先，学校教学工作是以班集体为单位进行的。这样既有利于学生的学习活动，也使授课教师有固定的教学对象，便于对学生的了解。其次，学校的其他教育活动也是以班集体为单位开展的。例如，思想教育活动、文体活动等，都不可能完全在全校范围内进行。为了达到教育效果、利于维持秩序和便于场地和时间的安排等，就必须把学生分别组成许多单位，而采取班集体的形式就非常恰当。再次，以班集

① 马卡连柯. 马卡连柯全集（第五卷）[M]. 刘长松，杨慕之，李子卓，等，译. 北京：人民教育出版社，1956：226-227.

② 顾明远. 教育大辞典（第一卷）[M]. 上海：上海教育出版社，1990：139.

③ 檀传宝. 德育与班级管理[M]. 北京：高等教育出版社，2007：299.

④ 王道俊，王汉澜. 教育学（新编本）[M]. 北京：人民教育出版社，1999：114.

体为单位有利于深入了解学生并实施个别教育。因为学生在熟悉的班集体中活动,其表现是自然的,哪个学生有什么思想动向和行为,班集体的教师,尤其是辅导员,可以比较深入地了解,进而有针对性地开展个别教育。最后,以班集体为单位有利于学生之间相互教育。这些教育或来自彼此之间的交往,或来自潜移默化的影响,或来自相互之间的竞争。同学之间朝夕相处,比较熟悉,相互间的影响就容易产生,并能成为持续起作用的因素。

第二,班集体是社会的投影。班集体离不开社会这个大背景。说它是社会的投影,是因为班集体内时时刻刻都反映着社会的情境——社会的价值观念、风气、人际关系以及社会的发展变化。由于社会的复杂性,班集体中的学生也反映出相应的复杂性,给教育增加了难度。首先,班集体应该遵循社会要求的方向,有目的、有计划地为实现此目标而努力。一方面,学生要具有社会责任感,努力成为社会所期待的某种角色;另一方面,教师要尽到自己的职业责任,培养教育学生,使其适应社会的要求,成长为社会需要的人才。其次,班集体活动中把班集体的社会化功能和个性化功能有机统一,在促进学生符合社会统一要求的同时,也最大限度地促使每个学生的兴趣、爱好等得到充分的发展。

三、高校班集体的分类

高校每个班集体都有自己的“班集体形象”,它既包含班集体内在的精神与气质,还包含外在的形象。班集体的内在形象是班集体的共同信念和理想、活动宗旨、价值观念、精神风貌等所凝聚成的神韵和魅力;班集体的外在形象则是由内在形象所外化成的行为特点和直接表现的形式,以及班集体的各种物质构成要素的综合体。简言之,班集体形象化是班集体及其成员在与其他群体(含集体)和个人交往的过程中显现出来的独特风貌,如:严格的纪律、良好的习惯、端正的态度、整洁的仪表、健康的兴趣、和谐的人际关系、得体的言谈举止等①。

因此,班集体主要分为管理型、学习型、团结型、自主型和民主型五种。

1. 管理型班集体

管理型班集体指的是以严格管理学生、维持学习秩序为最高目标的班集体。班集体的发展目标主要是在班级建立严格的规范,以便有效地管理学生的行为,保证学生学习知识和落实德育的秩序。管理型班集体成员的角色性质表现为教师是知识传授者和班集体的管理者。作为知识传授者,教师往往表现为真理的化身,具有不容挑战的权威性,向学生传授的知识具有不容怀疑的真理性。作为班级管理者,辅导员是班级最高的领导人,与学生的关系属于管理者与服从者的关系,无论是具体事务的处理,还是班级规则的制定,主要由辅导员一个人决定,即使形式化地询问学生,学生也会不假思索地同意辅导员的决定。在执行上级布置的各种任务时,辅导员的职责也主要是机械地传达和执行。有的辅导员在这方面显得很有经验,也很主动,但可能缺乏班级教育的新思想和创造性。学生是知识接受者和被管理者,是有待塑造成为符合社会要求的未成熟者,被要求服从辅导员的指令,严格遵守明确的规章制度,学生不必对

① 赵海霞. 班集体建设智慧与策略[M]. 长春:东北师范大学出版社,2010:56.

这些规矩的合理性、任务的意义发表自己的看法。

2. 学习型班集体

学习型班集体以各门学科的知识学习为中心，其发展目标是通过教师的指导，学生的主动投入与师生、生生相互作用而形成集体学习氛围，完成学习任务。它对于班级发展质量的追求，已经不满足于维持正常学习秩序，而是在此基础上追求在集体氛围中创造更高的学习质量，关注班级作为一个集体在学习成效方面的整体效果。学习型班集体中的教师不仅是知识的讲解者，更是学习的指导者。教师要善于发现不同学生的学习成效、思维品质，还要善于组织学生形成学习小组，并让不同学习小组的学习成果在班级中得到交流和提升。学生是学习的主体，逐步学会自主学习，包括参与体验独立学习过程和与老师、同学交流的过程，参与营造集体学习氛围。在学习型班集体中，辅导员将学生看作平等的班级成员，教师会逐步指导学生在学习过程中自主参与班集体建设，注重引导学生融入班集体的各项活动，并加以组织和引导。学生之间重视合作，彼此相互补充、相互激励、相互帮助，在长期的互动过程中结成心理共同体，产生心理归属感。为了提高学习质量，师生、生生的交往不限于认知上，还包括人格、意志和民主合作等方面。在学习型班集体中，把正式规章制度和人格化的管理方式不同程度地结合起来，强调让学生理解班级生活规范，将其内化为个人行为标准。

3. 团结型班集体

团结型班集体强调在班级中形成共同价值、共同的活动目标与任务，具有高度凝聚力和高度组织化。其中，有的关注通过形成集体的过程发展个性品质，有的强调发挥学生集体在班级发展中的主体作用，而不仅仅是接受教师的管理和教育。在团结型班集体中，教师作为社会代表者，主要负责向学生强调社会团结的价值观，并以此为基础统一学生的思想，将其组织成为具有高度一致性的集体。学生被要求不断用集体主义精神来反思自己的思想和行为，并服从集体利益。对于集体规范，团结型班集体强调让学生从开始接受逐步发展到理解、同化，最后将其内化为每个人自身的精神需要和自觉遵守的行为准则，并能根据班级情况自觉制定集体规范，使之成为班级统一意志的体现。在班级活动的设计、组织与实施等过程中，团结型班集体强调让同学们齐心协力、共同完成任务，班级活动往往以小队或全班为单位进行，比较重视班级和全校的大型活动。学生在团结型班集体中形成亲社会的、统一的价值观念和行为规范，在某些需要团结起来完成任务的场合，这样的班集体和学生个体往往表现出明显的凝聚力和很高的工作效率。

4. 自主型班集体

自主型班集体是班干部自主制定班级活动规划并有效实施，学生互相协作共同完成各项任务，其发展取向一方面在于班级管理，维持正常学习秩序，另一方面在于通过班级管理培养学生的自主管理能力、主动策划能力和团结协作能力。自主型班集体中的辅导员主要是一个指导者，其强调学生逐步实现自治管理，会根据学校教育要求和工作计划，指导并监督学生自主安排各项事务，并创造机会激发和利用学生的潜力，让学生成为班级发展的主体。学生能真正感受到作为班级主人的尊严和责任。自主型班集体强调在集体中发展学生的个性特长，辅导员很关注师生之间、生生之间形成和谐的人际关系，既为每位学生提供发展个性特长的空间，也将个体的发展凝聚为班级的整体发展，学生在班级中民主平等。自主型班集体发动学生全员参与制定集体目标，通过讨论设置班级工作岗位，民主选举班委会成员和其他岗位负责人，强调共同活动的计划性和严密组织性，形成合理的分工安排，每个人都能根据要求完成自己所承担的任务并相互协调。学生在完成各项事务的过程中，培养了自主活动能力，做事非常干练，个性也得到发展，在班级生活中表现得多才多艺。

5. 民主型班集体

民主型班集体是让每一位学生都能充分展现自己并形成主动发展的动力和能力，使班级成为提高个体生命质量的集体。在这里，学生个体与班集体不再是需要用一方来克服或损害对方的两极，而是相辅相成的两种精神生命体。班级成为学生得以和他人相互敞开胸怀、共同拓展视野、不断提升精神品位的场所和更为开阔、更为高尚的心理空间。同时，学生可以在与他人的交往和参与民主集体建设的过程中提升自己的人格修养，学会真诚面对，学会承担对他人、对集体、对社会、对人类，甚至对整个世界的一份责任。在民主型班集体中，教师是学生发展可能性的发现者和推动者。学生是主动寻求自身健康发展的主体。教师为学生主动发展寻找机会和进行点拨，包括为学生主动拓展发展空间，为学生提供展现人生价值的机会，为学生的主动发展提供有益的教育经验，使学生能够更加融入集体生活，在与他人的交往中共同创造美好的集体生活。班干部会在同学的认同、协助之中获得尊重与支持，每一位学生都有机会成为给大家提供服务的班干部，也可以同等享有集体的支持气氛。民主型班集体是学生展现才能、主动实现全面发展的舞台，是一个具有独立性、凝聚力、创新力、竞争力等的班集体。

上述班集体的不同类型是基于研究的角度进行相对分类的，有着各自的特点。实际上，一个真正的班集体可能具有其中多种类型班集体的特点。因此，班集体在建设过程中，可以结合班级实际情况，把不同类型班集体的优点集于一身，正确选择和定位班集体的类型和奋斗目标。

四、高校班集体的构成要素、建设目标及功能

1. 高校班集体的构成要素

高校班集体作为客观存在且不断运动发展的有机整体，有其自身构成要素，对这些要素进行研究、分解，不仅具有理论意义，而且具有实践意义。多年来，对班集体的构建要素有一些论述，这些论述引入了系统论的方法，运用了管理学、教育社会学、教育社会心理学等学科的一些理论观点，取得了可喜的成果。比较有代表性的如《学校班集体建设辞典》，其中列出了班集体中起关键性作用的五个结构要素，即目标、人际关系、组织机构、舆论、纪律，并且指出“班集体的五个结构要素在形成班集体的过程中各自发挥着独特的作用，其中目标是导向，人际关系是基础，组织机构是骨架，舆论和纪律是两大保证。它们相互制约、相互促进，形成结构完整的统一体”。班集体结构要素表现出显著特征：以学生的个性全面发展为基本目标；同龄人建立

起来的组织机构；班集体内学生必须遵守统一的道德行为规范；团结友爱、互相帮助的人际关系，核心力量中，辅导员具有更大的教育权威；等等。

借鉴相关研究成果，结合高校班集体建设的现状，可以认为，高校班集体由以下五个核心要素构成：

一是目标要素。它主要包括班集体德、智、体、美、劳等方面发展目标及学生个性发展目标。为了体现达到总目标的阶段性，总目标应分为远期目标、中期目标、近期目标。各种正式群体的目标和个体根据集体要求制定的个人目标也是班集体目标的组成部分。目标的制定要体现方向性，贯彻国家教育方针，落实教育领导部门的计划要求；要体现科学性，从班集体学生的实际出发，符合集体和个体的发展规律；要体现民主性，经过民主讨论，得到集体成员的认同；要体现整体性，着眼于学生全面素质的提高。

二是组织机构要素。它主要包括辅导员、班委会、团支部委员会等。组织机构干部的选择和配备要注意整体优化的原则。要尽量避免一人兼数职的现象；把培养、训练和使用结合起来；重视组织机构的民主作风。

三是活动要素。有计划地开展丰富多彩的教育活动。要重视活动内容与形式的选择；注意班集体成员在活动中参与的广度和深度，提高活动的教育实效。

四是人际关系要素。逐步建立友爱、团结、和谐的人际关系，创造良好的集体心理氛围。通过组织学生参与活动、分配任务、机构调整、角色变换等途径，创造人际沟通、情感交流的机会。辅导员要成为学生的导师和朋友。

五是规范、舆论、班风要素。规范与纪律一致，校规、校纪是班集体规范的主要依据，班集体自己也可制定相应的规范，培养良好习惯是落实规范的直接目标。培养健康舆论是班集体建设的重要内容，要提高学生的认识，发挥班集体骨干力量的作用，及时进行表扬和批评，充分发挥舆论的作用。班风是班集体大多数成员的思想、情感、意志的综合反映，要注意选择培养优良班风的突破口，树立榜样，不断“制造”正面舆论。

2. 高校班集体的建设目标

高校班集体管理的一系列活动都旨在实现特定的建设目标。班集体主体以此为导向制订、实施活动计划，通过一系列的管理活动，在一定时期内使班集体达到所期望的状态。班集体目标具有指向性、社会性、层次性、可行性和集体性等特点。一个班集体有了集体的奋斗目标，在实现目标的过程中会产生激励效应，形成强大的班级凝聚力。每一个集体目标的实现都是全体成员共同努力的结果，因而在实现目标的过程中能够分享集体的欢乐和幸福，从而形成集体的荣誉感和责任感。高校班集体的建设是以树立共同的奋斗目标为前提的，正确的奋斗目标是维系师生为之奋斗的共同纽带，是班集体前进的动力①。

加强高校班集体建设，既要立足当前，有效解决突出问题，又要着眼长远，保证工作不断地推进。高校班集体建设的终极目标是建设一个思想积极向上，充满正能量，学风浓，班风正，制

① 王芳，唐和英. 优秀班集体的建设与维护[M]. 芜湖：安徽师范大学出版社，2013：58.

度健全,师生和谐,凝聚力强的优秀班集体。

(1)思想积极向上,充满正能量。高校辅导员作为基层的思想政治教育者,担负着“帮助学生树立正确的世界观、人生观、价值观”的职责,担负着对学生进行思想政治教育、爱国主义和社会主义核心价值观教育、文明道德教育和综合素质教育的重任。辅导员对学生产生直接的影响,因此辅导员本身应当有正确的人生观、价值观和世界观,用学生可以接受的方式,开展当代大学生喜闻乐见的活动,潜移默化地影响学生的政治思想,重引导、轻说教,重情感交流、轻生硬情绪。辅导员一方面可以通过微信、微博、学习强国等新媒体,让学生们学习并践行社会主义核心价值观,使学生们要求思想进步,积极向党组织靠拢,人人争做优秀共青团员;另一方面要高度重视大学社团的政治思想建设,针对学生关注的热点问题,召开主题班会和展开团日活动,使活动开展得有意义、有针对性。

(2)学风浓,班风正。班风的好坏直接影响班集体建设和学生个人发展的好坏。优良的班风,对外是班集体整体的形象表现,对内是一种无形的教育力量。首先,要形成良好学风。学习依然是大学生的主要任务,严谨刻苦、勤思善问的学风是整个班风建设的奠基石。个别大学生的自制力不够强,在学习方面常常松懈,因此辅导员应当常抓学风建设,进而改变一个班级的班风班貌。其次,要为班集体遴选优秀的班干部,让其在班级中起到模范带头作用。再次,应当注重班集体文化建设,通过班徽、班训、班级公约、发展目标等方面,将班级文化渗透到学生的学习、宿舍生活和工作中。最后,辅导员应当常常督促班干部组织班级集体活动,以提升班级凝聚力,让学生在集体活动的过程中学会相互帮助、相互信任、相互依赖,寻找到集体归属感、存在感。班风建设是班集体建设众多任务中的重中之重,把一个班级建设成团结向上、互进互助、朝气蓬勃的集体也是辅导员应当负担的重任。

(3)制度健全,师生和谐,凝聚力强。辅导员不仅负担班级学生的思想教育工作,还负责日常规范管理工作。要树立以人为本、以学生为本的理念,怀着“一切为了学生、为了一切学生”的热忱服务学生之心,引导学生自我管理、自我服务。组织各个班级讨论建立班级各项工作制度,完善基层班级管理机制,将学生日常工作规范化,在班级同学达成共识的情况下,健全各项工作制度,将重点工作项目化。没有规矩不成方圆,学生自己立下的规矩,就应当遵守。在加强班规建设的同时,要有相应的奖惩措施,“功者奖、违者罚”。出于服务学生的考虑,在激励机制和惩罚机制两者中尽量选择激励机制,以更好地促进学生进步。

(4)学生干部是集体的核心,在班级中为同学们起到了模范带头作用,甚至班风、学风的形成都与学生干部息息相关。辅导员应当在每次与同学接触的过程中,悉心发现品、学及能力兼优的学生,让其成为学生干部,积极培养学生干部,建立一支品德高尚、学习优秀、能力高强、作风过硬的学生干部队伍。加强班干部的队伍建设,建立优秀的管理团队,提高班级同学的综合素质能力。另外,发挥新老学生干部的“传、帮、带”作用,强化干部培训力度,分析以前的成功经验和不足之处,探索出班级学生干部队伍建设的新途径,使学生干部真正发挥班级建设中的桥梁纽带作用、组织管理作用、骨干带头作用、模范表率作用。班集体是学生成长的平台,是将学生教育成国家栋梁之材的阵地。辅导员这项工作要贴近学生生活,了解学生的根本,从学生的需求出发，为学生服务，运用适当的工作方法，因材施教、重点把控，努力建设优秀的班集体。

3. 高校班集体的功能

班集体是学校教育的基本单位，是思想政治教育工作者讲授德育内容、传授德育信息、施展德育艺术的场所，更是大学生学习、生活中接触最多的环境。大学生智力水平的提高、思想素质的加强、体魄的强健，都与班集体有着十分密切的联系。高校班集体对大学生的健康成长和全面发展主要有以下五个方面的作用。

(1)教育功能

班集体具有重要的教育功能，使之成为真正的教育力量。班集体不仅是教育的对象，而且是教育的巨大力量。辅导员工作要先注意培养班集体。因为班集体一旦形成，便能成为教育的主要载体，具有巨大的教育力量。它能向其成员提出要求，指出努力方向，并通过集体的活动、纪律与舆论来培养其成员的品德。它能紧密地配合辅导员开展工作，成为辅导员依靠的一个重要力量。班集体也是促进学生个性发展的一个重要因素。在集体中，学生个人的社会化与个性化是相互促进的，学生个性的充分发展，将促进全班学生的全面发展。班集体又是培养学生个性的园地，它能使个性之花竞相开放、争芳斗艳。班集体还特别能培养学生的自我教育能力。班集体毕竟是学生自己的集体，有它的组织机构，有学生自主制订的集体活动计划，并积极地开展各种工作与活动，能有效锻炼和逐步提高学生的自我教育能力，使学生学会自己管理自己、自己教育自己。

在新的历史条件下，在高校思想政治教育体系中，高校班集体因其所具有的特点而成为当代大学生进行自我教育、自我管理、自我服务的重要载体。

第一，高校班集体能够促进大学生思想政治素质的提高。大学生是祖国的未来和希望，要使大学生具有正确的政治方向，就必须对他们进行马克思列宁主义、毛泽东思想、邓小平理论、“三个代表”重要思想、科学发展观、习近平新时代中国特色社会主义思想教育，引导他们学习基本理论，掌握其立场、观点和方法，树立正确的世界观、人生观和价值观，增强识别真、善、美与假、恶、丑的能力，坚定建设中国特色社会主义的信念，使自己成为青年马克思主义者。教育形式可以是多种多样的，如组织政治学习、参观革命圣地、进行集体讨论等。

第二，高校班集体可以加强大学生道德品质的修养。要使学生具有崇高的理想、坚定的信念和高尚的思想品德，班集体发挥着重要作用。因为大学期间是大学生世界观、人生观、价值观形成的关键时期，而这一时期若能对他们进行有计划、有组织、有目的的培养教育，便可以确定他们思想品德的发展方向，奠定他们思想形成和发展的坚实基础。如班级举行的公民道德建设知识竞赛、诚信教育活动、人生价值大讨论等，对于加强学生道德品质修养都具有十分明显的效果。

第三，高校班集体可以促使大学生养成健康的人格和心理。随着社会主义市场经济体制的建立，工作岗位竞争越来越激烈，大学生就业压力也越来越大。大学生中存在的心理问题已经引起教育学家的关注，如何解决他们的心理问题是一个重大课题。班集体具有解决学生心理问题的有利条件。辅导员在学生学习、生活和课外活动中与学生朝夕相处,能及时了解学生心理方面存在的问题,利用学生具有的“向师性”的心理特点可以适时对学生进行调解;还可以利用学生的“归属动机”发挥集体的作用,帮助学生树立克服困难的信心,培养其乐观的精神、坚强的意志品质、良好的环境适应能力,使学生形成健康、和谐的人格品质。

(2)发展功能

高校班集体的发展功能主要体现在促进班集体成员全面而自由地发展。在高校班集体中,每位学生的特点各不相同,共同的学习、生活、锻炼、活动,使他们逐渐认识到自己的个性,意识到他人的个性,班集体为其个性全面而自由的发展创造了一定的机会和条件。高校班集体首先是个文化学习单位。集体成员不断丰富完善的自己文化知识以外,还可以通过全体成员的互帮互学、互相交流,使个人的知识变为全体成员的知识,全体成员的知识亦会变为个人的知识,从而达到提升全体成员文化素质的目的。

在班集体组织建设过程中,学生的个性会得到和谐发展。马克思认为:“一个人的发展取决于和他直接或间接进行交往的其他一切人的发展。”学生在班集体中直接交往的人很多,与各位老师交往,与许多同学交往,在交往中互相影响。这种相互影响与作用正是个性赖以发展的必要条件。在班集体组织建设的过程中,学生之间的交往大多是在积极的有组织的活动中进行的,在这些活动中,学生得到显示自己才能和特长的机会,在得到他人肯定性评价时,心理得到了满足,于是获得了“要干得更好”的动力,个性得到主动发展。每个学生在不同的活动中都处在不同的角色和地位,其不同侧面的个性潜能会得到培养和发挥。因此,学生在班集体组织建设过程中可以得到全面和谐的发展。

高校班集体就是一个可以充分发挥大学生主体性的重要载体,它对大学生的学习成长具有潜移默化的影响。可以说,它是新时代大学生思想政治教育中非常重要的教育资源:从宏观层面上看,有利于高校提高大学生综合素质、适应社会对人才需求的客观要求,为社会造就大批合格的社会主义建设者;从中观层面上看,有利于加强和改进大学生思想政治工作,构建和谐校园,营造校园环境,更好地贯彻大学培养全面发展的人才目标;从微观层面上看,则是以人为本、使大学生感到幸福的必要条件,即大学生个体身处集体能受益良多,班集体能给他们带来终生美好的回忆,并成为他们精神动力之源。

(3)协调功能

第一,奋斗目标的激励作用。理想和目标是一种无形的巨大的精神力量。一个班集体如果有了共同的理想和工作目标,就能形成强大的合力,促进班集体不断朝着积极向上的方向发展。班集体不是班级所有成员简单的相加,而是在此基础凝聚集体智慧的有机统一体。集体中的每一位成员都有自己的努力方向和理想追求,而所有人的共同追求就会汇成班集体积极向上的奋斗目标。集体的奋斗目标和个人的理想追求相互作用、互相促进。正确的奋斗目标可以激励学生努力学习、奋发有为,成为一个高尚、纯粹、有益于人民的人。

第二,规章制度的约束作用。规章制度的约束也是一种教育,是对思想政治教育的完善和补充。它可以保证班集体工作的正常运转,增强班集体的凝聚力,培养学生良好的行为习惯,对大学生养成严谨治学的优良学风、遵纪守法和文明礼貌的行为习惯都有着积极的作用。

第三,先进榜样的示范引领。班集体中有团结、高效的班委和团支部。他们中有些人是共产党员或入党积极分子,政治理论水平较高、共产主义信念比较坚定、思想品德优良,能够较好地发挥模范带头作用,能对全体成员起到较大的促进和激励作用。

第四,班集体成员的团结协作。大学生的健康成长离不开教育者的主导作用,也离不开学生自身的主体作用。班集体的发展也离不开全体成员的精诚团结及学校各部门的关心和支持。班集体对内能够把全体成员维系在一起,形成向心力,使大家能够为集体荣誉、集体目标共同奋斗;对外能够加强与学校其他部门的联系,做到上情下达、下情上报、上下贯通、左右沟通。

(4)导向功能

第一,高校班集体具有正确的舆论导向作用。不可否认,个别学生存在贪图享乐、责任心不强、学习兴趣低落、个人主义思想严重等问题。对于这部分学生,除应加强思想政治教育外,还应优化班集体政治、文化环境,形成正确的舆论氛围,用马克思主义去武装大学生的头脑,教育大学生用马克思主义的立场、观念和方法去分析问题、解决问题,引导大学生建立健康和谐的人际关系。每个人都有成为某一群体或团体成员的主观愿望,这种愿望是基于一种内在的需要,这种需要确立了班级建立健康和谐人际关系的基础。在班集体中,成员之间真诚交往、相互包容、相互学习、取人之长、补己之短,可以达到共同进步、共同成长的目的。

第二,高校班集体建设对于培养优良学风具有重要的意义。优良学风是指学生有明确的学习目的、端正的学习态度、良好的学习纪律、科学的学习方法等。班集体能号召全体成员树立正确的学习目标,鼓励他们追求知识、追求真理,自觉为中华民族的繁荣富强、为个人的全面发展而学习。

(5)服务功能

高校班集体有着服务班级和学生成长的作用。班级内部常常强调以身作则,并以班级骨干为主要群体建立榜样模式,自愿服务于班级全体学生的学习、生活、集体活动等,发挥模范带头作用,这种影响则会点带线、线带面,最后覆盖整个班集体。这种服务意识一旦确立,将使班级学生从集体意识中获得服务他人的积极性和个体无法获得的优势资源,从而最大化实现资源共享,实现班集体的服务作用。在班集体管理服务育人新理念的践行中,辅导员需在阶段性总结与评价活动中,引领班干部及班级学生强化服务意识,注重班集体的“服务”功能,结合“以人为本”的思想开展班级管理工作,站在班级利益的角度去思考问题,在“服务他人”方面知行合一。在班集体管理主体与内容上,要以辅导员和学生为主体,鼓励学生积极参与班级各项事务管理工作,提高服务意识,建设服务型班集体,促进高校高质量发展。

第二章
我国高校班集体建设历程回顾

大学生在校期间，总是处在一定的群体中。依据社会心理学的相关理论，班集体的形成过程大体可分为松散群体、社会群体和集体三个阶段，不同的阶段在共同愿景、内部关系以及对于个人利益与集体利益冲突解决的态度原则等方面会呈现不同的特征，最终体现育人作用的不同效果。高校班集体蕴涵着丰富的育人内涵，其教育功能的实现最终体现为学生的成长与发展。班集体的形成特征应更多从学生主体及其学习效果来分析和考察。学习共同体已成为理解学习的一种新范式，借助其理论可为分析班集体的形成特征提供崭新的视角。

一般来说，同一年龄段、发展水平相当的一群学生相对固定地聚集在一起形成了“班”，同时因处于一定的教育阶段上又形成了“级”。班级是大学生的基本组织形式，是大学生自我教育、自我管理、自我服务的主要组织载体。高校中按照院系、专业划分的班级，作为育人的教育教学基本单位，具备其他学生组织无法替代的作用和价值。班集体是由班级发展而来的，既可视为以班级为基础建立起来的规范化的社会组织，也可看作一个由学生组成的社会心理共同体。班集体不是单个学生的简单聚集，而是班级群体发展的高级形式，具有有机整体的特征，在学生群体的主体参与性、社会成熟度、心理统一性等方面体现出相异于班级的水平，追求集体主义的价值导向。班级和班集体属于两个不同的概念范畴。班级侧重于一个组织名称，班集体侧重于一种价值判断和关系构成。经过学校的编班形成的班级不会自然地成为班集体，形成班集体需要一定的条件和引导，因为班集体承载着丰富的教育内涵，发挥着重要的教育功能。班集体一旦形成，对每位成员会产生同化作用和持续的教育影响。从班级到班集体，既是班级建设和发展的目标与方向，也是实现班集体教育价值的内在要求。

第一节 ◎ 我国高校班集体建设的基本经验

改革开放以来，高校班集体建设适应时代变化和学生需求不断发展，但始终保持着重视思想政治教育的优良传统，突出体现在班级管理人员的职能设置和党支部建在班上的特色举措。当前高校班集体的功能不断延展，高校班集体承担着更多的事项和任务，也逐步凸显出学生班级意识不强、管理人员能力不够、班级建设力量不协同等问题。把握班集体的变化特点和发展状况，对于推动新时代高校班集体建设具有重要意义。

高校班集体作为大学生的基本组织形式，既是学校教学的基本单位，承担着传递知识文化的职能，又是思想教育的基本场所，发挥着坚定理想信念的作用。改革开放以来，随着经济社会的深入发展，社会对青年人才提出了新的需求和期待。高校为适应这一变化不断调整，最终落实到高校的基本单位班集体，其功能不断延展，为帮助提高大学生的识别能力以做出正确的选择，高校班集体的思想教育功能始终发挥着重要作用。把握班集体的变化特点，继承思想教育的优良传统，认清现存的问题挑战，对于推动新时代高校班集体建设具有重要意义。

一、重视思想政治教育是高校班集体建设的突出特点

班集体制度起源于西方，其设置的最初目的在于组织学生，教学功能是班集体的基本功能。而自我国高校班级制度创建以来，班集体主要承担着思想政治教育的重要任务，起到引导学生树立正确的世界观、人生观、价值观的重要作用。特别是改革开放以来，随着辅导员等管理人员设置的完善，党支部建在班上等重要举措的实施，重视思想政治教育成为我国高校建设和发展的突出特点。

1. 加强思想政治教育的目标要求

重视思想政治教育一直以来是我国高校班集体的突出特点 。“1961 年，中共中央批准实行《教育部直属高等学校暂行工作条例（草案）》，明确提出‘为了加强思想政治工作，在一、二年级设立政治辅导员或班主任’，标志着高校班主任制度的正式确立。”[①]这表明在我国班集体制度形成初期，思想政治教育就是班级工作的重要内容。1978 年，教育部颁布《全国重点高等学校暂行工作条例（试行草案）》，明确指出，“思想政治工作要经常地进行……要深入教学、科学研究和后勤工作中去”[②]，强调了思想政治教育要与班级教学、科研、后勤相结合，充分发挥班级的组织载体作用，将思想政治教育渗透到学生学习、工作和生活中，发挥潜移默化的教化作用。随着改革开放的持续推进和经济社会的深入发展，学生的成长环境更加复杂，集中体现在思想价值观念多元化、社会选择多样化等方面。此时，高校班集体的思想政治教育功能发挥着越来越重要的作用。2004 年，中共中央、国务院发布《关于进一步加强和改进大学生思想政治教育的意见》（中发〔2004〕16 号，以下简称中央 16 号文件），指出“依托班级、社团等组织形式，开展大学生思想政治教育……要着力加强班集体建设，组织开展丰富多彩的主题班会等活动，发挥团结学生、组织学生、教育学生的职能”[③]。总的来说，除了组织开展教学外，班级还承担着引导学生树立正确的理想信念、价值理念、思想观念的重要工作，这是我国高校班集体的突出特点，体现了思想政治教育作为我国高校班集体建设的重要组成部分和核心内容的地位

① 冯刚. 改革开放以来高校思想政治教育发展史[M]. 北京：人民出版社，2018.

② 教育部思想政治工作司. 加强和改进大学生思想政治教育重要文献选编（1978—2014）[M]. 北京：知识产权出版社，2015.

③ 教育部思想政治工作司. 加强和改进大学生思想政治教育重要文献选编（1978—2014）[M]. 北京：知识产权出版社，2015.

要求。

2. 班集体建设人员结构的规范完善

作为班集体建设的主要力量,辅导员和班主任设置的规范化与职责的明晰化,会使班集体重视思想政治教育的特点越来越显著。1980 年,教育部、共青团中央印发《关于加强高等学校学生思想政治工作的意见》,强调“各校要根据具体情况建立政治辅导员制度或班主任制度”,明确了开展思想政治教育的职责,并对辅导员、班主任的来源、培养和未来发展做了简要说明。由此,各高校按照文件要求做好班级政治辅导员或班主任的配备任务。此时辅导员和班主任主要作为兼职思想政治工作人员开展工作。直到 2004 年,中央 16 号文件明确指出:“辅导员、班主任是大学生思想政治教育的骨干力量,辅导员按照党委的部署有针对性地开展思想政治教育活动,班主任负有在思想、学习和生活等方面指导学生的职责。”[①]这强调了辅导员、班主任的重要地位,肯定了其在学生思想政治教育和班级建设管理中的功能。由此,从辅导员、班主任踏上了专业化、职业化发展之路。2005 年,关于辅导员、班主任队伍建设的专门意见出台,肯定了其在推动大学生思想政治教育各项任务落到实处、维护高校稳定运行中的重要意义,并对队伍的选聘、培养和保障做了具体说明。此后,从辅导员、班主任队伍建设的规定,职业能力标准的颁布,包括辅导员、班主任培训基地的建设,都可以看出学生的思想教育引领和班级的建设管理是辅导员、班主任的首要职责,也从侧面体现出班集体在开展学生思想政治教育中的重要载体作用。

3. 党团引领班集体建设是班集体建设的核心要义

党支部建在班上是高校学生党建的特色举措。高校重视党组织和学生党员的思想政治教育作用,在学生中大力发展党员、成立学生党支部,并把党支部建在班集体上。1987 年,《关于加强研究生思想政治工作的几点意见》指出,“充分发挥党支部的核心作用和共产党员的先锋模范作用,对于做好研究生的思想政治工作具有十分重要的意义。一般应以系为单位,按年级或专业建立班级,并按班级建立研究生党支部,数量少的,可按系建立”[②],提出了在班上建党支部的举措。1993 年关于加强改进高校党建和思政工作的意见,进一步明确了结合学生班集体建设加强党的基层组织建设的要求。2004 年中央 16 号文件明确提出“要坚持把党支部建在班上”,充分发挥党组织在大学生思想政治教育和班级建设中的作用。2005 年,中共中央办公厅转发中共中央组织部、中共教育部党组、共青团中央《关于加强和改进在大学生中发展党员工作和大学生党支部建设的意见》,明确提出:“积极推动大学生党支部建在班上……要把大学生党支部建设成为带动学生班级团结进步和开展思想政治教育的坚强堡垒。”至此,大学生党支部建设有了专门的文件指导,进入规范化发展阶段。总的来说,党支部建在班上的举措实现了党支部管理和班集体建设的有机结合,既发挥党支部在班集体中开展思想政治教育的

① 教育部思想政治工作司. 加强和改进大学生思想政治教育重要文献选编(1978—2014)[M]. 北京:知识产权出版社,2015.

② 教育部思想政治工作司. 加强和改进大学生思想政治教育重要文献选编(1978—2014)[M]. 北京:知识产权出版社,2015.

功能作用，又将班级学习科研情况纳入党员评价标准，以完善党支部工作，互助互促，共同发展。

二、高校班集体的功能和作用得到充分发挥

高校辅导员制度确立之初，班集体主要负责：培养学生坚定马克思主义的立场观点、爱党爱国的情感态度、正确的人生价值观念；组织安排教学活动，保证学生学习有序开展；关心学生校园生活，组织参与集体活动；等等。教学和思想政治教育成为班集体的基本功能。随着改革开放的深入推进，教育目标、社会需求、学生特点等的变化对高校教育提出了更高要求。落实到高校的基本单位，班集体面对倒逼态势，其功能也不断扩展。班集体从重视学生的思想和学习扩展到关注学生的日常生活，帮助学生解决现实问题、满足现实需要。从管理来看，班集体管理扩展到对学生宿舍、学生参加社团活动、学生网络活动的管理；从文化来看，班风、班集体凝聚力等班集体文化的建设越来越细化；从服务来看，面对学生的现实需要，班集体组织开展社会实践、心理健康、就业创业、奖惩助贷、志愿服务等活动。从整体来看，班集体的其他功能是依托于教学这个基本功能，融合在思想政治教育的整体中拓展的。一方面，班集体其他功能的发挥，最终落脚点是为了适应社会和学生的各方面需要，为更好地开展教学服务；另一方面，其他各项功能都渗透着思想政治教育，把握契机，开展思想引导。比如，以班集体开展的资助工作，强调在解决学生现实困难的同时，把握思想教育的契机，将物质帮助转化为艰苦奋斗、自立自强的精神激励。这也启示我们班集体在发展过程中，要为教学服务，与思想政治教育相结合，这样才能充分发挥班集体的功能，培养满足国家期望、社会需要的青年人才。

高校班集体功能的拓展对增强班级教育实效具有重要意义。首先，增强班集体对学生的教育能力。随着班集体功能的拓展，班集体工作体系逐步构建，形成了培养学生的完备系统，各项教育内容之间相互补充形成教育合力。班集体组织的教育力量由此大大增强，更为学生所信赖。其次，增强班级凝聚力。班集体功能的发挥必然需要专门人员来落实，心理委员、生活委员等班级职务应运而生，为学生参与班级事务管理提供平台，锻炼了学生的管理和实践能力。同时，共同参与事务，能够增强学生对班集体的认同和班级整体的凝聚力。最后，帮助学生实现健康成长、全面发展。教育是指"对青少年人性发展及其社会属性获得产生直接或间接影响的有意识的干预实践"①。班集体培养体系重视解决学生成长过程中遇到的困惑问题，可以前瞻性地预见学生步入社会后所需的能力和经验，帮助学生更好地适应社会、融入社会。

三、高校班集体建设不断面临新机遇、新挑战和新问题

在高校班集体功能拓展的同时，班集体承担着更多的事项和任务，班集体建设也变得更为复杂，问题和矛盾逐渐显现，突出表现为学生的班集体意识偏弱、管理人员的建设能力不足、班集体建设力量的协同性不强等方面。

---

① 刘谦. 教育的社会文化土壤：基于美国费城安卓学校的教育人类学观察［M］. 北京：光明日报出版社，2016.

1. 学生的班集体意识偏弱

进入大学前,学生以班级为单位接受教育,固定的教室、座位、老师和同学构成了学生心中班级的基本概念,班级凝聚力、班级荣誉感等班级意识也由此而来。而进入大学后,没有固定的教室,同学之间的选课也各不相同,这与学生心中的班级概念出现偏差,班级意识也大受影响。大学生多以宿舍为单位开展活动,主要的活动场所也由教室变为宿舍,由线下变为线上,同学之间的沟通交流减少,班级凝聚力也大大减弱,甚至容易出现小团体等问题。此外,大学重视对学生个人的考评,相对忽视班级整体的评价模式,也容易产生只关注自身发展、不参与班级活动的情况,班级工作难以开展,学生缺乏班级荣誉感等问题。总的来说,当前高校的制度形式容易产生学生班集体意识不强的问题,影响学校班集体建设。

2. 管理人员的建设能力不足

随着高校班集体功能的拓展,班级建设对管理人员能力和素质的要求越来越高。对于辅导员来说,他们不仅要有组织、沟通、协调、思想引导等基本能力,还应具备心理健康引导、职业生涯规划、活动竞赛指导、就业创业咨询等综合能力。然而,当前的辅导员往往多由具有学生工作经验的年轻教师担任,对于解决学生深层次的思想问题、现实的工作就业和职业选择问题难以提供有效的帮助和指导,这直接影响着班集体工作的开展。辅导员是班级的核心人物,是班级活动的组织者、学生前行的指引者。如果辅导员的能力不能满足学生的需要,将在很大程度上弱化学生对班级的认同感和归属感。

3. 班集体建设力量的协同性不强

当前高校班集体的构成复杂,党支部、团支部、班委会等并存于同一班级中的情况普遍存在,构成了辅导员+党支部+团支部+班干部的架构。从个体来看,其中每个部分都有自己的活动内容,辅导员负责学生的思想教育引领和学习、生活的日常管理,党支部负责党员的教育、发展以及党建活动的开展,团支部负责团的建设与团员培养培训,班干部负责班级具体事务的落实和班级活动的开展。从整体来看,班级各方活动的开展者容易出现只关注自己活动的开展而不考虑其他的情况,往往会发生类似活动重复举办、活动数量多而质量不高等问题,没有达到预设的活动目标。从学生角度来看,一个学生可能身兼数职,既是党员、团干部,又参与班级管理,甚至还负责社团工作,往往疲于应付各类活动,而难以使活动取得实际效果。如何协同各方力量,是加强班集体建设需要解决的关键问题。

纵观改革开放以来的发展历程,高校班集体不断适应时代环境和学生需求而发展变化。进入新时代,高校班集体建设应:找准目标定位,明确班集体的功能价值;协同好与党团支部的关系,切实发挥凝聚学生、教育学生、引领学生的作用;协同好与学生组织的关系,在功能延伸、引领带动、融合发展上下功夫;深入探索虚拟班级建设,真正发挥作用、产生影响,线上、线下班集体分工明确,积极互动,相互促进;组织好班级建设力量,继续推动辅导员的专业化、职业化发展,形成班干部选拔、培养、提升的完善机制,协同构建适应时代特点和学生需要的高校班集体建设模式。高校班集体要始终保持重视思想政治教育的突出特点和优良传统,坚持以服务教学为出发点，培养好担当中华民族伟大复兴重任的时代新人。

第二节 ◎ 新时代高校班集体建设的新要求

班集体是我国高校管理学生的基本组织形式，在学校的日常管理和教育中发挥着重要的作用。随着高等教育改革的不断深入和高校对人才培养质量要求的不断提升，高校班集体建设不断面临新的情况。

一、坚持立德树人，顺应社会发展需要，发挥人才培养功能

在人才培养中，高校所发挥的作用是不可忽视的。在实际教育中，既要丰富学生的专业知识，又应该努力实现服务党和国家建设人才培养的目标。因此，在此情况下，应该对高校班级建设新要求进行明确，以便与现代教育发展相适应。与此同时，在新时代，高校需要结合社会需求，对班级建设对策进行科学的调整和优化，以便满足社会发展需求，将人才培养功能发挥到最大，提高人才质量①。

第一，社会对高质量人才的需求量与日俱增，要求其具备扎实的专业知识。人才培养的数量在短时间内是难以改变的，高校只能从人才输出的质量上进行弥补，使其在企业中发挥更多的作用，以弥补企业人才的短缺。因此，高校需要提高对学生专业知识传授的重视度。另外，当今社会也更加注重人才的实际操作能力，为此班级建设也应以此为切入点。如，以营造务实好学的学风、理论联系实际等目标为建设的出发点和落脚点，促使学生提升知识技能，锻炼实操能力。

第二，社会对适应能力强的人才的需求量越来越大。学生步入社会，不仅生活和学习场所有所改变，其扮演的角色也发生了翻天覆地的变化。因此，在进行高校班级建设过程中，为了促使学生以最快的速度适应社会，应该加强就业指导，使其能够对自身有明确的定位，增强其就业适应能力。但单纯的知识理论教育会使学生的实践能力远低于理论能力，社会适应力的培养极易成为空谈。因此，还需要注重实践平台的搭建，指导并帮助大学生进行职业规划，为其以后的发展奠定良好的基础。

二、立足学生发展需求，满足其成长发展的期待

新时代高校班级建设的要求不断提高。在实际建设中，正确且全方位地掌握学生特点是班级建设有效性的基础。因此，需要与学生进行深入沟通，对其个体特点进行分析和探究，确保班级建设的针对性、实效性。

第一，目前大部分的大学生是独生子女，处理人际关系的能力略显不足。这种能力的欠缺并非传统意义上的性格内向，而是在与人交往中自我意识过强，不能很好地协调他人感受与自身需求之间的关系。因此，在开展班级建设时，需要对此类问题加以关注，并及时、有效地弥补

① 冯刚. 新时代高校班集体的发展状况与建构方向[J]. 思想教育研究，2019(03):106-109.

学生在此方面的缺陷。例如,可以结合学生的实际情况,合理添加与人际交往相关的课程,或者也可以定期举办有关讲座,丰富学生人际交往知识,对其进行科学的指导与引导,提升他们的交际能力。同时,交际能力作为一项以实际操作为核心的语言及行为艺术,单纯的理论培养是不够的,也是无法产生成效的。在培养进程中,要多组织如夏令营等集体活动,活动中要有意让学生多接触中年人群,使学生对其踏入社会后新接触的人群有一定了解,提升学生的社交能力。

第二,在科技环境下,网络已经普及,广大学生逐渐成为网络的“常住民”,其所获得信息的来源广泛且具有时效性的特征,同时能够以更加广阔的视野洞察事物,对新颖事物充满了好奇心与兴趣。因此,为了满足学生这一成长发展期待,需要有针对性地开展班级活动,注重创新性。在班级活动开展进程中,可适当增加学生之间的思想碰撞,如开展网络上较为敏感的话题辩论活动,进而提升其特定场合的自我表达能力与表达尺度的把控能力,保证信息时代下成长的学生充分发挥其广阔视野的优势,提升学生的核心竞争力。为了充分调动学生的积极性,在活动开展进程中需要注意的是:首先,充分尊重学生的意见,甚至在活动组织进程中可要求部分学生(如班长、团支书等人员)参与设计。其次,教师在方向把控进程中,应采取更加开放的态度,对学生成长产生不利影响的内容不是不能触碰,而是要在触碰之后,得出积极、健康的结论,明确“堵不如疏”的理念在学生培养中的重要性。最后,要避免活动的重复性。教师需要明确的是对于学生来说,重复不是形式上的重复。学生始终保持兴趣的核心在于发展方向的不确定性,为此教师在活动进程中要避免过多干预或者设置过多的条框。同时,网络对学生有着较大的吸引力,因此在进行班级建设时,需要尽可能地融入网络技术,这样既符合学生的心理需求,又有利于促使班级建设工作逐渐朝着现代化、先进化的方向发展。

三、统筹推进新时代高校班集体建设

1. 理念建构

班集体建设首先要注重强调理念构建,这关系到立德树人的成效。要围绕培养德、智、体、美、劳全面发展的社会主义建设者和接班人的要求,在坚定理想信念、厚植爱国主义情怀、加强品德修养、增长知识见识、培养奋斗精神、增强综合素质等六个方面下功夫,帮助学生树立正确的世界观、人生观和价值观。同时,要抓好学风建设。学风是班集体成员在治学精神、治学态度和治学方法等方面的风格呈现,也是班集体成员知、情、意、行等的综合表现,对班集体成长有重要作用。此外,要通过建立班级手册、班级日志、班级网站等,不断丰富班集体建设的形式,努力培养学生大爱、大德、大情怀的品德修养,培育优良学风,营造积极向上的良好班集体生态。在开展高校班集体建设的过程中,集体活动的开展是最关键的环节之一,对学生发展和班集体建设效果具有直接影响。因此,为了实现预期的建设效果,应该提高对开展集体活动的重视度。此外,集体活动能够为集体教育奠定基础,是班集体建设的桥梁。因此,在实际建设过程中,教师需要对集体活动进行科学、合理的选择:一方面需要保证此活动能够为学生提供表现自己的机会,使其能够充分发挥自身才能;另一方面应该结合学生的心理特点,促使学生的心理得到满足。除此之外，为了将集体活动作用发挥到最大，促进大学生全面发展，在组织集体活动过程中，还应该对专业培养目标、教育目标、年级目标等因素进行考虑，确保活动内容的丰富多彩，使学生能够在活动中得到充分的锻炼，提高综合能力，更好地适应现代社会发展。

2. 机制保障

完善的机制能够为新形势下高校班集体建设提供科学依据，使其在建设工作中有章可循，促使班集体管理工作顺利开展。首先，应该对班集体建设评价机制进行调整和优化，对以往存在的不足及时改进，确保建设评价机制的合理性，进而为班集体建设提供科学的衡量指标，使其建设逐渐朝着正确的方向前进。如在常规评价体系中，学生个人与专业无关的特长常无法体现在学生评价体系中，这体现出院校对学生爱好的不重视，是学生参与院校工作积极性较低的根本原因，因此需要进行针对性改变。同时，要对评价标准细化，不仅需要充分考虑学生特点和参与度，还应该有机结合前期准备情况，从而使得评价可量化，为班集体工作进行正确的指导。其次，完善班集体建设动力机制，以便调动全员参与班集体建设的积极性。一般来说，其动力机制主要包括两方面：一是班级管理人员的积极性；二是全体学生的热情。因此需要注重提升班级管理人员的组织能力和管理水平，并且严格选择班干部，对班干部队伍进行培训教育，提升其综合素质，进而将其作用发挥到最大。而在全体学生热情调动进程中，要在日常管理中注重表达辅导员及院校对学生的重视，这种重视不能简单地体现在成绩与活动上，而要深入学生生活的方方面面。通过该种方式增强学生对辅导员工作及院系活动的重视，进而实现班集体建设动力机制的完善。最后，健全班集体建设运行机制，与动力机制的健全类似，该工作的核心为消除学生对政教工作的偏见，执行方式同样为调动学生参与政教工作的积极性，以便实现行政、党团等相关部门的共同管理，加强建设效果。

3. 文化引领

第一，确立班集体共同奋斗目标。在开展班集体建设工作中，目标的设定能够为其工作开展提供正确的方向，有助于提升工作质量。因此，要想建设良好的班集体，需要制定科学合理的建设目标，以便对班集体进行有效管理。一般来说，在建设初期，不仅要注重对学生个人学业、未来规划进行梳理和指导，还需要在此基础上明确班集体共同奋斗的目标，以便为学生开拓努力的方向，使其能够在完善自身的同时，为班集体建设做出应有的贡献，进而共同营造良好的学习环境，不断进步和发展。在此过程中，需要注意的是：应该确保共同目标是建立在个人目标基础之上的，这样有利于激发学生的主动性，降低目标实现的难度。与此同时，还需要保证总目标是由一个个阶段性目标构成的，以免目标过大给学生造成较大的心理压力，对其身心健康发展产生不良影响，进而降低新时代班集体建设的质量和效率。考虑到现代大学生的普遍状况，在步入大学校门后部分大学生的学习主动性突然消失，为保证学生大学生活中的学习效果，在集体目标设计时，对于学习成绩要有强制性且严格的规定，保证班级内部建立良好的学习风气，督促学生在大学生活中依旧关注自身知识体系的完善。

第二，加强班风建设。在开展班集体文化建设过程中，进行班风建设是最关键的环节。班风简单来说是指班级的作风和风气，能够反映学生的精神面貌，与文化建设效果是息息相关的，同时也具有巨大的教育力量，有利于促使班集体建设软实力的增强。但是班风建设属于一项系统性工作，不是一蹴而就的，需要长期的坚持和努力。因此，在此阶段，需要全力以赴做好以下几方面的工作：一是没有规矩不成方圆，为此应该建规立制。但针对现代学生自我意识过强的现象，在班级制度建立进程中应充分吸收跨国企业中自我管理的经验，在学生内部形成较好的牵制机理，避免辅导员及教师被迫高频次出现在学生管理进程中，激发学生抵触心理，管理制度的落实得不到保障。二是将班级管理工作有效落实。意识对行为具有指导作用，所以需要进行思想教育，但思想教育的开展要是潜在的、隐蔽的，避免传统模式中教师在讲台上长篇大论地演讲什么是对的、什么是应该的，使自我追求极度鲜明的现代学生产生厌恶心理，导致思想教育工作无法展开。正确的思想教育应该是辅导员及教师用自身行为对学生进行影响，同时辅以理念分享，并介绍书籍，促进学生意识的自我提升。三是合理引导。在班集体建设中，为了与新时代高校教育发展相适应，需要对以往班集体管理理念进行更新，注重对大学生良好发展空间的营造，在具体教育中指导和帮助学生树立优良班风，使其严格规范自身行为，共同为文明、上进的班集体建设而奋斗。此外，可以将新生入学作为高校教育的重要契机之一，要求全体学生认真学习相关规章制度，进而严格遵守校规和班级制度，并提高对成人成才的目标的重视度，为良好班风建设提供有利条件。

第三，在日常生活中，辅导员也应该积极与学生进行沟通，时刻掌握其思想状态，并进行正向引导，以便将不良行为扼杀在萌芽中，既有利于提高学生的综合素质，又能够实现预期的班级作风建设效果。在沟通进程中需要注意的是，现代教育背景下，辅导员在与学生进行面对面沟通时要注重利用网络渠道进行缓冲，如通过在朋友圈下评论的方式作为与学生沟通的起点，将自身定位为学生朋友圈中一个较为熟悉但不常联系的朋友。辅导员以该种方式展开沟通，一方面，可以有效降低学生的防范心理，加深辅导员对学生的了解；另一方面，缓解了由学校中固有身份导致的学生与辅导员的隐性对立，辅导员在对学生开展思想及行为的教育时，可以采取像朋友之间交往的方式，以取得较好的效果。

综上所述，在高校发展中，班集体建设的重要性不言而喻，为了提高建设质量，不仅需要对相关建设制度进行优化，还需要科学组织和举办集体活动，增强班级凝聚力，同时有效进行班集体文化建设，营造良好的班风，为大学生学习和生活提供优质条件，以便促使其全面发展，增强综合素质，培养现代社会所需要的复合型人才，实现高校的可持续发展。

第三章
高校班集体文化

文化有着丰富的内涵。广义的文化是指人类在社会历史实践过程中所创造的物质财富和精神财富的总和。狭义的文化特指精神财富，如教育、科学、艺术等，是社会的思想、伦理、科技、教育、艺术、文学、宗教、传统习俗、制度等的一种复合体，其内容包括价值观、思维模式、审美趣味、道德情操、宗教情绪、民族性格等，其中价值观是核心。

第一节 ◎ 高校班集体文化的内涵

所谓高校班集体文化，是一种特殊的文化体系。从广义上来讲，高校班集体文化是由高校班集体创造和形成的文化样态的总和。从狭义上来讲，高校班集体文化是被班集体成员共同认同并遵守和建立起来的准则、态度和价值观念。高校班集体文化建设的主体是参与高校班集体各项教育教学活动的教师和学生，在社会主导文化的影响下，汲取高校校园文化的积极要素等，在班集体建设的实践中，创造形成的对班集体的每位成员能够起到一定导向作用的文化复合体。高校班集体文化是在不同的个体文化、家庭文化、校园文化、社会文化的共同作用下，班集体成员们在学习和日常交往的过程中所形成的价值取向、理想信念、思维方式、生活态度、以及行为活动方式等。高校班集体文化是社会文化和校园文化的缩影，是班集体的灵魂，是班集体形成和发展最稳固、最具活力的基础，代表班集体的形象，展现班集体自身的精神特质。

高校班集体文化是由师生共同创造的，以班集体为主要活动空间，以班级物质环境、价值观念和态度倾向等为主要特征的群体文化。班集体文化是校园文化的重要组成部分，能潜移默化地影响学生，发挥着“以文化人”的重要作用，具有强大的感染力、吸引力、凝聚力和引领力，在本质上仍是一种教育文化。高校班集体文化是由班级精神、班级制度、班级活动、人际关系和班级物质环境等方面融合而成的文化综合体，是一个动态的、发展的文化整体。

一、高校班集体文化的构成

1. 学生是高校班集体文化的主体

学生是班集体的主体，也是班集体文化的主体，班集体文化的形成与发展必须坚持以人为本，以学生的成长成才为出发点和归宿，关注学生的学习生活状况、个性发展、综合素质、人际交流和身心健康等方面，从而实现学生的全面协调发展。

2. 辅导员是高校班集体文化的引领者

班集体文化的形成与发展离不开辅导员的组织设计、参与引导，特别是在确定班集体文化建设目标，建立和谐的师生关系，形成和谐的育人环境，构建民主化班级管理模式，营造积极向上的文化氛围，注重学生个性发展时，更需要辅导员发挥重要的引领和促进作用。

3. 班风学风是高校班集体文化的标识

班集体的形成与发展需要文化浸润、风气引导，以增强班集体的凝聚力和感召力，以及成员的认同感和自豪感，在这一过程中，班风学风发挥着“润物细无声”的作用。优良的班风学风能使班集体文化内化为个人行为的准则，促进班集体文化建设各项措施落在实处，也是班集体文化最直接的表现。

4. 制度文化是高校班集体文化的重要组成部分

班集体的建设和发展需要科学管理，科学、行之有效、凸显班集体特色、班集体成员普遍认同的制度是班集体建设的关键，形成人人共同遵守、自觉维护、积极参与的制度建设氛围是高校班集体文化建设的基本保障。

高校班集体是由一群文化程度普遍较高、年龄相仿、专业相同的成员构成的集体，它是高等学校的基层组织，是学校教育和管理的基本组织机构形式，也是学生进行自我教育、自我管理、自我服务的基层群体。新时代加强高等学校班集体文化建设，对于形成良好的班风、学风、校风，增强班集体的凝聚力，促进大学生全面发展，提高人才培养质量具有重要意义。

二、高校班集体文化的分类

高校班集体文化的内涵和外延十分丰富。从内容上，它具体表现为班级物质文化、班级制度文化、班级行为文化、班级精神文化；从性质上，它具体表现为物质层面的硬文化，也称为显性文化，以及精神层面的软文化，也称为隐性文化。

1. 显性文化

优良的学习环境、生活氛围，健康的行为习惯、人际关系，是决定班集体优秀的重要因素。在一个环境优良、学习氛围浓厚、文化气息十足的班集体中学习成长，班级成员也会自觉形成良好风气，而这些可以认为是显性文化，显性文化包括班集体的物质文化和班集体的行为文化。

（1）班集体的物质文化。物质文化是班集体文化建设的基础。良好的班集体的物质文化建设，可以为学生创建优良的学习环境，陶冶学生的情操，让学生在积极向上的状态下收获成长、不断进步，使班集体产生蓬勃生机。目前，高校班集体的物质文化主要表现在教师文化、宿舍文化、图书馆文化、校园建筑文化等诸多方面。目前大学校园里多数采取流动式教室授课，大多数学生并没有自己的专属教室，因此谈不上对某间固定教室的布置。对于大学生而言，最常出入的生活场所便是宿舍,宿舍文化便成为班集体物质文化一个最小却又集中体现的文化形式。它是班级成员在寝室集中表现出来的精神氛围,是班集体文化建设的重要阵地。优美的宿舍环境、干净整洁的生活氛围,既可以让学生身心愉悦,又能拉近学生间的距离,让大家出门在外也能感受到家一般的温暖。通过开展“最美宿舍”星级评比等活动可以让学生自觉改善宿舍环境,同时在对宿舍的创意布置中也能满足学生的个性需求,增强学生集体荣誉感的同时还培养了学生动手操作能力。除了宿舍之外,校园环境的搭建也会起到潜移默化、润物无声的效果。良好的校园文化建设,如常见宣传栏的标语展示、图书馆的陈列摆放,乃至校园里的一草一木,都会无形中给学生巨大的精神动力。学生在这样的校园里学习生活,身心自然会受到强烈的感染和熏陶,学生会因美生爱。在优美的校园环境中,大家会自觉维护环境,珍惜优美的校园,美好将渗透到学生心灵,在促进学生文明习惯养成的同时,也利于培养良好的人文精神,从而提升学生的审美观。

(2)班集体的行为文化。行为文化是班集体文化建设的载体,也可以称为活动文化。班集体的行为文化可以通过如主题班会、报告讲座、交流研讨,以及学校、学院组织的各项文体活动、学术活动等形式来培养,这些活动也可以增强对学生的文化熏陶。同时班集体的行为文化也体现在学生的日常交往中,班级成员在交往中所展现出的行为习惯,会对班级中的其他成员产生或多或少的影响,成员间又会进行相互模仿,这就意味着班级成员良好的行为习惯会直接影响着班级的整体行为和风气,对班集体文化的建设有着重要的作用。

2. 隐性文化

班集体的显性文化通过班集体的外在可以直观、感性地感受到,班集体的内涵建设和灵魂所在是隐性文化。在班集体文化建设中,隐性文化更为重要,它包括班集体的制度文化和精神文化。

(1)班集体的制度文化。班集体的制度建设是班集体文化建设中的重要一环,所谓制度文化,是指根据学校学院的相关规定、行为规范、纪律条例等制定本班级内部的制度,以此对学生在学习生活和日常活动中起到约束管理作用的规范。它是班级成员都能够共同认可并自觉遵守的行为准则。它能够起到一种约束和管理的作用,会让班级成员产生自制力。良好的制度纪律,会让一个人能够相对主动和自愿地去做自己不喜欢的事情。因此,每个班级都应该根据自身的实际情况,在民主的基础上,制定以人为本的班级制度,来加强对整个班级的管理,并对制度进行良好的管理、创新和完善,对班级同学真正起到监督和教育的作用。同时,班级制度既要能规范学生,又要能服务于学生的成长需求(如班规、班纪、班干部考核制度、班歌、班训等会为大学生自我提升、自我管理以及精神的养成提供完善的制度保障),还能为学生创建一个积极向上的学习生活氛围提供良好的基础。

(2)班集体的精神文化。精神文化是班集体文化建设的核心所在,它是整个班集体的灵魂,是在班集体建设的实践中被班集体大多数成员共同认可的理想信念、价值取向、情感意志、心理认知、生活信念等意识形态。要想激励和培养一个集体,必须能够形成集体共同的目标和追求,树立正确的集体思想观念,培养大家的集体意识,让大家团结一致,心往一处想。班集体的精神文化能够潜移默化地给学生力量和感染，对提升班级整体凝聚力、促进班级蓬勃向上发展、促进学生成长成才有着重要作用。第一，要引导班级明确共同目标，并形成正确的思想行为观念。第二，要形成健康的班级舆论，它是班集体中成员之间态度的集中体现，同时也是更深层面的班集体的精神文化。这就要求首先要引导学生树立正确的价值观，并要正确把握舆论方向，这也要求辅导员善于引导和启发学生，以保证班集体朝着积极、健康的方向发展。

第二节 ◉ 高校班集体文化的特征

我国高校肩负着培养德、智、体、美、劳全面发展的社会主义事业建设者和接班人的重大任务，高校的立身之本是立德树人。我国高校是中国共产党领导下的高校，是中国特色社会主义高校。办好高等教育，必须坚持以马克思主义为指导，全面贯彻党的教育方针。要坚持不懈传播马克思主义科学理论，抓好马克思主义理论教育，为学生一生成长奠定科学的思想基础。要坚持不懈培育和弘扬社会主义核心价值观，引导广大师生做社会主义核心价值观的坚定信仰者、积极传播者、模范践行者。要坚持不懈促进高校和谐稳定，培育理性平和的健康心态，加强人文关怀和心理疏导，把高校建设成为安定团结的模范之地。要坚持不懈培育优良校风和学风，使高校发展做到治理有方、管理到位、风清气正。与这一任务相适应，新时代高校班集体文化应具有以下显著特征。

一、思想性特征

学校，尤其是高等学校，是一个学术氛围浓厚、思想积极先进、有着较高思想政治素养的地方，这就决定了班集体文化本身就具有一定的思想性、知识性。而作为大学思想政治的教育者，辅导员指导着班级的思想走向，在班干部的配合引领下，每个班级成员都在核心思想的引领下成长进步。而高校中的学生更是渴求知识、要求进步，他们对于知识也有着更加自我的认知，在对知识的选择上也在由被动接受向主动汲取转变，使得高校班集体有着其独特的思想性特征。

二、独立性特征

班级的整体环境、发展途径是区别于社会文化和其他文化的独立的体系。由于大学生处于生活学习相对自由的状态，同时处于社会化的特殊时期，趋于独立是他们鲜明的特点。因此，班集体文化同样会因为班级成员的独立性而呈现集体独立性的特点。

同时，大学生在成长过程中，一直接受着来自老师、家长的教育和引导，他们在一定程度上认同这些教导者传达的理想、价值、观念。随着年龄的增长、心理的成熟，处在大学时期的他们会更多地进行独立思考，开始审视成年人所赋予的价值观念和行为理念，产生独立于他人的个性和想法。因此，班集体文化有着属于他们的独立性，这也是班集体成员趋于成熟的标志之一。

三、自觉性特征

班集体中大都有班级内部的规章制度,这也是班集体文化建设的一个重要基础,它会对班集体成员起到约束和管理的作用。而在这样规章制度的规范下,应该培养学生遵守纪律的自觉性。通过班集体文化鼓舞学生,学生们能够形成自我管理的意识。在这个过程中,大学中的辅导员应该区别于小学、中学班主任的"主推者"身份,而转变为"辅助支持者",让学生对班级的规章制度、班级的整体文化氛围能够有自觉践行和维护的意识,从而形成自觉性。当自觉性形成后,学生会逐渐养成良好的行为习惯,久而久之,便会形成良好的班集体文化。

四、多元性特征

由于我国具有多元化的社会文化,而不同高校、不同学院还因为其专业特点、院校特色等呈现出不同的导向,班集体文化的主体呈现出在知识体系、价值观念、道德意识、文化程度等方面的差异,使得班集体文化呈现出多元化的特点。同时,每个班级都是围绕着集体主义和爱国主义来开展教育,因此这种多元也是基于统一目标的多元化。班集体的多元化还体现在班级的物质文化、行为文化、制度文化、精神文化上,这些都对学生的成长和班集体的文化建设起着至关重要的作用。同时,在班集体文化建设的过程中,我们不能一成不变地只用常规方法,还应该有所创新,如要通过新媒体来对学生加以教育和引导。目前,微信视频号、抖音短视频等以视频为主要传播途径的载体层出不穷,而当代大学生多为"00 后",本身就对网络非常熟悉和了解,他们也更愿意在休息时登录这些平台。如果利用新媒体开展思想政治教育,将会让学生更易于接受,并且能起到更好的教育效果。让学生在娱乐中接受知识和思想,不但能增强教育效果,还丰富了学生的课后生活,这也是班集体文化建设多元性的体现。

五、集体性特征

班级本身就是一个集体,班集体文化建设的重点之一就是规范班级中大多数成员的集体行为。通过一些集体性的行为活动,如班级班会、班级合唱大赛、辩论赛、班级班服制作大赛等集体项目,学生们可以在相互协作、相互支持、团队合作的情况下增强集体意识和荣誉感,这能进一步增强班级的文化氛围。因此集体性是班集体文化建设的一个重要特点。但集体性的形成和发挥不能一蹴而就,而是需要班级成员之间不断相互磨合,以及辅导员的正确引导,几者缺一不可。但要注意的是,班级每个成员都有自己的性格特点,在集体性的培养中也不能忽略学生自身的个体性。学生充分展示自己的优势,并在班集体中互相碰撞,在有着自我特点的同时具有趋同性,形成团结合力,才能打造出真正优秀的集合体。

六、民主性特征

在对班集体的培养和教育中,学生应该是主体,居于首位。辅导员要充分考虑学生自身,尊重学生的思想和发展,构建健康、民主的师生关系。在这个过程中,辅导员应该给予学生充分的尊重,并给学生自由的发挥空间,他们之间是完全平等的,让学生自由表达观念和想法。而当学生出现认知偏差时,辅导员应该及时引导和纠正,但不能从源头上抑制学生的表达和发展。同时,辅导员应该更多地了解学生的真实需求,了解每名学生的实际情况,因材施教。一些评选要采用师生共评、生生互评的方式进行,充分体现公平、公正的原则。只有保证民主,才能增强学生与班集体之间的信任和黏性,也才能让班集体持续良性发展。

七、潜在渗透性特征

班集体文化的潜在渗透性是指日常的教育和引导将会从各个方面对学生产生潜移默化的影响,从而形成一种无形的力量,让学生只要置身于班集体之中,就会被一种文化氛围所影响,让班集体文化建设无处不在。如学校在校园随处布置的宣传栏,学校的各种学术、文化、艺术、体育赛事,班级的媒体账号发布的相关推送文章、短视频,班级的班歌、班训,这些文化思想会与班集体文化相融合,形成统一的思想和价值观,将会潜移默化地渗透到学生的意识中,对学生有着良好的文化熏陶。

第三节 ◎ 高校班集体文化的功能

一、规范约束与凝聚功能

一个健康的班集体文化一定发挥着规范约束的功能,并且对班集体成员有着凝聚作用。大学生是一个特殊群体,他们对事物还没有形成健全的认知体系,这就需要制定一定的规则来对他们进行约束,而良好的班集体文化就能对班级成员的行为进行约束,让学生形成良好的行为习惯以及优良的作风。具体表现为:接受正确的理想信念、价值观念等,确立自己的生活目标,在社会主义核心价值观的指引下,将个人的理想和需要与社会期望的理想相融合,成为社会主义建设者和接班人;健康的班集体文化氛围会帮助学生形成正确的世界观、人生观、价值观,培养学生的集体意识,促成学生在班集体这个小家庭中健康成长。在未来各行各业的发展中,学生会明白团结协作和相互配合的重要意义,在做任何事情的时候都能将集体利益摆在前面,在大是大非面前牺牲小我、成就大我。

二、正向引导与教育功能

班集体文化建设有着特有的正向引导和教育力量,它会渗透到一切行为和活动之中,也将一直引领着学生的发展,尤其对学生的身心健康发展起着重要作用。健康的班集体文化能够影响学生的学习习惯、生活方式、思想理念、行为习惯,让学生自觉形成良好作风,从而促使学生成长成才。健康的班集体文化能够营造良好的人际关系氛围,让学生感受到充满正能量和积极向上的集体氛围,这会增进学生之间的友情,产生一种聚合力量。同时,积极向上的思想也能激发学生的斗志和热情,让学生以更加良好的姿态去应对未来的困难和挫折,成为对社会、对国家有用的人才。

良好的班集体文化一旦形成，它将无形中成为一杆标尺，成为班集体中的每位成员自我评价其个体行为是否合理的参考标准，也可以认为它是一种无形的约束和准则。而当班级中的成员出现与其他成员不同的不良表现时，他便会自觉地与班级中的一些规章制度相参照，找到自己的问题所在。如当班级中的成员出现情绪不可控、过度自私自利、对某些技能和认知匮乏的情况时，这些人格或能力上的缺陷在一个优良的班集体氛围中就会被暴露出来。而这时，班级的辅导员和同学对这样的个体进行相应的督促或批评，这将会帮助学生意识到自我认知和班级认知之间的差距。这些人格或能力的缺陷将会在健康积极的班集体文化氛围下得到矫正，从而更好地帮助个体认识到自己的问题所在并加以改正。比如，自我控制能力的缺乏及拖延的性格会在规范有序的班集体氛围感染下得到调整，并让学生渐渐养成自律的习惯，最终形成良好的意志品质。

三、满足学生心理需求功能

优良的班集体文化氛围能够在很大程度上满足学生的心理需求，增强学生对班集体组织的归属感，能够融洽班集体内部学生间的关系，推动班集体成员快速建立正常的人际交往关系，以满足内心需求。当个体之间能够彼此认可接受时，学生则能够得到心理满足，这样将更能认可自己，获得良好的自我体验，从而得到深层次的心理满足，帮助学生真正实现自我价值。

第四章
高校班集体活动

活动是高校班集体建设的生命力之所在。班集体中开展的各类活动是班集体建设不可或缺的重要环节。丰富多彩的活动能够促进学生的个性发展和智力发展，有利于学生培养创新精神、增强实践能力和社会适应能力。开展班集体活动可以有效增强班集体的凝聚力，给班集体成员提供良好的沟通平台进行合作交流。可以这样说，没有活动便没有集体，班集体是在活动中形成、发展起来的，活动是班集体建设的桥梁和纽带。

第一节 ◎ 高校班集体活动概述

一、高校班集体活动的含义

从广义角度，我们可以将以班级为组织基层开展的一切活动视为班集体活动；从狭义角度，则将班集体活动限定为除课堂教学活动以外，班级成员共同组织、参与的各类活动总和，例如重大节日的联欢晚会、文体比赛、主题班会、主题团会、社会调查活动、青年志愿者服务活动等。形式多样、内容丰富多彩的班级活动不但可以锻炼学生和学生干部的能力，还能够让他们在其中找到快乐，获取知识，因此，活动是班集体建设和班级成员素质培养的基础形式。

1. 集体活动是培养班集体内部凝聚力的重要载体

一个集体中的所有学生必须戮力同心、共同努力才能创造佳绩，倘若班级形态松散，开展工作时就会受到阻碍。班集体活动的成功开展是形成集体荣誉感和归属感的重要途径，简单的思想引领已经无法充分满足价值观培养的需要。学生在班集体活动中享受到真正的乐趣、体会到班集体的温暖、产生对班集体深厚的感情，能增强学生的集体荣誉感与归属感。

2. 集体活动是促进同学相互了解、增进同学友谊的有效平台

大学生平时上课时，通常是多个班级一同上课或是学分制下的自由选课，下课了就直接去自习室自习或者各自回寝室。这样很容易导致同一个班级的同学只有在上专业课的时候彼此才会有空间上的联系。可能一个学期过去了，有些学生还认不全班里的同学。组织班集体的

同学开展娱乐、学习性质的团体活动，通过游戏、节目、团建以及其他符合大学生兴趣的集体活动，可以使班集体活力满满，为学生提供更多相互交流的机会与充分展示自己的平台，能够有效增进同学之间的友谊，也增强了学生们的集体归属感。

3. 集体活动是全面锻炼学生能力的宝贵阵地

班集体活动应该是一个系统性的活动体系。活动的成功开展不仅需要班委、团支部的精心策划，更需要全体同学的团结协作。活动可以充分培养学生的组织协调技能、计划规划能力等，也可以让学生在结合专业知识的同时，加深知识经验，促进理论与实际的结合①。

总而言之，班集体活动是高校基层组织建设的重要载体。在当前新形势下，通过对集体活动形式的创新来丰富班集体活动的内容，不仅能够促进集体活动的广泛发展，更能够提高集体活动的教育性与思想性，从而使全体大学生树立良好的集体意识和大局意识，有效激活班集体建设的活力，增强班集体的凝聚力、号召力和战斗力，对大学生的思想政治教育发挥着重要的作用。高校加强班集体活动的建设，有助于提高学校人才培养质量，也是落实立德树人根本任务的重要手段。

二、高校班集体活动的功能

1. 高校班集体活动的思想引领

高校班集体活动的思想引领主要指班集体精神文化建设。作为班集体的核心，班集体精神文化应从组织引领和活动培育两个方面入手：首先，辅导员作为班集体活动的指挥者，应加强对活动的思想引领作用，引导学生树立正确的世界观、人生观、价值观以及崇高的职业理想，调动学生的积极性、主动性和创造性，帮助学生培养良好的道德情操和完善的人格。其次，班集体定期举办党团活动、人生规划、法律教育等多角度、深层次的思想教育活动，既丰富了学生的课余生活，又使学生树立了积极的思想观念，对于学生的长远发展具有深远意义。由此可见，无论是高校班集体活动，抑或是高校思想政治教育工作，都需要加强班集体精神文化建设。

2. 高校班集体活动的制度引路

高校班集体活动的顺利开展需要一套完整且强有力的制度作为保障。完善班集体建设机制、进行切实可行的机制设计，是班集体建设实现科学化、制度化的必要前提，也是加强班集体建设的重要内容②。完善的机制包括班集体建设评价机制、班内量化评价机制等。在制度的建立过程中，班集体需要发挥学生的自我教育、自我管理、自我服务能力和朋辈的引领作用，建设形成“辅导员+团支部+班委”的制度模式，并通过制度的建立，培养集体意识，增强集体归属感和荣誉感。

3. 高校班集体活动的文化引育

高校班集体活动应该结合学院情况，因地制宜，因材施教，实施文化引育。班集体文化是

---

① 叶建国，毛筱媛. 高校班集体建设的载体探讨[J]. 科教文汇(上旬刊)，2007(11)：52，71.

② 冯刚. 新时代高校班集体的发展状况与建构方向[J]. 思想教育研究，2019(03)：106-109.

班集体凝聚力强弱的关键所在,优秀的班集体文化能够在班集体建设、制度管理、活动开展等多方面起到促进作用。因此,高校班集体活动应鼓励学生根据自己的兴趣爱好,利用课余时间参与班集体活动,如歌咏比赛、书法习作、文学作品交流、乐器弹奏等。班集体成员中具有较高思想觉悟和品德素质的成员会无形中影响其他成员,在相互交流知识信息的过程中,积极进取的成员也会带动一些消极应对的成员①。此外,还可以以班集体的名义,邀请相关领域的老师或专家学者为学生们开展讲座或进行指导,培育积极向上的学习氛围,增强学生的集体意识与家国情怀。

第二节 ◉ 高校班集体活动的种类

班集体活动的开展不仅能丰富学生的课余文化生活,使学生在活动当中得到充分的锻炼与思考,也能够使学生在活动中增强自我管理、自我教育、自我服务的意识,对增强班集体凝聚力、促进同学间的交流有着重要的意义和作用。因此,当下高校开展了形式多样的班集体活动,总体而言,班集体活动从功能上可以分为德育性活动、知识性活动、娱乐性活动和实践性活动。

一、按照活动目的划分

班集体活动的开展是高校开展思想政治教育工作的有力抓手。班集体活动可以实现育人功能。从宏观角度来看,结合辅导员工作九大职能,开展班集体活动的目的可以分为以下几种。

1. 加强思想政治建设

大学生的思想政治建设是高校思想政治教育工作的重点。班集体活动可以以思想政治建设为出发点,带领学生学习马克思列宁主义、毛泽东思想、邓小平理论、“三个代表”重要思想、科学发展观以及习近平新时代中国特色社会主义思想来不断提高学生的政治觉悟,增强学生的政治意识。同时,不断帮助学生坚定中国特色社会主义道路自信、理论自信、制度自信、文化自信,坚定学生理想信念,使学生感党恩、听党话、跟党走。让学生厚植爱国主义情怀,把爱国情、强国志、报国行自觉融入坚持和发展中国特色社会主义事业中,能够脚踏实地、勇担使命,为实现个人理想和中华民族伟大复兴而不懈奋斗。

2. 加强学风建设

学风建设是高校思想政治教育工作的基础,学风影响校风,因此加强学风建设显得至关重要。开展班集体活动,可以加强学风建设,使学生意识到学习的重要性,并平衡好学习、生活和其他方面,做到全面均衡发展。同时举行学习经验交流会,鼓励学生积极参与科技创新竞赛等,以激发学生的学习兴趣,互相分享良好的学习方法,营造浓厚的学习氛围。

---

① 师珂. 和谐视域下高校先进班集体建设研究[D]. 太原:中北大学,2013.

3. 加强心理健康教育

当下大学生的心理健康问题备受关注,是高校思想政治教育工作的重中之重。当下大学生面对学业生活、价值取向、心理认知、恋爱交友、人际交往等方面的诸多问题,心理问题日渐凸显。在日常工作中应该高度重视学生的心理健康,并且积极开展工作,及时发现问题、解决问题。开展相应的班集体活动,如可以通过开展心理健康筛查、心理健康讲座、模拟情景剧等方式,多方面培养学生乐观向上的心态。

4. 加强班集体成员的学业和职业规划

学业和职业规划对于大学生的积极发展非常重要,因此大学生要及早树立规划意识。当下有些大学生对自身的学业规划不清晰,毕业前夕面临就业时感到迷茫、消极、彷徨,这都是由缺乏自我规划和认知造成的。班集体活动的开展,能够帮助学生尽早树立规划意识。可以要求学生在开学初写下学期计划和愿景,在学期末写学期总结,以此来激励学生反思,促使其为自己树立短期和长期目标。可以开展简历制作大赛、模拟招聘会、就业指导讲座,邀请优秀的校友走进班级做经验分享等,让学生对就业形势有更清晰的认知,为学生增强就业信心,使学生通过提前规划,让大学生活更充实而丰富。

二、按照活动内容划分

高校班集体活动内容丰富,各高校根据学校情况、学生特点以及时间节点等开展各类活动来丰富学生生活,建设校园文化,发挥校园文化育人功能。近年来,各高校也运用各种方式来提高学生参与班集体活动的热情和积极性,让学生能够走出网络、走出寝室、走出课堂,使学生得到了极大的锻炼,也丰富他们的大学生活。高校班集体活动按照活动内容可概括分为以下几类。

1. 主题教育活动

班集体活动是我们开展思想政治教育工作的主阵地。主题教育活动是指通过班会、团队活动、传统教育活动的形式结合传统节庆日、重大事件和开学典礼、毕业典礼等特殊事件节点来开展的活动,包括学先进、树新风活动等。它对广大学生具有一定的激发和促进意义。主题教育活动宣传某种正向思想,可以使学生在思想上得到教育的洗礼,促使学生将想法转化为行动,促进自身改进和发展。如纪念一二·九运动、党史学习教育、庆祝建党100周年讲话等主题教育活动,能够带领学生深入学习讲话精神,同时进行内省,更加深刻理解将个人命运与国家命运联系在一起的道理,从而发奋图强、拼搏努力。

2. 知识性活动

知识性活动指学习活动和科技类活动。学习活动开展的形式有学习分享讲座、学习经验交流会、优秀学习笔记评选、知识竞赛、阅读活动等知识分享交流型活动。此类学习活动能够使学生分享交流先进的经验和方法,激发学生的学习兴趣,引导学生养成良好的学习习惯。科技类活动可以通过组成科技兴趣小组、科技参观以及科技小制作等形式开展,也可以鼓励学生在班集体内积极组队参加科技类竞赛，在夯实学科知识的基础上，提高应用能力。

知识性活动的开展也是落实好辅导员九大职能中关于学风建设的工作职责，更重要的是通过活动能够拓宽学生的知识面和眼界，培养学生的多向思维，让学生在读好书的同时将知识融会贯通，同时培养学生的创新精神。近年来高校大学生的科技类竞赛有很多，包括全国大学生数学建模、"挑战杯"中国大学生创业计划大赛、全国大学生电子设计竞赛等各类科技赛事。知识性活动的开展能够充分调动学生的积极性，鼓励学生积极参与学习、参与竞赛，从而促进自我能力的提升。

3. 素质教育活动

素质教育一直以来是高校培养人才的重要环节，因此素质教育活动的开展在高校班集体活动中占有一定的比重，让大学生在学习、生活之余"动"起来。素质教育活动包括体育、艺术和娱乐活动等，如体育文化节、素质拓展、文艺晚会、校园歌曲大赛、舞蹈大赛、戏曲比赛、演讲朗诵比赛、书画比赛等。通过班集体素质教育活动把德育与体育、美育结合起来，旨在丰富大学生的课余文化生活，创建良好的校园文化氛围。高校要培养德、智、体、美、劳全面发展的社会主义建设者和接班人，素质教育活动的开展可强健学生之体魄，陶冶学生之情操，丰富学生之生活，使大学生教育在活动中展现青春的朝气，极大地调动大学生积极生活的态度，尽可能地丰富自己的大学生活，在学好专业知识技能的基础上，促进个体的全面发展。

4. 实践性活动

实践是检验真理的唯一标准，只有通过不断的践行才能获得新知。因此，在班集体中开展实践性活动十分重要。实践性活动的形式多样，包括社会调查、生产劳动、志愿服务、公益活动、勤工助学、参观访问等。通过开展实践性活动，可以促使大学生了解社会、了解国情、培养品格、锻炼毅力、增长才干、奉献社会，增强社会责任感。同时，大学生通过实践性活动可以将理论与实践联系在一起，使知识获取的途径不再局限于书本中，而是在社会实践中去体会、学习和收获。

5. 新媒体活动

在信息如此发达的今天，网络成为大学生活动的阵地，在《中共中央、国务院关于进一步加强和改进大学生思想政治教育的意见》中提到要主动占领网络思想政治教育新阵地。新媒体活动更加贴近当下大学生的兴趣点，学生喜欢用新媒体来记录自己的心情和生活。新媒体活动的形式包括网文、短视频、H5 作品、公益广告、长图、动图等。开展新媒体活动，可以激发学生创作优秀网络文化作品，弘扬优秀网络文化，传播正能量。通过开展新媒体活动，提升网络思想政治教育的质量，让思想政治教育依托于网络平台起到更大的作用。

三、按照活动形式划分

班集体活动需要依托多样的活动开展形式，使其更具活力。班集体活动形式多样，可以分为比赛活动、纪念活动、实践活动、专题报告、交流会、辩论会、表演等。活动形式的多样会使学生对于参与活动有更多的获得感。

1. 比赛活动

比赛活动可以激发学生的奋斗精神，增强学生的荣誉感。通过开展文化、科技、体育、艺术等比赛活动，促进学生对知识的掌握，拓宽学生的知识面，培养学生的多向思维，锻炼学生的能力，提高学生的综合素质。

2. 纪念活动

纪念活动包括对重大历史事件、革命英雄人物的纪念。重大节日、传统纪念日活动可采用多种形式开展，如朗诵、祭扫、竞赛、演讲等。

3. 实践活动

实践活动包括社会调查、生产劳动、志愿服务、公益活动、勤工助学等。实践活动让学生更加贴近生活、贴近社会、贴近人民，学生可以通过实践来践行和吸收理论知识。

4. 专题报告

可以根据学生所处的不同阶段、不同时期，围绕某个特定的主题或某个当下热点问题，邀请专业人士做专题报告，如防传销、防电信诈骗、防火、职业生涯规划等内容。

5. 交流会

同学可以围绕班级问题、个人问题和近期的热点问题展开交流讨论。通过交流会提高大学生认识问题、分析问题、解决问题的能力，启发思想，提高自我认知和对事物认知的能力。如针对学业问题、交友问题、心理健康问题、择业问题、就业问题等，通过交流能够实现对自身的梳理，缓解情绪，达到自我提升的目的。

6. 辩论会

针对学生感兴趣、认识不够深刻、议论较多的热点问题，开展辩论会。辩论会中学生持正、反意见，通过辩论的方式，引发学生对于辩题的深入思考，同时锻炼学生的反应能力和语言表达能力，也可以引入学生比较感兴趣的辩论模式开展活动，将知识性与趣味性结合在一起，极大地激发学生的兴趣，同时引发学生思考。

7. 表演

班集体活动可以通过设计情景剧、模仿表演等形式开展，以此来增强学生的参与热情。新颖的表演方式可以使学生有更强的体验感和代入感；也可以将当下的热点时事通过情景剧、舞台剧的方式演绎出来，使学生在演绎的过程中有更深的感悟，同时也会让观看的学生产生更大的触动，使活动的效果更好。

高校班集体活动无论出于哪种活动目的，设计何种活动内容，采用哪种活动形式，都要让学生能够积极参与活动，让学生能够在活动中得到锻炼，受到启发并有所收获。因此在开展班集体活动时更需要注重对学生的思想引领，让学生意识到班集体活动的意义和乐趣。同时，加强制度监管和激励，让学生能够有热情、有斗志地加入其中。如此，班集体活动的开展更具实际意义，通过活动来锻炼学生的意志、激发学生的潜能，使学生成长，以此来完善和丰富班集体活动，让高校班集体活动的开展形成良性循环。

第三节 高校班集体活动的开展策略

班集体活动的开展离不开精心的设计和实施。开展针对心理问题的班集体活动，可以帮助大学生进行心理解压，增进同学之间的友谊；开展针对身体健康的班级活动，不但让班集体成员得到了身体锻炼，还促进了班集体的团队意识，使班集体充满活力；开展针对思维锻炼的班集体活动，可有效培养学生的科技创新能力，满足其多方面的兴趣爱好，更好地培养学生的兴趣、志向和理想等。

开展种类众多、形式多样、丰富多彩的班集体活动，能够充分调动学生参与活动的积极性，使学生从活动中有所收获。当前大学生有自己的时代特点，对于活动的开展有自己的见解。因此，为了实现育人功能，达到活动开展的设想效果，班集体活动的开展要采取一定的活动策略，并依据活动的种类和内容做相应调整。

一、高校班集体活动的基本要求

1. 拥有强劲有力的班集体领导核心

一个强有力的领导核心不仅能够维持活动的正常开展，同时也直接对一个集体的整体风貌产生影响。如果班级领导核心的思想是正面积极的，那么他所带领的队伍也势必向正确的方向前进，确保团队活动正常且有秩序地进行；否则，整个团队将会沉浸在负面情绪中，导致办事不力、缺乏效率。一个优秀的班集体活动的组织者应积极营造民主、团结的氛围，能够为大家解决实际问题，其除具备良好的个人素质之外，还应该有能力掌握大局，组织好班集体活动。

2. 制订切实可行的主题计划

一个良好的行动计划对于开展班集体活动是必要的。班集体的凝聚力需要在团体活动中不断加强，而学生有很繁重的学业任务，因此，组织活动时要考虑到学生的承受能力，关注质量而不是数量。为杜绝团体活动流于形式，制订的集体活动计划要正面积极，在考虑实际情况的条件下，尽力做到活动目的与班级中大部分成员的需求一致；要针对目前班上同学普遍关心的问题来进行策划与开展，如针对同学们在大学阶段普遍要通过英语四级考试这一需求，班级内部可安排英语学习打卡计划，同学之间相互督促，在分享与交流中实现英语能力的提升①。

3. 具有条件宽泛的活动领域

随着信息技术的快速发展和新媒体的出现，班集体的活动形式越来越多样化，除传统的线下组织活动之外，腾讯会议、钉钉等软件都可以是集体活动的平台。由于形式不限、地点不限，活动在集体精神层面的建构与发展作用更加不容小觑。在选择班集体活动方式的过程中，新

① 刘琦．“羊群效应”“霍桑效应”与高校班集体建设［J］．宿州教育学院学报，2016，19（5）：64-65．

兴形式与传统形式要兼容并包，有效、灵活地开展高校教育实践。

二、高校班集体活动的总体指导策略

1. 加强思想引导，提高学生参与意识

学生的思想引领是开展好班集体活动的重中之重。要利用班级主阵地做好学生思想教育和价值引领。要加强对学生的思想引导，提高学生的思想认识，让学生能够从思想上认识到活动的意义和重要性。班集体活动的开展以理想信念教育为核心、以社会主义核心价值观为引领，让学生能够更好地身体力行，让学生在活动中有所收获、有所成长，充分调动他们的积极性、主动性和创造性。

当下大学生对于活动的开展会有自己的认知，但这种认知具有一定的片面性。首先，有些学生会为了活动而活动，而没有意识到活动开展的意义。其次，一部分学生会因为活动带来的学分激励而去参与，并非对活动本身有兴趣。最后，有些学生因为没办法辨别网络内容的优劣而相信网络的一些片面说法，相信活动参与无用论。以上在工作中出现的现实情况，更体现出思想引领工作的重要性。要帮助学生打破错误认知，树立正确的活动参与观念，鼓励学生积极参与活动，而非道听途说。同时，优秀的活动成果和开展经验要进行展示并让学生充分了解。与此同时，可以让活动的参与者进行心得分享，参与者分享的心得和感受会感染更多的学生，使其他学生也有兴趣加入其中。此外，我们也要积极地去了解学生的需求，用学生喜欢的方式去开展活动，同时提高活动的质量，扩大活动开展的范围，极大增强学生的参与热情。

2. 重精心策划，创品牌活动

班集体的活动内容形式多样，因此班集体活动的开展需要进行精心策划和安排。在开展活动前要了解活动背景，确定活动开展的目的和意义。活动开展的目的和意义也是奠定活动基调的重要基础，让学生能够看到每次活动的开展都是有重要意义的。活动策划要充分考虑活动的时间、地点、人物、具体流程、人员分配、经费预算以及应急方案等。优秀的活动策划可以为活动的开展保驾护航。当下，校园文化育人功能凸显，班集体作为校园文化建设的最小单元，班集体活动的重要性不言而喻。因此，要着力打造班集体品牌活动，一班一品，支持原创歌剧、舞蹈、音乐、影视等文艺精品，扩大影响力和辐射力，鼓励学生创作优秀网络作品、传播优秀文化、弘扬正能量。通过打造班集体品牌活动，增强班级同学凝聚力、集体感，让学生有强烈的参与感和获得感。

3. 做好宣传，扩大覆盖面

要学会利用线上、线下相结合的方式，做好活动的宣传，尤其线上的活动开展要利用好线上平台。可通过线下条幅、展板、海报、现场咨询的方式来让更多的学生了解活动的开展情况，吸引更多的学生参与其中。同时，利用两微一端（微博、微信及新闻客户端）、网站宣传等线上平台宣传方式，做好活动的前期预热，让活动有更多的关注度和讨论度。在活动的宣传期间，要关注网络的动态变化，及时了解学生的思想动态，对学生提出的合理性建议和意见也要积极地采纳,这样才能使活动更加贴近学生,也能让学生提高对活动的认可度。

4. 及时报道,做好总结

活动开展后要及时进行报道,可以通过两微一端、短视频、易班等平台进行报道。通过报道能够扩大活动的影响力,参与活动的同学会有满足感和仪式感,未参与其中的同学通过观看活动的报道可以引发思考。每次活动的开展也是不断打磨、完善的过程,要对每个开展的活动进行总结分析,记录本次活动开展的情况和达到的效果,分析活动当中存在的问题和缺陷,找到下次活动可以改进的地方,以此来促进活动的迭代更新,逐步去打造班集体的优质品牌活动。在总结分析的基础上改进创新,结合学生的需求,完善活动或拓展活动种类,使学生有更好的体验感和参与感,只有学生的感受力增强了,活动的效果才会更好。因此,要做好活动的及时报道工作,并善于总结分析,打造优质精品活动。

班集体活动的开展对于增强班级凝聚力、打造班集体文化有重要的作用。班集体文化也是构成校园文化的一部分。因此,要不断加强班集体活动的开展,不断探讨和研究学生喜闻乐见的活动方式,同时在实际开展过程中不断打磨、完善,使班集体活动的内容和形式更加新颖,使学生有更大的热情去参与其中,让学生能够真正从活动中有所体验、有所感悟、有所成长,也带动班级文化的建设,从而提升校园文化建设,实现校园文化育人的强大功能,以此来培养又红又专、德才兼备的社会主义合格建设者和可靠接班人。

三、高校班集体活动的具体安排

目前高校班集体活动对学生的吸引程度有所降低,这不仅与学生自身生活环境的变化有关,同时也与有些高校班集体活动的形式缺乏创新性、对学生没有吸引力、策划的力度不够等紧密相关。因此,高校班集体活动在开展时,要注意广泛动员同学,统筹策划具体活动安排,提升活动的影响力与号召力,增强集体活动的辐射力,完善高校班集体活动开展形式,将高校班集体活动落到实处,从而发挥高校班集体活动的最大效能。

1. 主题教育活动的开展策略

主题教育活动是高校基层组织建设的重要载体,对落实全面从严治党,推进主题学习教育制度化、常态化,强化高校对学生的教育管理具有十分重要的意义。开展主题教育活动,要以习近平新时代中国特色社会主义思想的科学体系为指引,利用好学校周边的教育资源,关注、重视学校周边的博物馆、纪念馆等带有历史文化底蕴的场所的参观与学习,让同学们多进行文化层面的交流与沟通,在思想的碰撞中真正地学习到科学文化知识,将集体活动的效能发挥到最大。

要创新组织形式,发挥学生自身的学习自主性,鼓励学生主动了解科学文化知识,在体验之中扎实领会活动的主题,从而达到最佳的教育意义。可以在一些具有重大纪念意义的时间点组织主题教育活动,在特定的时间点前往特殊的地点往往会获得更深刻的体验。例如,在“九一八”纪念日,可以组织同学们共同前往“九·一八”历史博物馆参观,更深层次地体悟历史文化;在雷锋纪念日组织宣传生动、有新意的纪念活动,组织知识问答等。

在开展社会实践主题教育活动探索过程中，应从创新选题内涵、创新宣传方式、创新实践形式三个方面入手，做好上层的方案与设计、普及科学方法、提升实践效果、建设长效机制等，努力做到实践教育育人的及时化、全面化与深度化，确保社会实践中主题教育活动的育人效果得到进一步完善。可以利用众多现有的便利的教育资源，例如易班等优秀的学习教育平台来进行主题教育活动的开展，让学生在新奇探索中领略主题活动的魅力。要努力创新活动模式，用新一代的眼光看待主题教育活动，寓教于乐，让学生在轻松的氛围中学习主题知识。

主题教育活动是对当代青年进行思想政治教育的重要载体，也是高校班集体活动的重要一环。在高校班集体活动中以主题鲜明、内容创新、方式合理的形式开展高效的活动，能够使学生在无形之中得到意想不到的收获，从而达到高校班集体活动的最终目的，即树立正确的价值观，培养健全的人格，全面提升学生素质。

主题教育活动有助于学生将家国情怀与世界视野相结合。在班集体活动中，学生们学习到了更多的知识，并将其牢记于心，内化为前行的动力与底气。同时，主题教育活动也开阔了学生们的视野，让他们在处理一些问题时能够更具有前瞻性，在参与活动的过程中得到熏陶与启发。主题教育活动丰富了学生们的大学生活，获得良好的活动效果。

重视开展主题教育活动要充分利用班团活动和许多重要节日，将身边的资源物尽其用。统筹部署各项活动，开展主题教育活动，并在活动中取得实效，可以为国家的高质量发展培养高素质人才，引导学生们在正确的方向上不断前进、奋勇争先、砥砺前行，将活动精神内化于心、外化于行。主题教育活动可以培养大学生更加健全的人格。开展合理有效的主题教育活动有助于推动高校班集体形成统一认知，增强政治认同、理论认同、思想认同与情感认同，使班集体形成统一的立场与坚定的信念，增强班集体的凝聚力。

2. 知识性活动的开展策略

开展高校知识性活动是培养大学生综合素质、提高能力的重要方式。知识性活动并不是远离大多数学生的空中楼阁，而应该是大家集体参与、共同进步的成长渠道。作为引领学生进步的老师们，要自觉发挥先锋带头作用，做好表率，用恰当、高效的方式鼓励、动员同学们积极参与知识性活动。例如，为大学生所熟知的大学生创新创业比赛、“互联网+”大赛等，都是对大学生素质提升具有重要意义的竞赛活动；创意开展诗歌朗诵比赛、专业学科知识竞赛等多种学科活动，也能够寓教于乐，使学生开拓视野。

高校知识性活动需要结合在校大学生的专业、特长和爱好，合理有效地开展有计划、有针对性和层次性的理论活动与实践活动。知识性活动是高校教育培养大学生成长进步的有效举措与重要载体。但目前知识性活动存在一些明显的问题：现有的活动内容较为老旧，学生参与活动的热情不高；活动承办者与策划者缺少目的性与针对性，耗费巨大人力却没有取得应有的成果。虽然知识性活动的举办目前存在一系列的问题，但也有一定的解决方法：分年级举办活动，针对不同的年级策划不同的活动，在贯彻落实活动目标的同时调动同学们参与的积极性，使活动圆满举行。

知识性活动从属于学生校园文化活动，是高校班集体活动的重要表现形式，但同时，它既不同于平时轻松娱乐的放松活动，也不同于专业严肃的学术性活动，是两者的巧妙结合。在知识性活动中，同学们的可参与性更强，对活动更具有体验感；活动组织者的可发挥空间也更大，因此其自主性也更强。将专业知识教育与学生课外实践活动相结合，不仅在无形之中培养了众多学生的策划、组织能力，增强了团队协作意识，而且充分调动了各专业学科学生学习与运用学科知识的主观能动性与自主创新性。通过知识性活动，大学生对所学学科的专业认知度与认可度增强，同时也提高了学生们的专业学习兴趣。高校的知识性活动将所学知识进行整合，多种多样的知识性活动能够让学生更加系统、直观地感受到知识的魅力，增强知识对学生的吸引力。根据学生们的特长、爱好量身定制相对应的活动，学生在参与班集体活动时可以获得广泛而有益的知识，从而为日后发展打下坚实的基础。

3. 素质教育活动的开展策略

素质教育是指一种以提高受教育者诸方面素质为目标的教育模式。它重视人的思想道德素质、能力培养、个性发展、身体健康和心理健康教育。高校开展素质教育是培养复合型人才的重要手段，通过上述活动的开展，为大学生提供了展示自我和不断学习提升的平台。素质教育早已成为高校班集体活动主题的关键一环，上到教育部，下到学院层面，始终强调素质教育的重要性，并且大力倡导举办素质教育活动。为全面贯彻落实国家教育方针，让教育更加面向现代化、面向世界、面向未来，高校要牢牢把握素质教育的关键点与重要性，开展合理、有效的班集体活动。

素质教育不仅能够丰富学生的课余生活，而且还是帮助学生成才的重要方式。一方面，学生在自主组织丰富多彩活动的同时，提升的不仅是活动本身所需要的能力，还有组织安排活动、与人沟通交流、团队合作商洽等诸多能力。因此，在开展高校班集体活动时，高校教师应大胆将活动筹备工作放手给学生，让学生参与活动的方方面面，高校教师则可以作为活动的顾问，成为当出现问题的时候可以询问的对象。另一方面，素质教育应该与专业学科教育相辅相成，发挥学生最大的长处。在开展素质教育活动的同时，如何让学生的专业知识也融入素质教育活动中，这是一个值得思考的问题。如果学生能够在素质教育活动中运用平时所学的知识，同时提高素质，就可以获得更多的认同感和自信，在提升素质的同时巩固专业知识。

高校班集体的素质教育活动应该培养大学生自主策划的组织活动能力和结合专业的能力。高校进行素质教育，符合人的发展与社会发展的实际需要，是以全面提高学生的基本素质为出发点的，注重尊重学生的合理需求，注意学生的主体性与主动精神，从而有助于学生形成健康的人格，使其成为对社会有益的人才。

4. 实践性活动的开展策略

实践性活动作为高校班集体活动的重要组成部分，内容丰富、形式多样、意义重大，是大学生乐于参加的活动之一。志愿服务种类繁多，需要教师进行指导，避免学生参与一些不安全、不正规的志愿活动。活动定位是开展活动的基本要求，要通过特色的实践性活动来培养新型人才，就需要有明确的活动定位。活动可以分为社会实践和自然实践两类。大学生参与的大部分实践活动是社会实践。社会实践又可以细分为思想教育实践、专业实践、服务实践、勤工俭学实践等。实践性活动可以与学生的兴趣和专业相关，鼓励大学生在活动中跨学科、跨学院、跨校进行实践，帮助学生在实践性活动中感受到不同的群体对于问题的不同的处理方式，提升学生解决问题的能力。

在思想教育实践中，高校班集体可以组织参观、走访、游学，到红色基地、博物馆等场馆参观学习。运用好各历史事件的教育作用，通过思想教育实践来实现学生思想道德层面的提升。在不适合线下活动的时期，可以应用网络资源，线上参观“长征”纪念馆等网上场馆，在确保生命健康、安全的同时，能够便捷地开展思想教育实践。此类活动还可以帮助大学生亲身感受到所到之处的风土人情、文化背景和技术水平，进而提高大学生知识水平和社会认识能力。在专业实践中，可以鼓励学生参与各项竞赛，比如“互联网+”大学生创新创业大赛、“挑战杯”全国大学生课外学术科技作品竞赛等。高校教师可以作为指导老师，参与学生的实践活动，指导学生进行比赛，帮助他们培养实践活动经验，进一步提升学生的实践性活动参与水平。同时，在参与专业实践活动的过程中，合作、分工等多种形式对于大学生跨学科完成实践活动的能力也会有很大的提升，从而帮助学生在强化专业知识的同时全面发展。在专业实践中，获得的成果会极大增强学生对学科的自信心，有助于学生在专业上的长远发展。在服务实践中，高校是服务实践的主阵地，高校班集体是服务人员的主力，而服务实践又是实践活动的主要部分，因此服务实践性活动是高校班集体需要重视的部分。服务性活动种类最多，活动形式也最为灵活，有“返家乡”“三下乡”社会实践，进社区为孤寡老人送温暖活动，遴选优秀学生作为校外辅导员线上参与陪伴辅导中小学生等活动形式。这些活动可以培养大学生群体的社会责任感，让他们更了解国情，加深对社会的理解，深入了解国家政策并积极做政策的支持者和拥护者。在勤工俭学实践中，学生通过实践活动可以减轻家庭负担，改善自身生活条件。这虽然不是班集体的全体活动，却是班集体活动的重要组成部分。高校教师应给予这部分学生以正确的指导，帮助他们平衡实践活动和学习生活，鉴别实践活动是否对学生有正确的价值观引导，同时给予家庭困难学生恰当的关心和爱护，帮助他们克服生活中的困难。

假期是大学生开展实践活动的良好时机，大学生既有充足的时间，又可以借助活动丰富课余生活。高校班集体可以利用课余时间，开展丰富的实践性活动，让大学生在校期间能够有更多机会锻炼自身能力。同时，在校期间还便于组织班集体活动的开展，可以最大限度保证活动开展的效果和安全性，使活动发挥最大的效果。

5. 新媒体活动的开展策略

随着网络的发展，新媒体活动作为新兴的实践性活动出现在大众视野当中，并且成为高校开展活动的重要平台。新媒体活动贴近大学生的生活，因而大学生喜爱参与新媒体活动，并且在新媒体活动中能够体现主导性。学生对于活动的制作传播都有很高的热情。基于这样的基本情况，高校班集体活动中的新媒体活动可以以学生为主、以教师的指导审核为辅，打造师生联合的平台，促进活动的开展。同时，新媒体活动还要与线下的活动相结合，通过新媒体平台对线下活动的宣传，不仅有利于促进新媒体活动的推广，更有利于提高高校班集体线下活动的参与度。

互联网是一把“双刃剑”，因此新媒体活动需要教师进行监督。教师为新媒体活动明确思想方向，使新媒体平台作为传播正能量的平台，成为大学生的思想引领和精神指导。同时，在互联网信息传播迅猛的时代，新媒体活动需要有审核机制，确保传播的内容是积极、正确的，引导学生做价值观正确、有独立思考能力、冷静、明智的互联网人。新媒体活动可以与思想政治教育有机结合，促进大学生的思想政治教育；可以与重要的节日与纪念日相结合，既有助于大学生追忆历史、关注传统文化，又有利于大学生关注时事、促进其独立思考能力的提升。

新媒体活动不仅可以为线下活动进行宣传，成为思想政治教育的讲台，还可以是系列内容的传播平台。新媒体活动形式多样，可以设计多平台系列内容的专题，扩大传播范围。比如在微信公众号、短视频平台等，要形成诸多平台的联动，对系列内容进行持续的发布，以此给予更多的学生锻炼和展示的机会，也使得新媒体平台的活动能够融入大学生的学习生活中。以高校开学宣传为例，微信公众号平台可以进行系列推文，为新生介绍大学的生活，包括校园文化、专业学习、校内设施等，帮助新生提早了解校园、适应校园生活。通过新媒体活动的开展，大学生可以从活动中获得归属感和成就感，新媒体活动也会引领学生积极参与，有助于活动的持续开展，也有利于新媒体平台的建设。

根据不同的活动类型的特点，高校班集体活动的开展策略也各不相同。高校班集体应该重视各种内容形式的活动，使活动内容趋于多样化。各类活动可以根据实际情况，有计划、有重点地开展，使得活动作用最大化。同时针对不同学段的学生区别开展活动，使得活动对于各个学段的学生作用最大化，帮助大学生更好地在学校学习、生活。高校班集体活动开展的策略是一个复杂但有研究意义的问题，值得辅导员在实践中不断总结经验，找到适合不同专业学生、不同学段学生的独特的活动开展策略。总之，如何开展好班集体活动还需要辅导员、班干部和班级成员共同去思考，在已有经验的基础上不断积累、不断学习，创新出更好、更多、更具教育价值的班集体活动，为高校班集体建设提供有力的支撑。

第五章
高校班集体管理

新时代背景下，高校是培养我国高素质、应用型、专业型人才的主要阵地，班集体则是高校实施教育教学与管理工作的主要载体，更是大学生开展自我服务的重要渠道。目前，纵观我国高校班集体建设的现状，仍然存在诸多问题亟待解决，尤其在高校班集体管理的基本原则、管理模式方面较为单一、局限。因此，为了深入贯彻落实我国对高校教育改革的各项要求，以高校班集体建设为重点，研究分析班集体管理的内涵机制与目标、特点，提出高校班集体管理的基本原则与主要模式，以期促进高校班集体的建设，更好地发挥班集体的功能与作用。

第一节 ◎ 高校班集体管理概述

一、高校班集体管理的内涵

高校班集体管理是在特定的社会环境和校园环境下，学生、老师和学校为实现高等教育管理目标，对班集体所拥有的资源进行有效的计划、组织、领导和控制，共同把班级组成为积极向上、朝气蓬勃的班集体，并使班集体成为高等教育管理主体的管理活动。一方面，高校班集体管理是一个动态的组织活动，它强调教师对班级建设情况具有主导性，同时，为了推动班风建设，不断采用各类方法进行班集体建设与协调控制；另一方面，班集体管理是教学管理的重要组成部分，是开展教育教学工作的前提，并且高校班集体管理的内容较多，如班级纪律管理、班级文化管理、班级学生管理、班级资源管理、班级活动管理、班会管理等。高校班级管理过程中，不仅强调教师对班级建设的参与，更强调大学生的参与，大学生是班级管理的主要参与者，是班级建设的服务目标，而教师是班集体管理的实施者、引领者。高校班集体管理中尤为强调大学生的主体地位，同时班集体管理一定是以班级为单位展开的各项资源管理与计划组织，主要管理内容可总结为：班级组织建设、班级制度管理、班级教学管理、班级活动管理。从班级管理的主要模式上来分析，常见的班级管理模式有常规管理模式、平行管理模式、民主管理模式、目标管理模式等。目前，我国关于高校班集体管理的研究观点较为丰富，不同学者、专家、教师对班集体管理的内涵认定有所差异，管理思想也有所不同。例如：何进、董春阳在《高校班集体管理模式探索与研究》(2014)中提出,高校班集体管理的核心定义是对班级资源的管理,其中班级文化、班级教学、班级制度、班级学生等均是班级资源的重要组成部分。高校班级管理的内涵在于有计划、有组织、有目标地对班级资源进行统筹协调、应用,将班级资源的作用发挥出来,从而为教育教学工作的开展提供客观保障与基础条件①。而魏泽慧、牛兆隆、李文哲在《高校班集体建设与大学生自主管理关系研究》(2019)中指出,高校班集体管理的内涵机制在于以班级为单位、以教师与学生为参与者、以学校为督促载体所开展的班级管理活动②。该研究观点体现出了教师与学生是班级管理的主要参与者,教师与学生(班委会)的管理结合,共同构成了班集体管理。从整体研究状况上来看,虽然不同学者对班集体管理的内涵机制观点有所差异,但是从根本上说明了高校班集体管理一定是由辅导员、学生共同参与的班级管理活动,并且班级组织建设、班级制度、班级教学、班级活动等均是班级管理的核心内容。

二、高校班集体管理的目标

高校班集体不仅是学生开展自我教育、自我服务、自我管理的重要载体,更是高校实施教学活动与管理工作的基本渠道。高校班集体管理的目标可概括为以下几个方面:

第一,有效促进大学生自我教育、自我管理、自我服务的开展,为大学生的学习与生活提供良好的平台,推动大学生身心、思想发展。高校班集体建设的最终目标是服务于学生的学习与生活,使大学生在学习上有组织可依靠,在生活上有集体可参与。因此,高校班集体管理目标应立足于服务大学生,通过班集体的管理,推动优质班级建设,形成一个纪律严明、学风浓厚、班风严谨的班级组织,影响大学生的日常学习与生活,更好地培养大学生理念、信念与思想道德品质。此外,高校班集体作为覆盖全体大学生的基本单位形式,具有一定的组织性与规范性,它不仅是学生日常学习的主要载体平台,更是大学生生活中的组织依靠。高校的班集体与小学、初中、高中班集体相比,在功能作用上更加多元化,大学阶段的学习时间较为灵活,学习内容较为丰富,因此,日常的生活也是大学生学习的重要组成部分。高校班集体管理关注大学生的生活需求,将管理目标聚焦在促进大学生自我教育、自我服务、自我管理层面,可以使大学生日常生活中有组织可依靠,从而引导大学生更好发展。

第二,有效推动班级文化建设,形成纪律严明、学风纯正的班风。高校班集体管理的目的是推动班级文化的建设,在班级内构建一个良好的学习环境。推动班级文化的建设,能为大学生的学习提供优越的场所,使大学生沉浸在良好的班级文化氛围中。

第三,构建科学的班级制度,为学科教学工作提供基础保障。班级是大学生学习的主要载体,因此,高校班集体管理的主要目标是服务于高校专业各个学科的教学,为高校教学与管理工作的实施提供基础保障与条件。

第四,推动班级活动的实施,为大学生的人生成长增益。高校班集体建设的目的不仅仅是

---

① 何进,董春阳.高校班集体管理模式探索与研究[J].思想教育研究,2014(12):92-95.

② 魏泽慧,牛兆隆,李文哲.高校班集体建设与大学生自主管理关系研究[J].赤子,2019(12):64.

促进高校教育与管理工作的开展，更在于丰富大学生的学习生活，为大学生的人生成长增益①。班集体主要由辅导员、教师、学生组成，每一位成员都是班集体不可或缺的一部分，因此，班集体是一个小型的交际圈，通过班集体的建设，增强师生友谊、同学友谊，使大学生养成互帮互助、尊敬师长、团结一致等精神，从而推动大学生身心素质的发展，为大学生的终身成长增益。

三、高校班集体管理的特点

无论是小学、中学，还是大学，班集体始终是学生学习的主要组织单位，班集体伴随学生整个学习生涯。大学班集体与小学、中学班集体既有共性，也存在个性差异。从高校班集体管理的特点上来分析：

第一，多元参与。高校班集体管理的参与对象以辅导员、教师、大学生为主，大学生是班集体的主要组成成员，也就使得高校班集体的成员以青年为主。青年人有着他们的特殊性，其思想上较为独立，要求有自己的空间，并且对周围的人与事物有着属于自己的判断标准。因此，高校班集体管理与中小学班集体管理相比，在管理内容上较为复杂，在管理标准上有所区别，即一切管理活动的实施，需要站在大学生的角度看待问题，如此才能够引导大学生融入班集体，形成良好的班级氛围。

第二，空间不固定。高校班集体在空间上具有不固定的特点。小学与中学阶段的班级都有固定的教室，而大学阶段的班级没有固定的教室，很多情况下，大学生需要根据不同的课程选择不同的教室，因此，高校班集体管理不再单纯以固定的教室为参考范本，而是以大学生群体为管理目标，例如：一个班级中有若干名学生，辅导员、教师以班级学生为单位进行管理。

第三，管理难度大。高校班集体人员的组成较为复杂，班集体管理难度较大。高校班集体在人员组成上与小学、中学班集体不同，他们来自五湖四海，每个地区的学生都有各自的性格特点。因此，班集体组成成员的复杂性使得高校班集体管理难度较大，辅导员、教师要充分考虑到每一位学生的性格特点与生长环境。高校班集体管理的功能具有延伸性的特征，即高校班集体管理不仅仅是为了促进班风的建设，更是为了增强大学生的归属感，班集体管理的过程中，辅导员、教师需要注重班集体功能的多维化延伸，而不仅仅局限于教育教学层面。

第四，灵活性突出。高校班集体管理具有灵活性的特点，高校班集体与小学、中学班集体相比，其管理人员不仅仅是辅导员、教师，也有学生会、班委，并且在高校班集体管理的过程中，辅导员发挥统筹带领性作用，学生会发挥监督性作用，班委发挥重要的管理性、执行性作用。不同的高校班级所采用的管理方式有所不同，管理机制并非一成不变，因此高校班集体管理模式也应具有灵活性、多元性。

---

① 朱宏强.改革开放以来高校班集体发展状况及特点研究[J].学校党建与思想教育，2019(05)：50-52.

第二节 ◎ 高校班集体管理的基本原则

一、主体性原则

高校班集体管理是一个系统性、计划性、组织性、师生共同参与的管理活动。虽然辅导员、教师是班集体管理的主要带领者,但是,班级学生是班集体管理的主要参与者,也是班集体管理的主体。尤其是班干部,在班集体管理中发挥着不可替代的作用,班干部在教师与学生之间发挥着桥梁式与纽带式的功能。

我国高校教育改革明确要求,高校教育与管理要注重大学生的主体地位,因此,在这一教育改革的要求下,高校班集体管理的核心理念在于坚持以学生为本,强调学生参与班级管理,激发学生的积极性。一方面,辅导员、教师在进行班级管理过程中,需要注重以学生为本的根本理念,即从学生的发展需求与学习需要的角度出发,在班级管理中突出学生的主体地位、主动创造性、主动参与性;另一方面,要利用链式的管理模式,在班级管理中打造一个完整的管理链,实现学生与学生、学生与教师之间的互动参与,真正实现班级管理人人参与、人人管理。通过生本理念与班级链式管理模式的结合,实现班级管理事半功倍的效果①。

改革开放以来,我国对所有基础教育和高等教育的班主任制度的实施提出了新要求,即班主任制度的建设与推行首先明确“以人为本”的原则,要将学生视为班主任教育与管理的重要目标,一切为了学生发展而工作,坚持以服务学生与引导学生为导向。因此,新形势下,高校无论是推行班主任制,还是进行班集体建设与管理,都必须明确“以人为本”的原则与目标,深入贯彻落实我国教育改革的相关要求,将大学生列为班级建设与革新的首要考虑因素,坚持为大学生的学习、生活而管理,坚持班集体管理为了学生,为大学生的价值观形成而教育,坚持为大学生的人生成长而指导。

高校班集体管理遵循主体性原则不仅仅体现在班集体管理服务于学生,更强调大学生参与班集体管理。大学生既是班集体管理工作的被管理者,更是班集体管理工作的管理者,尤其是班干部,他们与辅导员、教师共同组成了班集体管理的核心层。高校班集体管理中,每一名学生都是班集体管理者,这就意味着班集体管理需要人人参与、师生合作,也只有突出大学生在班集体管理中的主体作用,突出学生的班集体管理的主体地位,才能推动班风、班级文化的建设,从而打造一个高质量、团结的班集体。

二、疏导原则

高校班集体管理中需要充分遵循疏导原则,疏导原则就是班集体管理中疏通与引导的有机结合。追本溯源,“疏导”一词本身来源于我国劳动人民最早治水的指导思想,意思为开通

① 孙丽平. 浅议大学生集体意识与个人主义:从民办高职院校班干部设置及管理模式角度看[J]. 中文信息,2015(9):131-132.

堵塞山河，使水畅通。而随着思想观念的进步与文化的演进，现代人逐渐将“疏导”一词的意义延伸。在教育领域中，疏导意味着教育工作者按照人的思想形成、身心发展规律来办事，坚持为广大学生广开言路、集思广益、循循善诱、启发思想，纠正学生不正确的思想与行为，疏导学生的思想观念，引导学生步入正确的轨道与人生发展方向。因此，将疏导放在高校班集体管理中，其核心就在于辅导员、教师对大学生的思想与行为进行引导，对大学生的心理进行开导。

高校班集体管理在坚持疏导原则的视域下，应该遵循以下几点。首先，辅导员、教师要做到对大学生的学习进行疏导。对于大学生而言，学业是大学生的重要任务，班集体建设的目的也是让大学生更好地学习，帮助大学生顺利完成学业。因此，高校班集体管理的过程中，辅导员、教师要做到对大学生学习动态、学习表现的时刻关注，切实了解到大学生学习中存在的问题，在第一时间给予大学生疏导、帮助。其次，辅导员、教师应坚持对大学生之间的关系进行疏导。班集体主要由大学生组成，每一名学生都是班集体的重要一分子，缺少任何一名学生的参与，就不是一个完整的班集体。然而，由于大学生的思想较为独立，且性格特征差异性明显，学生与学生之间难免会发生矛盾，此时，就需要辅导员、教师对大学生之间的关系进行疏导，从而增进学生之间的友谊，提高班集体的凝聚力、团结性，推动班级文化的建设。最后，高校班集体管理坚持疏导原则，重点在于对大学生的思想、心理进行疏导、引导①。大学生思想品德的形成是一个知、情、信、意、行等诸多因素矛盾运动的过程，大学生在思想观点与价值观形成的过程中，难免会遭遇不良因素的诱导，此时就需要教师发挥出思想引导性作用，对大学生的不良思想进行纠正，对大学生的心理进行疏通开导，引导大学生树立正确的世界观、人生观、价值观。通过对每一名大学生的思想、心理疏导，推动班集体的整体建设，达到人才培育的目标。

三、整体性原则

每一名学生都是班集体的重要组成成员，因此，高校班集体管理需要充分遵循整体性原则，坚持把班级看作一个由各个要素构成的有机整体。所谓整体性原则，就是要求辅导员、教师从班级整体的角度去管理班级，正确看待班集体各个构成要素之间的关系，探索班集体形成的规律与变化。辩证唯物主义认为，各个事物之间是相互联系的，且事物联系是普遍的、客观的，并且是作为系统而存在的。这一原理放在高校班集体的机制上仍然行得通。

高校班集体由学生、教师、班级文化、班级制度等各个要素组成，学生是班集体构成的主要要素。因此，高校班集体管理在充分遵循整体性原则的视域下，应该遵循以下几点。首先，辅导员、教师坚持从大学生整体层面出发，坚持管理所有的学生，对班级学生进行统一化、标准化的管理。虽然班集体管理过程中，不排除对个别学生的针对性教育，但是从整体的管理目标上来看，需要先整体性管理，然后实施个体性教育，也只有这样，才能充分发挥出“集体教育”对“个体教育”的价值作用。其次，要想充分发挥出高校班集体管理的作用，就需要从班级的整体视角出发，辩证对待班集体要素之间的关系，做好班集体文化、班集体制度建设，搞好班集体

---

① 张畔全.高校班集体建设与大学生自主管理关系研究[J].山东工会论坛,2016,22(2):140-141.

活动。需要明确教育与管理目标、范畴,落实好全面教育的重要理念。辅导员的工作范畴要与专业课程教师有所区分,并保持工作任务上的协作与衔接。将学生教育、班级管理、学习指导等均纳入工作重要环节,做到对学生教育与管理的全面性、整体性①。最后,对于班级管理工作而言,其工作任务并非简单的班级管理,更涉及对学生学业上的指导、教师教学上的沟通、与学生家长的联系等。辅导员是学校与家庭之间的沟通桥梁,是学生与教师之间沟通纽带,是教师与教师之间的协调者,更是学校与社会之间的牵引者。这就要求辅导员辩证看待班级管理与教育教学之间的关系,将班级管理与教育教学看作一个整体,将学生管理、班级文化建设、课程教学结合后,进行高校班集体建设。要将一个松散的群体发展为一个牢固的班级组织,需要通过班级文化、班级制度、班级活动的实施与构建,才能形成一个组织严明、班风纯正的班级整体。

四、针对性原则

我国古代著名的思想家、教育家、儒家学派创始人孔子提出因材施教的教育理念,因材施教的核心内涵就是教师从学生的实际情况、个别差异出发,有针对性地对学生进行教育,使每一个学生都能够扬长避短,获得最佳发展。因材施教的教育理念是针对性教育的重要体现,而高校班集体管理需要充分遵循针对性的原则,对不同的学生进行针对性教育,对不同的班级情况进行针对性的管理,对不同的班级制度进行针对性的建设,从而实现高质量的班集体管理目标。

高校班集体管理应坚持针对性原则,辅导员要认真对待每一位班集体成员,对不同的班集体成员要因材施教。辅导员、教师在班级里发现有学生扰乱课堂秩序或上课注意力不集中等情况时,就会一肚子的火气,在班级中展开纪律整顿与训话。这样做的结果会导致整个班集体受到伤害,因为几名学生的错误迁怒于全班同学,会使全班学生产生消极的心理,时间长了,班集体会形成消极的心态。因此,辅导员、教师要单独指出改进的方法,而不能迁怒于整个班。在班级管理中,要让学生认识到自己在班集体中的主人翁地位和角色,这样学生才会按更高的标准去要求自己,约束自己,从而向更好的方向发展。

高校班集体管理应坚持针对性原则,辅导员、教师应根据班级的不同情况进行班级文化、班级制度、班级活动的创建。由于每个专业规模不同,每个班级人数不同,有的班级是由 20 人组成的,有的则可以达到 40 人以上。因此,辅导员需根据班级人数的不同进行班级制度的针对性管理,从而使得小班级有温暖、大班级有纪律。

高校班集体管理应遵循针对性原则,辅导员、教师应根据班级的建设情况,进行针对性的管理。缺失班级文化的班级,要特地开展班级文化建设,凝聚力差的班级则要特别开展班级活动。只有根据班级的不同情况开展针对性的管理与建设,才能推动班集体的高质量发展。

① 关浩. 基于目标管理的高校班集体建设探析[J]. 卷宗,2015(11):120.

五、激励性原则

激励是激发大学生潜力、调动大学生参与性的重要方法。高校班集体管理中，需要充分遵循激励性原则，辅导员、教师要懂得激励学生，在班级制度中增设多项激励机制，真正调动大学生对班集体建设的参与性，实现主体作用，从而增强班集体的凝聚力。

首先，纵观世界各个国家的高校在进行班集体建设的过程中无不重视对大学生的激励与鼓励，目前我国许多教育专家、学者、教师也一致认为中国高校班集体建设需要注重激励机制的构建。例如徐静茹在《美国 CMCD 班级管理模式对中国班级管理的启示》(2019)中提到，美国大学班级管理大多重视对大学生的激励，中国高校班级管理中则较为重视班级纪律、班级文化的管理，一定程度上缺少对大学生激励的重视。将激励机制引入班集体管理之中，不仅可以激发大学生的班集体参与性，更能够激发大学生的学习潜力，达到事半功倍的目的①。激励机制是高校班集体管理的重要内容，通过对大学生的激励，可以充分推动班级整体建设。其次，大学生是高校班集体建设的主要参与者，只有激发大学生对班集体建设的参与性，才能够凸显大学生在班集体管理中的主体地位，从而形成良好的班风。坚持激励性原则时，其班级管理重点在于激励机制的构建，要将激励机制目标明确到班集体成员个体上，通过激励机制与班集体管理体系的结合，推动班集体的建设与发展。最后，高校班集体管理坚持激励性原则时，激励方法较多、激励模式丰富，辅导员、教师可以围绕着榜样激励、情感激励、目标激励、评价激励、物质激励五个方面实施。其中，榜样激励，要求教师为学生树立榜样，通过榜样的树立引导学生学习发展，更强调对班级中表现优异的学生进行褒奖，帮助其在班级中树立榜样，发挥出榜样示范作用。情感激励，要求教师对学生进行精神上的鼓励，给予学生肯定与支持。目标激励，则是帮助学生制定目标，引导学生朝着目标发展。评价激励，则要求教师、学生之间互相评价，从而取得彼此之间的信任与鼓励，通过评价给予学生全面的认可，从而激发大学生对班级建设的参与性。物质激励，则是对班级中优秀的成员进行物质上的奖励，如奖学金。通过各种激励方法的实施，给予每一位班级成员的肯定，从而发挥出每一位班级成员对班级建设的作用。

六、教管结合原则

高校班集体管理应坚持教学与管理相结合的原则。班集体管理的目的是促进班级教学工作的开展，同时，对学生进行管理与引导，形成一个纪律严明、学风纯正的班级环境。

高校班集体管理遵循教管结合的原则，应当体现在教学与班级管理的统一上。辅导员、教师应当明确班级管理是教学工作有序开展的前提，而管理活动的开展应以教学活动的顺利实施为根本，将班集体管理目标定位在教学工作层面，通过班级管理为教学提供基础保障。从教学与管理的联系机制方面分析，班级管理本身是教学工作的重要环节，班级管理与专业课程教

① 徐静茹. 美国 CMCD 班级管理模式对中国班级管理的启示[J]. 江苏教育. 2019(39):48-51.

学虽然在目的范畴上有着一定差异,但是所实施的目标都是促进大学生学习与成长,一个完整的班集体能更好地推动教学工作的实施。

高校班集体管理中坚持教学与管理的有机结合,需要明确管理目标与内容,立足于以人为本、德育为先的教育原则。对于班集体建设而言,辅导员的工作任务主要倾向于对学生日常学习的管理、班级管理,如学生思想道德、学生学习纪律、班级文化、班风班规等。辅导员按照德、智、体、美、劳全面发展要求开展,遵循"以人为本,德育为先"的教育原则,着力引导大学生树立起良好的思想意识形态、价值观、学习理念①。当前,我国高校大学生主要为"00后","00后"的学生在思维与理念上有着显著特点,如思维活跃、对新鲜事物敏感、敢于表现等。同时,也正由于他们具备这些特点,更容易被外界事物与信息所影响,这对学生价值观与思想意识形态的形成将产生不同的影响。这样的现状更需要辅导员将班集体管理的目标定位于思想教育层面,使班级管理与思想教育相契合,做学生人生成长上的引路人,引导学生的学习与成长。在全面深化高校教育改革的背景下,辅导员、教师要充分合作,只有将班集体管理的目标与重点放在大学生思想教育层面,才能够推动班级教学工作的实施。

高校班集体管理应遵循教管结合原则,辅导员、学科教师、班委应进行合作,明确各自的分工。从高校开展班集体管理的现状来看,大多数的高校班集体管理主要采用辅导员安排、班委执行、学会监督的方式,而学科教师大多只负责教学,对班级文化、班级活动、班级纪律不重视。这一班集体建设现状显然不符合教管结合的原则。在教管结合原则下,各个学科教师也要参与班集体建设。学科教师与大学生的相处时间与机会远超辅导员,而对于刚升入大学的学生而言,他们刚刚脱离高中校园环境,在思想上仍然依赖于教师的管理。倘若缺乏教师的引导与教育,学生很可能在学习方面感到迷茫。因此,辅导员、教师、班委、学生会要通力合作,对学生进行指导与教育,做好班风、班规的打造,为学生创造有利的学习条件。

第三节 ◎ 新时代高校班集体管理的主要模式

一、协作型管理模式

新时代背景下,我国高校所采用的班集体管理模式有所差异,但是从整体的班集体建设方式上来看,备受学校、教师、学生欢迎,且科学、有效的班集体管理模式为协作型管理方法。所谓的协作型管理模式,是指教师与学生进行协作,教师与学生共同参与班集体管理,发挥出不同角色的管理作用。

高校班集体管理应采用协作型管理模式,首先,辅导员、教师应明确学生在班集体建设中的主体作用,引导学生对班集体建设的参与。例如:以班级为单位,实行"班委管理+小组管理"的制度,即辅导员担任班级管理的监督者、协调者、统筹者的角色,班委具体执行班级管理制度,在班委之下再划分成若干个小组,各个小组组长管理本组学生。如此,组员被"绑"在一

① 朱芳转.马卡连柯集体教育理论指导下的高校班集体建设[J].渭南师范学院学报.2021,36(02):14-20.

起，每个组都是一个共同体，共同制定本组的组规。组规既体现个性化和差异化，又形成“法”中有规、规中有约、相互约束的网，对于培养各位组员的行为习惯和学习习惯可以起到良好的督促作用。小组成员的集体荣誉感逐步提升，我荣组荣，组荣我荣，共进退，提高了小组的凝聚力。每个组员在做好自身的同时，努力为小组争光。该模式的实施，不仅实现了学生与教师之间的通力合作，更实现了学生与学生之间的充分合作，真正体现出协作型管理的作用①。

其次，协作型管理模式的实施，需要教师了解班级的整体状况，掌握每一名学生的特点。通过对学生特点的分析，让学生担任不同的班集体管理角色，从而明确各个班集体成员的作用，如由包容性强、细心负责、协调能力强的学生担任协调员，由勤奋、乐观、执行能力强的学生担任实施者等，通过对班集体成员的任务分工，同学们共同为班级建设贡献力量。

最后，协作型管理模式的实施关键在于辅导员与班委之间的合作，学校通过党建带动班级团建，帮助学生筑牢团建阵地，有效发挥出团建群体的先锋示范作用。教师应该在每一个班级设置思想政治模范先锋者，使得学生影响学生，构建良好的班风、学风。班委一直被誉为班级管理的“助推器”，对班委的选择要科学明确，班委的构成要科学、合理。教师应相信学生，信任学生，持续培养班委的能力，逐步提升班委成员的领导力，放手让学生进行自主管理，教师担任监督者、协调者的角色，通过教师与班委的协作，推动班集体的建设。

二、网络型管理模式

网络型管理模式是在系统理论指导下设计的，其中，系统理论主要包括技术系统、目标价值系统、心理社会系统、结构系统四个方面。高校班集体管理中采用网络型管理模式，其重点就是将整个班级看作一个开放的社会技术系统，将整个学校与社会视为这个系统的环境因素。

（1）高校班集体建设中采用网络型管理模式，其应用机制在于网络型管理体系的构建与设计。教师在管理方法设计的理念上要实现几个创新点：第一，辅导员由传统的工作型转变为服务型，即强调对班集体成员的服务与引导。第二，素质教育由口头传授转换为实际训练与规范性培训，班集体管理的重点在于对学生的思想教育。以往的思想教育主要局限于口头传授，缺乏在思想教育方面的实践，因此，实施网络型管理模式首先要解决这一问题。第三，辅导员对学生的评价理念应由单一性转换为多元性，即对学生的评价不仅仅局限于课程学习层面，更需要延伸到学生的道德、行为、纪律等层面。

（2）高校班集体建设中实施网络型管理模式，强调以民主自治、全员参与为根本，优化班级的育人环境。网络型管理的核心是在班级内构建一个完整的网络体系，学生是班级管理体系中的重要成员，辅导员或教师要通过多元化评价的方法，挖掘每一名学生的特点与特长，动员全体学生参与班级管理，实行班干部优化组合轮训制度，使班集体每一位成员都有机会胜任班干部职位；同时通过民主自治的方式，让学生自我检查、自我教育、自我服务。

（3）网络型管理模式的应用离不开对信息技术资源的使用，即辅导员通过移动智能终端

① 王亚晶. 交往视域下的高校班集体建设[J]. 学校党建与思想教育，2019(05)：53-55.

设备,创建班级群,以班级群为基本单位打造一个班集体,通过信息网络的方式进行班级管理。如辅导员通过微信班级群、QQ 班级群、钉钉班级群等媒体平台,创建线上班级群,方便与每一名学生进行远程的交流沟通,更方便与学生家长进行联系。同时,方便发布与班集体建设相关的主题活动与通知,通过网络渠道对大学生的学习、生活进行实时跟踪;方便学生与学生、学生与教师之间进行交流沟通,间接增强班集体凝聚力。在信息技术平台上构建出班级评分系统,学生可以对班级评分,充分参与对班集体的管理,更好地推动班集体建设。

三、学习型管理模式

学习型管理模式是高校班集体管理的常用方法之一,其核心内涵是围绕着学习而展开班级管理活动,在班级内形成一个人人学习、处处学习、时时刻刻学习的良好氛围,同时,更强调教师与学生之间的互相学习、互相影响,学生与学生之间的互相学习、互相合作。

高校班集体建设中实施学习型管理模式,辅导员、教师要重点构建学习型班集体的目标,即终身学习目标、互相学习目标、学科学习目标。在这些学习目标下,制定出一个整体的学习型班集体的奋斗目标,形成一套严格的班级管理制度,促进班风、学风的建设,以制度进行管理,并向管理要质量。

高校班集体建设采用学习型管理模式,重点在于学生的自我教育、自我管理、自我服务。苏联教育实践家和教育理论家苏霍姆林斯基说:“真正的教育是自我教育,是实现自我管理的前提和基础,自我管理则是高水平的自我教育的成就和标志。”因此,高校班集体建设过程中,辅导员、教师要重点培养大学生的自我教育、自我管理、自我服务能力,从根本上促进大学生自律能力的形成,形成纪律严明、班风纯正、学风浓厚的班级环境①。在推动大学生自律能力形成的过程中,要做好班级文化活动的构建,通过班级文化活动的开展,以环境影响大学生价值观念的形成,从而打造一个氛围良好的班集体。如每周开展一次学习主题活动,在学生中间选取榜样示范者,号召全体学生向身边的优秀学生学习,使班集体每一位成员都能够正向发展;在班级内举办板报设计,对学生的行为、思想进行规范引导,提升大学生的审美素养与文学修养。

高校班集体建设中实施学习型管理模式,要重点培养弥漫于整体班集体的学习气氛,充分发挥班集体成员的创造能力,通过互相学习形成强大的磁场引力,在班级内形成良好的班风、学风。处于班级的学生个体都不是单一存在的,是需要与他人互动合作来进行学习的。根据认知发展论、群体效益理论和学生需要合作的特点,心理学家和教育家们提出利用学生互相学习开展班级管理的理论;顺应素质教育,提倡自我教育、人本管理理念,结合班级管理的发展,研究者提出了学生自主管理的理念。把合作性和主体性有机统一于学生个体,就形成了学生合作、协作型学习的班级管理模式。

---

① 刘文博,刘吉. 书院制模式下高校班集体建设的思考[J]. 学校党建与思想教育,2019(1):29-31.

四、分层型管理模式

20 世纪 60 年代初，国外曾盛行一种人本主义心理学。人本主义心理学派认为教育对象是健全的、完整的人，重点围绕着人展开教育工作，充分挖掘人的情感、思想及各种潜能。传统的班级管理通常把教育对象以统一的标准进行教育，在这种情况下，虽然容易培养出“才”，但是较难培养出成功的“人才”。分层管理则要求对每一名学生进行教育，将学生划分为不同的管理层面，给予针对性教育。因此，从某种角度来讲，分层型管理模式是人本主义心理学的重要体现，更是因材施教、针对性教育的表现。

高校班集体管理中对分层型管理模式的应用重点强调对学生进行分层管理，针对不同情况的学生开展针对性的管理与教育。如对班集体成员的具体情况进行细分，将其分为优秀生、普通生、学困生三种，实现三种层次的不同管理。教师可以紧抓优秀生、学困生，通过对优秀生、学困生的管理带动中间的普通生，从而实现对全体学生的教育与管理。但是，该模式虽然能够给予优秀生、学困生充分的关注，但是在一定程度上忽略了对普通生的管理。因此，为了弥补这一管理问题，教师也可以对三种层次学生进行无差异的管理，该方式在教育上虽实现了均衡管理，却在一定程度上影响着分层型管理模式作用的发挥。因此，如何进行管理机制的选择，就需要教师根据具体情况而定。

分层型管理模式重在对每一名学生进行调查分析，对班集体中每一名成员设定一个教育与管理的标准，给予每一名学生针对性教育，该管理的机制是因材施教的体现①。如通过学习评价的方式，了解每一名学生的特点，根据每一名学生的特点进行针对性教育，同时，将针对性教育与整体性教育有机统一，辩证看待，最终达到对全体学生进行分层管理的目的。

分层型管理模式的应用，重点在于班级管理制度的分层，即班级管理制度的制定既要照顾到全体学生，又要照顾到学生个体，尤其是班级中的学困生。班级管理制度既要体现出严中有宽、宽严相济，又要做到交流引导型的分层。交流引导型的分层，即强调教师与学生之间进行沟通，不同层次之间的学生进行合作沟通，如学困生与优秀生进行合作沟通，优秀生带动学困生的学习与进步。高校班集体建设中，分层型管理模式的实施可以实现对全体学生的因材施教，切实关注到学生个体，从而带动整个班集体的建设与发展。

五、量化型管理模式

量化型管理模式，主要是指以数字为基础，用数学的方法来分析、考察、研究事物的运动状态与性能，从而对关键的事物点进行计划、控制、决策、操作，最终达到预定的管理目的。量化管理的概念起源于美国，中国自改革开放以后，随着教育事业的发展，引入教育领域量化管理的思想。20 世纪 90 年代，量化管理被引入学校，主要用于学生管理。该模式的机制在于学校对学生的学习表现、学习情况进行整体的评分设置，然后根据每一名学生的表现，评测出具体

① 姜玉洪，刘艳春. 高校班集体建设与评价体系研究［J］. 学校党建与思想教育，2018(18)：66-68.

的分值,从而对班集体管理效果与学生培养成果进行量化评价。

当前,我国各大院校中所采用的考核计分制就是量化型管理模式的典型体现。而除了考核计分制以外,量化型管理模式在班集体建设中的具体应用主要分为两个层次。第一个层次是班团组织建设、班级制度建设、学风建设、宿舍建设等模块。其具体实施路径为将班团组织、班级制度、班级学风、宿舍管理几个工作任务进行综合,然后依照班集体规模与学校的整体管理制度进行计分机制的构建,设置为不同层次的考核评分。日常的班团组织建设中,根据具体的建设情况定期开展评分活动,从而更好核查一段时间内的班级管理效果,为班集体的建设与发展提供依据。同时,对各个宿舍进行评分,每一个评分阶段内都设立一定的奖惩标准,以制度去约束学生的不良行为,实现对整个班集体的高效管理。第二个层次则是对辅导员、教师的考评,通过对辅导员、教师的考评,实现对班集体管理的倒逼,充分发挥出辅导员、教师在班集体建设中的统筹引领作用。虽然学生是班集体的重要组成成员,班集体建设需要突出学生的主体地位,要发挥学生对班级建设的主体作用,但是能够对班级管理起决定性作用的主要因素之一就是辅导员、教师。因此,量化型管理模式实施的重点不仅在于对学生的考评,更在于对辅导员、教师的考评,通过师生考评,真正推动班集体的建设。其实现方法在于健全辅导员、教师的考核体系,完善辅导员工作制度,推动辅导员制在高校教育中的专业化开展。

六、链式管理模式

新时代背景下,链式管理模式最早应用于企业管理之中,其核心目标是协调组织内部的各方面之间的关系,充分调动每一位组织成员的主动性、参与性及集体作用。近年来,随着教育的改革与进步,链式管理模式的内涵机制得到延伸,逐渐地被引用到教育领域。如唐晓红在《刍议如何构建链式班级管理》(2017)中提出,学校班级管理中采用链式管理的核心目标在于调动班级学生的主动性、积极性,使每一名学生成为班级管理的参与者与实施者,利用链式的管理模式,在班级管理中打造一个完整的管理链,实现学生与学生、学生与教师之间的互动参与,真正实现班级管理人人参与、人人管理。通过生本理念与班级链式管理模式的结合,实现班级管理事半功倍的效果①。季晓玮在《推行“链式全过程精细管理”促进教学质量提升》(2021)中重点指出,链式管理通常出现在企业的管理研究领域。然而,链式管理的重要作用并不仅仅局限于企业管理之中,更能够助推学校班级管理的开展。链式管理模式在学校班级管理中的运用,重点在于考评体系的构建,通过对每一名学生的考评,让班级管理、学生个体、课程教学三者之间相互联系,从而形成一个完整的锁链,最终建设一个班风鲜明的班集体②。因此,通过目前我国学者、专家、教师对链式管理模式的研究可知,链式管理方法对高校班集体建设具有明显的增益作用。

高校班集体建设采用链式管理模式,首先,要做到对班级学生的重视,关注大学生在班集体建设中的主体作用,以各种激励方法调动大学生参与到班集体管理之中,从而推动班集体建

---

① 唐晓红. 刍议如何构建链式班级管理[J]. 名师在线,2017(13):93-94.

② 季晓玮. 推行“链式全过程精细管理”促进教学质量提升[J]. 新课程导学,2021(2):7-8.

设与发展。其次,要进一步创新班集体管理机制、考评体系,将考评体系内容重点放到建立考评单元之间相互关联、相互监督、相互激励的班级管理运行机制上,即采用一条“无形”的链将各考评单元连接在一起,使班级管理实现真正意义上的人人参与。最后,高校教师可以采用以学生团员、党员为主导的班级链式管理机制,即由班级内的团员、党员共同组成班委会,班委会与院系的学生会、党支部相连接,通过教育工作的层层下放,让学生之间互相影响与合作学习,从而形成一个教师、学生共同参与管理的合作链,更好地推动班集体的建设。

总而言之,高校班集体建设是保障专业教学工作开展的基本前提,更是增强大学生对班集体产生归属感的必由之路。高校班集体管理的核心内涵在于对班级中各个资源与要素的计划性安排、协调、控制,其管理内容为班级组织建设、班级制度管理、班级教学管理、班级活动管理。高校班集体管理具有人员组成复杂、管理难度大、班集体功能多样化、班级地点不固定等特点,因此,需要辅导员、教师坚持主体性、整体性、疏导性等原则,同时,借鉴采用协作型管理模式、网络型管理模式、学习型管理模式等,构建高校班集体管理新体系,推动高校班集体的建设,为大学生的学习与发展提供基本保障。

第六章 高校班集体建设评价

高校班集体是班级授课制度和高校育人工作的基本单位,也是大学生自我教育、自我管理、自我服务的重要组织,其在引导学生坚定理想信念,牢固树立社会主义核心价值观,实现德、智、体、美、劳全面发展等方面发挥着不可替代的作用。建立科学合理的高校班集体评价机制,是高校完成"立德树人"根本任务的重要保障,不仅有助于育人工作的健康开展,还为高校深化人才培养模式改革,改进和完善育人机制提供科学依据。

本章主要研究高校班集体评价的基本概念、类型、特点和作用;分析高校班集体评价的原则、评价指标体系以及评价方法;探讨新时代高校班集体评价的创新发展。

第一节 高校班集体评价概述

一、高校班集体评价的含义

"评价"在现代汉语中指对一件事或人物进行判断、分析后的结论。在教育学领域,因评价对象的复杂性以及评价内容的多样性,"评价"一词具备了更深层次的含义。教育学界对班集体管理的研究是较为全面扎实的,对于"班集体评价"的含义,有许多学者经不同角度的研究后,提出了自己的见解。有学者认为:"评价是为了考量预设目标的实现程度而持续不断地运用有效方法与技术采集、筛选和分析信息、进行价值判断、指导问题解决的系统行动过程。"[①]由此可见,"评价"在本质上是一种价值评判活动,高校班集体评价是围绕班集体建设目标实施的价值判断活动。

综合学术观点,高校班集体评价是指以班级为对象,以辅导员、班级成员为评价主体,依据高等教育总目标以及班集体建设具体目标制定评价体系与指标,综合运用多种方式系统、全面收集相关信息,并对其效果给予价值上的判断,为高校班集体建设提供决策依据的过程。

---

① 李静纯.英语教育评价通论(上卷)[M].北京:北京教育出版社,2005.

二、高校班集体评价的作用

建立高校班集体评价机制的结果，往往体现在评选优秀班集体上，如评选校级“三好班级”“先进团支部”等，以评促建、以评促发展。班集体建设中的评价体系能够产生导向功能，使学生的行为朝着优秀班集体要求的方向发展。班集体评价对做好大学生思想政治教育，促进其成长成才有着十分重要的作用。一个优秀的班集体是以集体主义为导向的，成员也更具有集体主义色彩，共同的价值观和集体理想将他们紧密联系在一起，这个集体中的每个参与者都能有较强的责任感，勤奋努力、乐观向上，具有强烈的主人翁意识和集体归属感，积极成为班集体建设的推动者。优秀的班集体中同学之间相处和谐融洽，在学校的各项活动中能够展示出强大的竞争力，即使遇到挫折也不会轻易言败。优秀的班集体成员应有较强大的心理凝聚力，它自上而下展现出来的心理能力不仅能够提升班集体的竞争力，也能够促进个体实现自我意识、自我管理和自我发展的进步。同时优秀班集体还应在各方面都表现突出，在学校的各项活动中发挥着积极作用，成为其他班集体学习的榜样。

1. 优秀班集体应具有正确的舆论导向作用

“00后”的学生群体中的个别人由于受到拜金主义、享乐思想和个人主义的影响，他们在世界观、人生观和价值观方面存在一些模糊的认识，甚至有些观念是错误的。因此，班集体评价过程必须体现出辅导员为此开展的教育引导，班集体为形成正确的舆论氛围而开展的工作，进而优化班集体的班风、学风。

2. 优秀班集体应帮助学生建立健康的人际关系

健康融洽的人际关系对于每名学生的感染和熏陶，比任何规章制度、纪律束缚都行之有效。在班集体评价过程中，应体现出学生之间真诚相待、相互帮助、相互包容、相互学习的和谐氛围，集体成员共同进步、共同成长的成果。

3. 优秀班集体应建立良好的班风、学风

班风是高校校园文化建立的根本，是班级成员学习士气和精神面貌的综合反映。班风可以衡量班级建设的好坏，在班风的建设中，学风又是班风建设的重点。学生的职责就是努力学习，学有所成，学生的思想品德、精神面貌会通过学风体现出来，而学风的好坏又是高校用来评价人才培养质量的基本指标。

第二节　高校班集体评价原则

高校班集体评价回归到以学生发展为中心，一方面可以激发学生内在潜能，调动学生能动性，提高学生自我教育、自我管理、自我服务能力，促使学生科学规划大学生活，明确发展目标，端正学习态度，精神风貌积极健康向上；另一方面可以增强班级凝聚力和向心力，促进班级友爱互助，使同学关系更加和谐，形成积极向上的班级文化，营造争先创优的良好氛围，发挥氛围的隐性育人功能，为班级建设和学生发展创造良好环境。

构建高校班集体评价机制是一个系统、复杂的过程，既需要考虑评价过程和评价内容的合理性，又需要考虑评价方式方法和评价指标体系的科学性，还需要考虑评价结果的客观性、公正性和准确性等。因此，高校在构建班集体评价体系时，应准确把握以下五个基本原则。

一、统领性原则

班集体评价是深化学风建设、提升学生精神风貌、促进班级和谐的重要手段。全校各部门、各院系都应充分认识其重要性，要按照部署，统一思想，切实将班集体建设抓紧、抓好，确保人才培养的质量。

要加强对班集体评价工作的领导，院系要建立由学生工作负责人、辅导员、学生干部、学生代表等人组成的班集体评价领导小组，各项工作责任要落实到个人，班集体评价实施的情况应作为对院系学生工作及学生工作者考核的重要内容。

要深入、广泛地开展宣传教育活动，营造良好的氛围。要建立健全相关制度和长效机制，制定切实可行的评价措施、考核措施、激励措施，狠抓落实，确保其顺利实施。

在实施中，各院系要保证投入必要的人力、物力。要注意调动学生的积极性，集中全体师生的才干和智慧，齐心协力、真抓实干，全面实现班集体评价的各项目标。

二、合目的性和合规律性原则

高校班集体评价机制的构建应始终围绕“立德树人”这个根本任务，旨在检验班级建设育人的实际成效，不断提升班级建设育人的科学化水平。高校在班级建设评价过程中，既要通过评价来总结班级建设育人工作中的成功经验，提炼可供借鉴和推广的经验做法，甚至将经验上升为理论，同时也是为了查找育人结果与预期目标之间的差距，查找存在哪些短板或问题。在评价过程中要善于发现班级建设的工作规律，要从评价内容和指标体系的数据分析中寻找事物的规律性，如大学生的时代特点等，同时评价工作还要重视信度和效度。基于此，在构建高校班集体评价机制过程中，合目的性和合规律性的原则应该是首要原则。

三、普遍性和特殊性原则

所谓普遍性原则，是指每个班级在建设过程中都应该达到的标准和基本要求。所谓特殊性原则，是指我国高校存在较大的差异性，既有层次上、类型上的差异性，又有学科结构、学校文化以及学生整体素质上的差异性。这些差异性既体现了社会发展分层次培养人才的需要，也体现了学校办学水平和办学层次的现实要求。针对这些差异性，在高校班级建设评价内容的设计和要求上，需要做出特殊性或个性化的安排。例如，研究型大学、教学研究型大学和教学型大学，班级建设评价内容也应该有所调整。对研究型大学，在注重班级思想政治教育的同时，应更加强调创新能力；而对教学型大学或应用型高校，应在注重思想价值引领和社会责任感培养的同时，更加强调通过班级文化影响学生的实践能力培养或职业技能水平的提升。评价内容和指标比重的设计安排绝对不能搞“一刀切”，要根据高校的实际情况，在坚持基本要求的前提下进行差异性评价。

四、综合性和科学性原则

目前，对一个事物的评价有诸多方式方法，如何甄别其中的优劣和真伪、先进与落后，如何遴选其中最契合现有工作的方式方法显得尤为重要。所谓的综合性，就是要打破以往单一的定性评价方式，采用多维立体的方式方法全面、科学地评价高校班级，因此我们需要将定性分析与量化分析结合起来。定性分析法往往容易产生主观倾向，而量化分析法相对比较客观，因此，在评价的方式方法中要尽可能利用量化分析法，通过数据分析比对，确保班级评价结果更加客观、公正。同时，也要注意整体评价与重点评价、特色评价相结合，既要从多维度开展对高校班级建设工作的整体评价，也要紧紧抓住重点环节、重点项目或重点指标进行评价，确保以评促建、以评促改，不流于形式。

五、系统性和发展性原则

高校班集体建设评价指标体系的构建对评价工作非常重要，它在高校班集体建设工作中起着引领性、导向性的作用。因此，评价指标体系是否科学完备，直接关系到班集体建设育人的目标是否能够实现。构建班集体建设育人质量评价指标体系，需要从系统性和发展性两个方面进行思考。所谓系统性，主要是指高校班集体建设育人作为一个系统工程，评价其工作成效需要从多个层面系统地进行，要将重点的，有代表性的、实用性的和针对性的观测点纳入指标体系，而不是面面俱到。如果面面俱到，就会淡化指标的侧重点，也就无法体现一些关键性指标的作用和价值。另外，在指标体系构建过程中，要根据各观测点的不同作用，赋予其不同的权重系数，如对一些可能会直接影响班集体建设成效的指标应赋予更多的权重系数，从而在评价过程中真实反映它的重要性。所谓发展性，就是在构建高校班集体评价指标体系时，要始终围绕“立德树人”这一根本任务，用发展的思维去看问题，要将社会发展和学生发展的需求相融合，既要考虑学生的发展性指标，又要考虑学校与社会的发展性指标，引导学生和班级对指标所涉及内容的投入和重视。

第三节 ◎ 高校班集体的评价指标体系构建

一、指标体系构建原则

在构建评价体系时，可以结合班集体评价的实际情况和评价方式，在班集体思想建设、班级组织建设、班级学风建设、班级班风建设、班级文化建设和班级制度建设六个方面，构建一个新颖、独特、较为科学合理的评价指标体系。根据班级思想建设、班级组织建设、班级学风建设、班级班风建设、班级文化建设和班级制度建设六个方向构建的评价指标，各高校在班级评价的实际工作中，应充分调研实际情况，征求各院系、相关班级意见，综合考量各指标的地位、作用，合理设置各指标的权重，综合量化后得出评价的量化指标。

二、指标体系构建的具体内容

1. 强化班级思想建设，以正确的集体舆论塑造和引导人

强化思想建设是班集体评价的首要和先导性的任务，在大学生“三观”形成的最佳时期，正确的思想引导和社会主义核心价值体系的确立对其具有十分重要的意义。思想建设是指路明灯，正确的舆论引导是强化思想建设的重要方式。班集体舆论是在班级中为多数人赞同的意见，它以议论等形式肯定或否定班级的动向或班级成员的言行，成为主导班集体发展的一种力量。积极的、正确的舆论能起到明辨是非、凝聚人心的促进作用，而消极的、错误的舆论则会起到混淆是非、涣散人心的不良作用。班集体建设就是让健康向上的集体舆论成为进行道德评价和学生实现自我管理、自我教育的有效手段，促进优秀班集体的形成。

班级思想建设主要考评班级学生的整体思想政治素质、正确政治舆论导向、政治理论学习效果、学生入党比例、团日活动出勤率、班团活动效果、入党积极分子比例、党课结业率、党员人数比、团员人数比、团课结业率等方面。通过学习教育活动的开展情况，重大节日、纪念日和时政节点班级文化所形成的舆论氛围和优秀学生所展现出来的典型事迹等定性标准，确定班级评价中思想建设的基础等级，再附加人数比、结业率等相关分值。

2. 加强班级组织建设，以班干部的核心作用带动和团结人

班干部是班集体的中坚、班集体建设的核心，辅导员、班主任的得力助手。班级建设得好不好，与班干部在班级建设中的作用发挥得怎么样直接相关。班级中必须有一部分热爱集体工作又有较强工作能力、自身素质较好、有一定威信和影响力的学生组成班干部队伍，形成班级的核心，通过他们带动更多班级成员，开展集体工作。班干部是班级建设中的支持者、开拓者和协调者，更是班级建设中的领跑者。好干部可以带出一个好的班集体。因此，选拔和培养好班干部，形成坚强的核心，是班集体建设的一件大事。在优秀班集体培育的过程中，要充分发挥班干部的作用，使班干部做到“带”字当头，做践行的模范，“树”字为先，做自身和谐的模范，“帮”字为坚，做服务的模范，以班干部的核心作用带动和团结人。

班级组织建设的评价指标主要考评班委成员的履职能力、模范作用的发挥程度，班级向心力、凝聚力和团队意识，班干部的领导力、执行力、协作力等方面。此部分考核可以通过民主测评、答辩汇报、学生干部所占人数比、优秀学生干部人数比、学生干部参加培训情况结课率等方面进行测评。

3. 加强班级学风建设，以优异的成绩鼓舞和激励人

毋庸置疑，学习始终是大学生在校期间的首要任务，学习成绩优良的班级不一定是优秀班集体，但优秀班集体一定是学习成绩优良的班级。班级学风是指班级的整体学习氛围，由班集体内的所有成员的意志和行动凝聚而成，是班级成员的治学精神、治学态度和治学方法等方面的风格，也是班级成员知、情、意、行在学习问题上的综合表现，成为班集体特有的学习特色和

内涵。学风是凝聚在学习过程中的动力、态度、方法等,它依不同班级的不同特点表现出独有的特色,成为一种传统和风格。这些传统和风格对班级学生的成长起着重大的作用,对学校的发展和建设产生深远的影响。班级学风建设直接影响着所在院系的班级管理质量,同时决定着学校的学风建设。在优秀班集体培育过程中,要紧紧抓住学风建设这一重要环节,以优异的班级学习成绩鼓舞和激励人,借助集体力量引导学生养成良好的思维方式、行为习惯以及心理素养,这是高校班级管理工作的基础,对学生在校期间的学习具有积极的促进作用。

增加学风建设在班级评价中的比重,并不是唯分数论。通过调研不难发现,大部分学生在学风优良的班级学习中逐渐形成了良好的学习习惯,并在这种习惯中找到了自身处理事情和学习新事物的方法和能力,从而为今后工作奠定了坚实的基础。这些学生也普遍认为正是班级严格管理下良好的学习风气才促使其形成了良好的学习习惯,并能够从班级管理中认识到自身的不足以及集体的重要性,从而无形中增强了其责任感,最终也正是因为这份责任感,提高了自身的学习自觉性。因此,班级学风建设所占权重在班集体评价体系中提高比例,既是量化测评的客观体现,更是班级整体建设合理化的重要导向。

班级学风建设主要考评的是班级整体是否有勤奋好学、严谨认真、求实进取、比学赶帮超的良好学习氛围,通过班级成员的学习目标、学习习惯、学习成绩及格率与优秀率、职业资格证书通过率、专业技能比赛获奖率、奖学金获奖比例、学习纪律遵守程度、考试诚信态度、学习实践活动参与率等方面进行综合评价。

4. 加强班集体风气建设,以集体主义精神感召和凝聚人

班风是由班级成员共同营造的一种集体氛围,它反映了班级成员的精神风貌与个性特点,体现出班级的内在品格与外部形象,对于优秀班集体的培育具有重要的导向作用。班风的好坏直接关系到班级建设、个人发展的好坏,是整个班级建设的“奠基石”。评价指标体系必然具有一定的价值追求,它会影响评价的方向。而对于高校班风建设评价指标体系而言,其价值取向主要可以概括为以下几方面:

(1)积极的思想引导。大学生在大学时期容易产生矛盾心理。在传统权威价值观念和现代多元化价值观念的双重影响下,他们的心理既有积极的一面,也有消极的一面,经常出现矛盾和冲突。集体心态会在很大程度上影响集体行为,班风评价指标体系是根据班级集体目标而建立的,可以引导和推动班内同学向正确的方向努力,促进班集体的健康成长。

(2)较强的集体凝聚力。集体凝聚力是因成员对集体认同感而形成的群体向心力,这是维系成员间团结协作的力量。班集体凝聚力通常表现为同学对班级的归属感、信任感和荣誉感,这也是评判一个班级整体素质的重要标志。班集体凝聚力越强,成员越维护集体荣誉,个体目标实现的动力也越强。

(3)较高的班集体发展水平。班集体发展水平往往也能反映出其成员的能力和素质。班风评价不是为了让学生被动地接受考核,应加强学生在班级之中的主人翁意识,逐步培养和巩固学生对班级的责任感和使命感,最终实现学生个人成长。同时,班风优良的班集体的全体成员的表现会更积极,更能遵守纪律、维护集体荣誉。

班级班风建设主要考评班级整体精神风貌、集体主义精神体现、集体荣誉感培育、集体荣誉获得情况、班级向心力与凝聚力、班级和谐人际关系、参加学校组织的各种活动等方面。

5. 加强班集体文化建设，以健康的文化氛围熏陶和陶冶人

塑造班集体共同价值观的班级文化是班级内部所有成员或大多数成员在长期的教育实践中所具有的思想意识、价值观念和行为方式的总和。班级文化是班级的灵魂所在，是一种无形的教育力量，好的班级文化可以在班集体建设中发挥导向、凝聚、激励作用。新时代班级文化的引领作用需要予以重视：一方面，要塑造学生独立的文化人格，根据学生的兴趣爱好筹办活动，积极搭建班级文化平台，增强其参与活动的主动性，引导班级文化的健康发展；另一方面，应强化学生在班集体建设中的主人翁作用，尊重学生意愿和诉求，激发学生自我教育、自我管理、自我服务的积极性、主动性和创新创造活力，让每名学生都有机会展现自我、施展才华，使学生既是班级管理者，又是参与者，充分实现班集体自我教育、自我管理、自我服务的职能。两方合力，逐步塑造班级共同价值观，在"润物细无声"中增强学生对班级的认同感与归属感，增强班级凝聚力。

丰富多彩的文化活动是营造班级良好的文化氛围的主要载体，健康的班级文化氛围是一个成熟的班集体的重要标志之一，对于学习期间的成员具有特殊的陶冶作用。随着社会的发展，大学生的电脑、智能手机已经普及，在班集体凝聚力缺失的情况下，网络社交和娱乐方式带来的吸引力明显高于班级活动。如果班集体活动内容缺乏时代感、创新性不足、缺乏新意和活力，就无法吸引班级成员，无法调动全体学生的自主能动性，难以起到活动的真正作用。因此，真正开展高质量的班集体活动，必须要实现班集体活动的观念创新、组织创新、激励创新和方法创新。实践表明，一个积极、和谐、健康、向上的文化氛围，能够使孤独者得到温暖，失望者得到激励，人的积极性得以充分调动、创造性得以充分发挥。

评价班级文化建设时也应推动班集体建设与新技术相结合。新技术为班集体建设提供了新载体和新平台，也带来了新思路和新方法。互联网技术将班集体的建设领域拓展至网络，网络宣传阵地、网络活动阵地、网络交流阵地等应运而生。未来的班集体评价可以拓展"互联网+"模式，考核班集体建设与新技术的结合情况，发挥协同作用，创新班级活动形式、工作方法和教育手段。

班集体文化建设主要评价班集体文化氛围，特别是注重评价班集体成员组织和参加各级各类文体活动的情况、参与社会实践的情况、参与社会公益活动的情况等方面，可以通过活动的影响力、参与率、宣传效果等方面，考核班级文化建设程度。

6. 加强班集体制度建设，以科学的制度管理和规范班集体建设

一个集体要保持凝聚力，必须有一定的行为准则与判断标准，这就是集体规范。班集体制度建设应该既有班集体发展的长远规划，也有具体的日常管理规章制度。建立一套比较合理的规章制度并认真贯彻落实，对于确保班级工作的正常运转、提高班级管理效率、增强班集体的凝聚力、完成各项学习任务、促进良好班集体的形成，都具有十分重要的意义。

班集体制度不应局限于管理性质的约束制度,良好的激励制度也是班集体建设中不可或缺的重要组成部分。完善的激励制度由两部分组成:一是外部激励制度,如学校制定的年级、院系、班级间的评选和奖励制度;二是内部激励制度,如班级内部制定的针对班级成员的评选和奖励制度。良好的评选、奖励等制度可以构成完善的激励机制,为班集体建设注入活力,为班集体建设添砖加瓦。但是目前班集体激励机制的不健全和激励制度的缺失问题,犹如工匠没有称手的工具一样,使班集体建设效率低下。评选、奖励等班集体激励制度可以有效调动学生参加学校、院系和班集体活动的积极性,成为推动班集体建设的"有形"动力。构建班级文化、形成班集体特色都依靠激励制度的不断完善,达到以评促建的目的。评选、奖励等班集体激励制度可以从班级成员的学习成绩、道德遵守、思想素质和团队建设等方面着手,将其纳入考核范围,最大限度地调动学生的积极性,促进班集体的建设。

班集体制度建设主要考评班级规章制度是否健全、合理、可行,班级成员遵规守纪情况等方面,通过班级规划、班级日常管理制度、班级制度执行监督日志、班级制度执行效果、民主测评满意度等指标进行考核。

第四节 ◎ 新时代高校班集体评价展望

随着时代特征的发展变化,高校班集体的功能和作用也应适应时代发展的要求。习近平总书记在全国教育大会上提出,"要努力构建德智体美劳全面培养的教育体系,形成更高水平的人才培养体系"。这一重要论断也为新时代高校班集体的评价体系建构指明了方向。高校及时调整高校班集体评价过程中的问题,紧紧围绕并服务于人才培养,在坚持变与不变的统一中不断完善,更好地实现新时代对高校班集体建设提出的新要求。

一、传统高校班集体评价模式存在的问题

为把高校班集体建设工作抓好、抓实、抓出成效,科学有效地重构班集体的建设模式和评价指标体系,必须坚持以学生发展为中心、直面问题、寻求解决方法。

1. 传统的高校先进班集体评选强调结果,轻视过程

在传统的先进班集体评选工作中,都是以从上往下的模式开展,即指高校根据各学院、各专业的总人数或班级数量,按比例规划出先进班集体的名额。高校相关部门发放通知,各个班级可在规定时间内自愿参加并报名,高校相关部门再依据各个班级提供的材料,通过主观判断决定哪些班级能获得先进班集体的荣誉称号。这种评选模式太过简单,不够灵活,只注重强调结果,忽略了评选工作的过程,对班集体评价过程在教育事业发展中的地位重视不足。

2. 传统的高校先进班集体评选内容缺乏重点,评价指标体系较为封闭

在传统的高校先进班集体评价模式下,参评条件中多是定性的,少部分是定量的,因此影响评选结果的决定性因素往往多体现在学习成绩,集体或个体获得过的各项成绩、荣誉等,对于非量性指标工作重视不足,易导致班集体的德育、体育、美育、劳育等方面的工作以不出错就

是优秀为标准。班集体的评选内容太过平均化，不能满足全面培养的高校教育理念。

3. 高校先进班集体作用发挥受到限制

在过去的先进班集体评选方式中，都是采用举办表彰大会宣布评选结果或者是在宣传栏上张贴红榜告知评选结果的方式，这种宣传方式太简单，宣传手段太陈旧，受众也很有限。这种评选结果的公布方式对先进班集体的示范作用展示不足，不易长期发挥高校先进班集体的榜样示范作用。

4. 高校先进班集体评价过程中不重视活动的组织和参与

活动是班集体建设中重要的互动交流环节，从某种角度讲，班集体建设最有效的途径就是组织活动。班级活动在当今高校侧重学分考核的体制下却往往被忽视。学校的忽视也导致了学生在班集体建设中对班级活动的轻视，所组织的活动内容陈旧，加之当今班级社交环境逐渐被宿舍社交、网络社交所代替，班级意识的缺失让学生不愿主动参与班级活动的策划和组织，即使班级开展活动，其收效也大打折扣。

时代的发展要求高校班集体建设不断创新，高校班集体评价过程也要及时关注新的班级形态并予以调整，引领高校班集体建设朝着正确的方向发展。

二、新时代高校班集体评价的新思路

党的十九大报告作为新时代的宣言书，宣告了中国特色社会主义进入新时代。随着时代特征的发展变化，高校班集体的功能和作用也应适应时代发展的要求，及时调整高校班集体评价过程中的问题，在坚持变与不变的统一中更好地满足新时代对高校班集体建设提出的新要求。

一是高校在评价一个班级能否获得先进班集体的荣誉称号时，不能仅依据班级整体成绩好坏来判定。如今教育事业发展，教育理念也在不断更新，国家倡导综合素质教育。要想获得先进班集体荣誉称号，班级就必须具备相应的特征，如辅导员的感召力强，学生拥有良好的思想品质和正确的人生观、世界观和价值观。班级内部要制定相关的规范制度，还要合理、有效地实施下去，培育一批团结、有奉献精神的学生干部，为实现美好目标而努力奋斗，积极营造出良好的班风，构建一个优秀的班集体。随着我国社会经济的发展，教育事业要注重共性与个性的和谐发展，班集体都是由具有不一样特性、不一样人生目标的个体组成的，因此高校在评价先进班集体的过程中，要做到不忽视班集体中任何一名学生的发展，让每一名学生的得失都与集体荣辱挂钩，还应强调学生在按照自己步伐前进的同时注重团结合作，与班级成员齐心完成班级任务，做事不鲁莽，对班集体的其他成员负责，让学生的成长能够满足社会发展的需求，进而推动学生个体的发展。

二是利用公开答辩、民主测评等多种方式竞争先进班集体。依据高校制定的相关规范标准，结合实践情况，采取公开答辩、民主测评的方式公平竞争先进班集体的荣誉，这种评选模式可以更认真倾听学生和教师的相关建议，健全和完善评选流程。同时，这一方式的实践不仅能够充分调动学生的主动参与性，还能提高学生的主体认知度。在公开答辩时，答辩人若是各个班级的班长或者其他班委，则更有助于建立学生干部的威信。答辩人可以制作相关资料的PPT，如学风和班风建设、宿舍文化建设、课外实践参与度、体育项目锻炼等。民主测评过程不仅可以真实反映出班级建设情况和影响力，也可以向参与测评的其他辅导员、班主任和学生干部等传达班级建设经验，增强班级管理和建设的信心。先进班集体评选工作的实施，既要着重强调评选结果，也要着重强调评选过程，在评选中促进建设、促进改革创新，让学生领悟其中的教育理念。

三是传统评选方式与新媒体相结合。新时代网络文化背景下的新媒体平台成为大学生生活的主阵地，高校可以把评选活动的相关文件、海报等宣传内容，借助微信、抖音、快手等相关新媒体进行宣传。采用多种多样的方式宣传，不仅可以增强学生和班级的参与感，还可以创建先进良好的班集体氛围。在评选宣布结果后，高校可以利用学校官网平台，展示先进班级的风采和荣誉。同时学校再利用表彰大会，对先进班集体进行表扬和称赞，让新媒体的宣传方式与过去的宣传方式有效结合在一起，既体现先进班集体的引导作用，也能彰显其示范作用。

三、结合实际，探索班集体评价的创新发展之路

“创新发展不是推倒重来，而是抓住重点，持续发力，久久为功，形成突破。”秉持创新精神、不断拓展班集体建设的有效路径，既能为传统班级建设增添活力，也能为解决现实问题提供思路、发挥班集体评价的功能和作用、充分展现出学生的主观能动性。结合实际，只有对先进班集体的评选内容和方式进行不断改良和革新，充分彰显先进班集体的榜样示范作用，才能对其他班级起到引领作用，实现育人目标。

1. 有效性与创新性相结合

对高校班集体评价模式进行创新和改革，不管是在评选内容还是评选方式上，都是为了把先进班集体的作用发挥到最大化，从而实现高校班级管理和构建的有效性。所以，高校应根据现实情况，当思想政治教育环境、条件、教育对象变化时，先进班集体的评选模式就要有针对性地进行创新，进而有效达成评选目的。

2. 标准性与灵活性相结合

高校相关学生管理部门在各项工作中应对班集体评价工作有相应标准，对每个学院、每个班级、每个专业都要制定统一的标准，彰显出高校统领思想政治教育活动的全局性。但是在强调评选标准时，同时也要强调评选工作的灵活性，如年级不一样、专业不一样，相应的评选要求也就不一样。比如，新生班级和毕业班级的专业要求，大学英语通过率、大学计算机二级和三级通过率、专业技能等级通过率等各个方面都存在很大差异，对于普通班级和实验班级的要求也会存在差异。所以，在制定统一的标准评选条件时，也要强调灵活性的运用，要根据实际情况进行实际分析，展现出评选标准性与灵活性有效结合的评选方式，促使高校思想政治教育的顺利运行。

3. 主体性与主动性相结合

教师不管是在班集体评价之前还是之后，都应发挥其主体作用。教师不仅包括学生的辅

导员,还包括给学生上课的专业教师,其教书育人的地位是无可取代的。同时教师也直接影响班级的管理建设,因此要鼓励学生主动参与班级建设。把主体性和主动性有效融合在一起,不仅能促进思想教育工作的发展,还能促进师生之间和谐相处。

4. 先进性与广泛性相结合

高校实行班集体评价目的就是要充分发挥班集体的先进性,既是对相关班级的认可,又能起到榜样示范作用,也能够带动更多班集体为创优争优而努力奋斗。班集体评价是一个广泛的过程,只有广泛开展工作,才能推选出先进的班集体。换句话说,先有了广泛性才会有先进性的出现,有了先进性才能促进广泛性,两者相互依存、相互促进、相互转化。

下　篇

案例篇

第七章
高校班集体工作案例

第一节 ◎ 高校班集体思想建设工作案例

案例一

“停课不停学” 疫情防控期间大学生思想引领

辽宁大学 杨瑞峰

在党和政府的高度重视以及各级有关部门的不断努力下，疫情防控态势逐渐好转，各大高校也在逐步适应新的工作模式。

我作为一名高校思想政治工作者，必须认识到辅导员对于高校工作的意义。习近平总书记在全国教育大会上指出，教育的根本问题是“培养什么人、怎样培养人、为谁培养人”。辅导员是高校思想政治工作的实施者，也是学生思想政治教学工作的执行者，承担着“怎样培养人”的具体任务；对于大学生而言，辅导员是否清楚了解大学生的思想动态，能否及时正确地引导大学生把握学习什么、思考什么、理想信念是什么等问题，直接关系着大学生身心是否能够健康成长，因此，辅导员同时也肩负着“培养什么人”的重任。

接下来，我根据自己近几年的工作经验，结合在学生身上发生的以下案例进行浅析。

一、案例概况

（一）背景简介

新型冠状病毒肺炎疫情防控期间，我校贯彻执行“停课不停学”的原则，同学们在家中上网课学习。我所负责的大三某班级由28名学生组成，在校期间班级整体表现较好，但由于疫情无法返校，同学们都居家学习。据我的观察和通过班干部了解，班内出现了部分同学每日“疫情通”健康信息填报不及时，线上学习积极性不高，小团体较多，个别同学学习和活动参与自主性不高等情况。

(二)解决方案

1. 加强政治引领,关注时政热点

对新时代大学生思想上的指导一定不能落下,我坚持用习近平新时代中国特色社会主义思想武装学生的头脑。在与同学们谈心谈话过程中,我主动告知他们党和国家对疫情防控工作的最新进展,包括每天重点地区疫情发展情况、党和国家对于疫情防控采取的各项工作措施。对疫情防控工作中涌现的先进典型事例,尤其是“大学生志愿者”的典型模范,我还会及时跟同学们进行分享和交流,并且教育、引导同学们在逆境中培养奋斗精神,进而强化他们的爱国主义思想,为家乡疫情防控工作贡献一份力量。

2. 丰富文化活动,增强班级凝聚力

大学时期是大学生形成正确的世界观、人生观、价值观的重要的人生阶段。在学校的时候,同学们不在一个教室里上课;疫情防控期间,同学们在线上上课,接触时间更短,生活交集更少。适当举办丰富有趣的线上与线下相结合的文化活动,例如“爱自己”“爱同学”等系列主题活动,鼓励班级同学踊跃参加,不但可以减少同学们之间的陌生感,还可以增强班级凝聚力。班委组织同学们在家中利用腾讯会议在网上建立“线上自习室”,在线上互相督促,充分利用网络平台,实现共同提升的目标。

3. 强化班干部责任担当,提高“网格化”管理效能

在疫情防控期间,班干部责任感和使命感的强化尤为重要。坚持班委责任制,密切关注班级同学们的学习生活,及时发现、处理、上报同学们出现的问题。面对问题,我和班委积极了解情况,及时分析并第一时间解决,帮助每一名同学解决遇到的各种问题。工作中注重纪律约束,提高班级“网格化”的管理效能,引导同学们健康成长,培养良好的班风,增强班团一体化作用。

4. 重视心理疏导,发挥家校共建重要作用

与学生谈心谈话时,我从辅导员的角度,以朋友的口吻,了解同学们的学习生活情况,与他们交流疫情的新进展、学习中遇到的问题,提醒同学们在日常生活中也要做好疫情防控等,让自己能够第一时间掌握谈话学生的思想动态,并且进行针对性的心理疏导工作。在实际工作中,对于班级中存在心理健康隐患以及家庭经济困难的特殊群体,我坚持和学生的家长及室友取得联系,一方面,提醒家长时刻关注学生心理动态,给予孩子家庭的温暖,在遇到生活中的困难时,我协助学生向学院申请一些相关的经济补助;另一方面,要求班委及其室友利用聊天的形式从朋辈角度给予学生心理上的帮助。

二、案例处理情况

(一)处理原则

1. 关心和爱护学生,坚持以引导为主的实施原则

在关心的过程中,既关心学生学习、生活过程中的实际问题,尽可能地为他们排忧解难,又要启发、引导他们树立正确的世界观、人生观、价值观,树立远大理想,在关心、帮助学生的同时,引导他们看到自身在班集体中的责任和作用。

2. 尊重和理解学生,坚持多措并举的原则

教育心理学表明,理解可以给人以友善,给人以安慰,给人以鼓舞,给人心理上的平衡。辅导员只有拓宽教育渠道,掌握心理沟通艺术,才能取得相互的理解,才能做到:相互信任,在坦诚相见中求理1解。主动接触,在细心观察中求理解;充分尊重,在平等相待中求理解。老师和学生相互尊重、互相平等,学生才能有话好讲、有言敢发,才能形成良好的沟通氛围。

3. 教育激励学生,坚持因材施教的原则

充分尊重学生既可密切联系师生感情,又可焕发学生的创造热情,激发学生奋发向上、锐意进取。真正的尊重应当体现因材施教的原则。

(二)处理方法及过程

疫情防控期间,同学们的整体表现还是令人欣慰的,但是部分学生表现出来的缺失责任与担当的行为,让我不得不对大学生责任与担当的培养进行反思。我认为可以从以下几个方面着手,开展班集体思想建设工作。

1. 加强理论引领,激发责任意识

加强对大学生进行马克思主义理论教育,在科学理论的正确引领下,引导学生坚定理想信念。习近平总书记指出:“理想信念就是共产党人精神上的‘钙’,没有理想信念,理想信念不坚定,精神上就会‘缺钙’,就会得‘软骨病’。”因此,班集体思想建设重点工作就是培育大学生的责任意识,就是要使其坚定理想信念。首先要加强对大学生的爱国主义教育。习近平总书记在全国教育大会上强调:“要在厚植爱国主义情怀上下功夫,让爱国主义精神在学生心中牢牢扎根,教育引导学生热爱和拥护中国共产党,立志听党话、跟党走,立志扎根人民、奉献国家。”在团支部的思想建设会议中,开展各种主题团日活动:3月以“赓续雷锋精神,绽放时代光芒”为主题,4月以“凝心聚力学党史,砥砺前行跟党走”为主题,5月以“传承五四精神,献礼建党百年”为主题。另外,每周带领班级支部同学进行专题党史学习教育,重温党史。此外,还通过带领同学们观看爱国影片、纪录片等方式,激发同学们的责任意识,使其坚定理想信念。

2. 增强学习能力,提升综合素质

大学生的主要任务就是学习,但是我们要引导学生树立正确的学习观念,不能为了考试而学习,要培养学生追根溯源的探索精神,主动扩展知识范围。只有提升大学生的综合素质,才

能让他们在承担责任时,更有能力完成每一项任务。班集体致力于在提高学生的综合素质上下功夫,并取得了显著效果。

3. 创造实践平台,确保责任落实

对大学生进行责任与担当教育时,不能只停留在精神和理论层面,要让其在实践中体会到责任的意义。通过理论学习,他们在精神层面有了一定的责任意识,但是由于缺少社会实践,在真正面对问题时,往往会显得手足无措。班级支部一直鼓励学生参加实践活动,在学院的号召下,大批同学积极参加大学生创新创业实践活动、“三下乡”社会实践活动、“青马”工程等活动,并取得了一些不错的成绩,同学们通过独立思考提高了解决问题的能力、增强了责任意识,并获得了满满的成就感。

三、案例总结

(一)取得的工作效果

在“停课不停学”期间,班级支部成员思想积极、乐观向上,学习目标明确,没有一人因为线上学习而耽误学业,没有一人因为在家学习而厌学消极,没有一人因为距离遥远而感到孤独迷茫、不知所措。学生坚持不造谣、不信谣、不传谣,认真完成学习内容的同时,更收获了一段难忘的线上学习经历。总体而言,同学们所表现出的爱国热情、责任担当、奉献精神,让我坚信,他们将来一定能成长为中国特色社会主义事业的合格的建设者和接班人。

(二)对班集体思想建设的启示

1. 坚持党的领导是战胜疫情的根本保证

要加强党对思想政治工作的领导,始终坚持党的领导,认真学习贯彻落实习近平总书记关于教育的重要论述。主题团日活动必须要旗帜鲜明地唱响主旋律,要让同学们真正地做到学懂、弄通、做实,做到学马克思主义、信马克思主义、用马克思主义。

2. 积极正确地联合家长的力量

定时与家长沟通联系,全面掌握学生的心理动态,引导家长与学校一起努力,家校合作,共同关心学生的成长与发展。

3. 注重挖掘班团委成员的力量

班长、团支书个人的能力是有限的,在日常工作中,要注重培养班团委,时时关注班级同学状态,并定时汇报反馈,做到发现问题及时汇报,处理问题得当。

“关心、理解、尊重、信任”是增强师生之间情感的纽带,沟通师生间心灵的桥梁,加强班集体思想建设、维系良好师生关系的保证。作为一名高校辅导员,我期待所负责的每个班级都是一个优秀而团结的集体,而在这样一个温暖的大家庭中,希望每位同学都焕发着自信昂扬的精神面貌,拥有顽强拼搏的学习热情。我们共同努力,为成长为中国特色社会主义事业合格的建设者和接班人努力奋斗!

案例二

守住思想政治教育阵地　开好主题班团会

辽宁大学　孙洪静

班级是高校普遍的教学组织和管理形式，是大学生自我教育、自我管理、自我服务的主要载体，也是辅导员开展大学生思想政治教育的重要载体。班级建设是高校思想政治教育工作的重要一环，大学生在成长过程中，难免有这样、那样的困惑和迷茫，需要通过行之有效和形式多样的思想政治教育使他们坚定政治立场和政治方向、明确时代责任和使命。因此要着力加强班集体建设，尤其是班集体思想建设，抓住青年的“拔节孕穗期”进行强化引导栽培，筑牢大学生思想根基，培育大学生担当精神，让广大大学生在班集体的教育引领下，树立远大理想，脚踏实地奋斗。

一、案例概况

1. 案例

某文科专业大三班级，曾先后更换 3 名辅导员。该班级由 29 名学生组成：男生 9 人，女生 20 人；中共党员 3 人，共青团员 25 人，群众 1 人。城乡生源比例基本持平。在前两年的大学生活中，该班级班风积极向上，集体活动形式新颖，班级凝聚力较强。到了大三，该班级出现班级事务管理松散、团支部各项活动任务无法落实或完成效果不理想的情况，小团体较多，个别寝室矛盾逐步显现。部分同学不愿意参加团支部开展的主题班团会、团员青年大学习等活动，他们认为理论学习没有用，对将来考研、就业没有一点帮助，是在浪费时间；有的同学甚至在网络上发表攻击班干部组织活动搞形式主义，不考虑同学实际情况等言论。这些问题对于一直以来积极向上的班风造成了非常不好的影响。由此可见，该班级出现了严重的思想问题。

2. 需要解决的问题

针对案例中出现的问题，表面上看是班集体管理松散，高年级学生不愿意参加集体活动的行为，但从其排斥参与的活动内容来看，主要是缺乏理论学习。大学生理论学习的必要性和重要性不言而喻，理论课是青年成长的必修课，但有的大学生武断地认为上理论课是“形式主义”。针对这种情况，辅导员要加强对该班级学生的理论教育和价值引领，抓住青年的“拔节孕穗期”，强化引导栽培。

二、案例处理情况

(一)处理原则

1. 思想问题与解决实际问题相结合

调查了解该班级学生,除了表面上看到的问题,还要考虑学生的一些成长诉求,如学业压力、就业压力等。找到问题的根源,进行有针对性的帮扶,才能从根本上解决学生的思想问题。

2. 个性问题与共性问题相结合

从该班级个别同学的表现,研判还有哪些没有暴露出来的问题,将个性问题和共性问题相结合,对个体开展批评教育的同时,也要对整个班集体进行有针对性的集体辅导。

3. 教育与管理相结合

班集体出现以上情况,需要辅导员老师的教育与引领,同时也暴露出班级的管理问题。要解决该班级的问题,一定要在教育的基础上改进该班的管理模式。

(二)处理过程

1. 开展调研

针对该班级出现的问题,开展一次匿名的思想状况问卷调研,设置涵盖“理想信念、价值取向、道德品行、期待的班集体氛围、最愿意参加的活动类型、喜欢的理论学习方式、当前最困扰你的事、你近期有哪些计划”等方面的问卷,这些问卷有助于辅导员全面掌握该班级学生的思想动态。从收回的问卷来看,该班级学生理想信念坚定,胸怀共产主义远大理想;价值观积极向上,坚定信念跟党走;崇德尚善,肩负使命有担当。

2. 深入班级

深入班级主要是要深入课堂和参与班级活动,这样能够帮助辅导员了解学生的日常状态以及班集体开展活动的效果。学生上课出勤率一直是辅导员比较关注的问题,但是辅导员对于学生上课状态的关注可能较少。通过几次深入课堂,与学生一起听课,我发现该班级学生在专业课上的状态要比在思想政治理论课上的状态好很多,很多同学利用思想政治理论课来学习英语或者专业课。进入大学三年级,专业课的科目增多、难度加大,需要付出更多时间去学习,此外,很多同学也在提前为考研做准备。我还参与了一次由团支书组织的主题团日活动,整个活动从设计到实施基本上均由团支书一人完成,其他同学全程作为观众,理论学习部分也只是团支书在照本宣科,其他同学既没有发言,也没有互动,更像是为了搞活动而搞活动,起不到活动育人的作用。这反映出该班级的活动形式单一、活动参与度不高的问题,也能感受到同学们反映的“形式主义”问题。结合收回的问卷来看,该班同学并不是全部排斥参与活动,而是期待班级活动在开展时有所创新,兼顾知识性、互动性和趣味性。在深入班级和问卷调研的基础上,我将该班级在活动开展方面出现的问题和同学们的心声反馈给了班干部,对高年级班级开展学生活动的建议是少而精,理论学习类的活动既要有严肃性,也要以同学们喜闻乐见的形式开展。比如学党史知识时，可以用演绎情景剧、品读党史人物家书等形式让同学们更加立体、深刻地了解党史人物，进而达到党史知识的学习效果。

3. 深入整改

结合调研和深入班级的走访，我了解到该班级出现问题的原因为：一是班干部分工不明确，工作热情减退，不能很好地调动班级同学的积极性，在思想政治理论学习和团课学习等方面存在敷衍、走形式的情况；二是随着升入高年级，专业课的学业压力增大，同学们将更多的精力投入学习，为未来的就业做准备；三是我疏于对学生的思想理论教育，没有起到很好的示范引领作用。结合以上原因，首先，我要调动“火车头”的力量，重新调配学生骨干，明确责任分工。我安排三名党员学生参与班级事务管理，配合团支书开展理论学习等活动，结合班干部自身特点，重新进行分工，并组织了一次全年级的班干部素质拓展训练，鼓励和调动班干部的工作热情。其次，驱动“车厢”，疏解学生学业压力，指引就业方向。我邀请该专业刚刚毕业一年的两名优秀校友深入班级介绍、交流考研和就业经验，通过朋辈教育的方式，为他们目前的焦虑与困扰答疑解惑，取得了非常好的效果。最后，我反思自己因事务性工作繁多从而疏忽了对班级学生的思想教育与引领。我深入该班级共同参与“青年大学习”等团课学习活动，召开主题班团会。与学生一起探讨学习内容、改进学习方法，发挥团支部凝聚青年的作用，激发团员学生的主观能动性和创造力。让团员学生亲身参与到团建工作中，支部活动请团员、青年一起设计，支部大事请团员、青年一起决定，创新工作思路和方法，切实贴近广大团员学生，提升团支部的活力。

三、案例反思

通过该班集体建设案例，我发现做好学生工作一定要遵循学生成长规律，做到因事而化、因时而进、因势而新。学生在不同年级的成长诉求是不同的，辅导员往往集中关注大一新生和大四毕业生这两个群体，但是学生成长的问题往往出现在被忽视的阶段。所以我们要紧绷这根关注学生思想状况的弦，了解学生心理诉求，针对不同阶段开展有针对性的思想教育，充分利用主题班团会，开展思想理论教育，将主题班团会作为辅导员的思政课阵地，牢牢守住，既要守正，也要创新，坚定主题班团会的政治性和思想性，同时创新内容输出，让主题班团会成为聆听学生心声、发挥思想政治教育功能的有力武器。

案例三

以党团为引领推动班集体建设

辽宁中医药大学杏林学院　于婷婷

一、案例概况

（一）案例背景

随着经济的发展，社会对大学生的要求越来越高，不仅要求大学生具有扎实的专业知识，而且要求大学生具有良好的身心素质、较强的创新和实践能力。加强党团及班集体建设有利于加强班级与院系之间的联系，提升与其他班级的互动热度，促进班级班风建设。

2020年是我入职辅导员的第一年。现在的大学生出生在网络与各种传媒高度发达的时代，视野相对来说比较开阔，社会实践的参与程度也比较高。这些学生头脑灵活，有创新意识，可塑性强。

新生进入大学后，环境发生了改变，学生在这段时间内会有不同程度的改变，需要辅导员对其关注，使其能够适应新环境。

通过主抓党员、入党积极分子、学生干部队伍建设，充分发挥他们的积极作用，以他们的思想和行动带动和影响周围同学，从根本上带动整个班级的进步和发展，促进形成良好的班级班风。

（二）高校党团引领班级建设的重要意义

1. 人才培养的需要

新时代，高校把立德树人作为教育的根本任务，教育的目标是培养德、智、体、美、劳全面发展的社会主义建设者和接班人。党团的引领作用在班集体建设中显得尤为重要，对学生的成长具有直接的影响。针对党团和班级进行精细化管理，体现了教育的个性化、针对性和创新性，此举也是对人才进行精细化培养的重要途径。党团和班级建设精细化管理的成效对于学生成长具有直接影响。

2. 集体文化建设的需要

党团是班集体建设的重要引领，班集体文化建设是班集体建设的灵魂所在，良好的班集体文化对于大学生个体的成长具有至关重要的意义。因此，要有效推动党团建设，发挥党团的引领作用，特别是引领班集体文化建设的作用，形成良好的班集体育人氛围。

（三）主要内容

学生干部的作用是不可忽视的。培养一批素质较强、品德高尚、思想活跃、具有高度责任心和较强能力的学生干部，对于班集体建设具有很重要的意义。刚踏入大学校门的新生，十分向往能担任学生干部，工作热情高，但由于缺乏经验，工作能力还需要进一步培养。

新时代的大学生思想活跃、思维创新，愿意接受新鲜的事物。如果学生干部在学生日常管理工作中循规蹈矩，方法陈旧，经常采取开会、调研等一些比较刻板的活动方式，就不会受到学生的欢迎，也无法引发学生的关注。因此我针对学生的现实需求，努力创新活动的载体，不断革新工作的方式方法，使学生干部工作得到了同学们的认可。比如我打破了以往开会的形式，以沙龙的形式引领同学们参与到班集体的建设当中来，积极创新团日的活动形式，先后开展了以志愿服务为主题的实践活动，以实践的方式让同学们在团日实践活动中得到锻炼。

(四)待解决的主要问题

(1)班委欠缺凝聚力。部分大学生的独立意识比较强，集体归属感、集体荣誉感比较弱，经常不参加班级内部活动。

(2)个别学生步入大学后，自觉终于摆脱了家庭的束缚，不注重保持学生形象，身着奇异服装，头发颜色另类。

(3)有些学生对于入党存在可入可不入的思想，以至于递交入党申请书的人数较少，给接下来的培养工作造成了困扰。

(4)学生参与班级管理的积极性不高，班级主要干部之间存在不和谐竞争。班级主要干部在日常工作中存在不和谐竞争，评奖、评优的相关流程不够公开、透明，评奖、评优对于学生的激励作用并不明显，打击了学生努力进取的精神。同时，由于不和谐竞争的存在导致的消极观念，影响了学生的世界观、人生观和价值观，不利于学生的思想政治教育，也不利于学生自身的发展。

二、案例处理情况

(1)从班委会的成立入手，培养全体学生，特别是班干部的主人翁意识。新生开学之前，通过新生 QQ 群，发起“发掘 3 班小能手”在线收集活动，观察每名学生争当班委的热情，并从中选出有班委经历的同学作为临时班委，协调军训期间的各项班级事务。开学后，通过自愿填报班委申请表，确定候选人名单，再以小班会的形式召开班委竞选班会，采用群众提名、竞选演说、不记名投票的形式，产生新的班委会。

(2)发掘每一名班委的长处，针对他们的特点进行工作的安排，做到每项工作落实到位，促使他们有事及时汇报。

(3)在日常工作中，注重加强与学生入党积极分子及党员的交流，积极鼓励他们充分发挥先锋模范作用。

(4)规定每周三召开班委会，分析、讨论班级阶段性工作，提出工作中存在的问题及解决方案，探讨接下来工作的方式方法，借鉴其他优秀班级的做法，结合我班实际，进行整改。

(5)每学期召开一次班委工作总结大会，全面总结学期工作。

(6)建立班级重大事项决策小组，由班级内普通群众、团员学生组成。在评选评定助学金、确定学生入党积极分子等相关重大班级事务时，先由小组讨论产生名单，再在班级内部投票表决，做到公平、公正、民主。

(7)发展学生入党积极分子及党员时，充分听取班级内部党员、入党积极分子、群众的建议和意见，综合考量发展对象的道德品质、学习成绩、群众基础等方面，做到成熟一个、发展一个。

(8)鼓励学生利用课余时间参加学校、系部组织的活动。对于不爱参加活动的同学，以班级为单位组织活动，鼓励他们参加，增强他们的集体荣誉感。

(9)树立良好的班级班委形象，班委带头不染发、不穿奇异服装。

(10)深入学生工作，实现精神共鸣。在活动过程中，通过与学生进行良好的沟通使活动顺利完成，这样不仅能提升自身的能力和班级管理能力，更能高效完成党团建设。另外，会议活动不再沉闷，还可以活跃会议氛围，同时听取其他学生的想法。

(11)开展思想政治教育工作。尊重大学生思想水平和人生目标的差异，分层次、有重点地开展思想政治教育工作，掌握青年话语体系，把党团组织的“大道理”转化为大学生易于接受的“小道理”，把思想引导与关心服务相结合，把解决思想问题和解决实际问题相结合。运用网络、借助手机等平台保持与学生的密切联系和无障碍沟通，不断寻找思想政治教育的有效途径。

(12)积极开展校园文化建设系列活动，增强学生文化底蕴，营造良好的校园文化氛围。组织开展一系列内容丰富、形式新颖、吸引力强的思想政治、文艺体育等校园文化活动，使学生在参与活动时受到潜移默化的影响，熏陶思想感情、充实精神生活、升华道德境界。

三、案例反思

(一)取得的工作效果

班委之间工作交流增多，促进班级事务较好、较快发展，收材料的速度也变快了。2020 年下半年，我班拟发展入党积极分子 10 名，通过党支部推荐及党总支的培养考察，10 名同学均通过入党积极分子培训结业课考试。同学们参加活动热情增强，每次活动都能够积极参与，形成了良好的班风。目前为止，班级没有同学染鲜艳的发色。各寝室内部较为和谐，暂时没有较大的矛盾。

(二)对辅导员工作的启示

班干部在组织活动的过程中，提升了业务能力。对班干部而言，其个人组织能力有所提升；对学生而言，其思想层次有所提升，也提高了团结意识。整体而言，一个活动下来，所有的参与者都或多或少有所收获。

第二节 ◎ 高校班集体风气建设工作案例

案例一

凝聚师生力量　打造良好班风

辽宁大学　李　涛

一、案例概况

A 班，艺术专业 15 人小班型，5 名男生，10 名女生，班干部 3 人，分别担任班长、团支书和学习委员。该班学生整体素质较好，班干部认真负责，班级同学在专业学习、外语水平、文艺特长等方面都有成绩优异的代表。

经过大一入学后一段时间的观察了解，我发现该班在学风、纪律、凝聚力等方面存在一些问题，具体表现为：一是虽然同学们总体上积极向上，能够认真对待学业，但很多人对未来没有清晰的规划，有的甚至比较迷茫；二是部分同学比较散漫，经常出现迟到、缺课等情况；三是个别同学不合群，不愿意参加集体活动，班集体凝聚力不够；四是班干部威信不够，部分同学对其有各种看法。

二、案例处理情况

（一）处理原则

班风是一个班级同学体现出来的整体精神风貌，是学生成长成才至关重要的外部环境。要通过多种方式，创建良好班风，从而增强班集体的凝聚力，形成团结向上的班级氛围，激发学生的内在潜能，使其拥有良好的道德品质、健康的心理状态、积极的学习态度、良好的生活习惯。

（二）处理方法及过程

1. 深入调研问题原因

在新生入学阶段，优良班风的建设尤为重要。因此，面对 A 班的这些问题，我通过主题班会、谈心谈话、电话家访、课堂走访等形式进行调研，分析问题产生的原因。

第一，关于学风问题。通过谈心谈话了解到，班级同学在高考志愿填报时分为两类：一类是对所学专业有着浓厚的兴趣；另一类是为了进入更好的学校而选择了艺术专业。这就导致学生入校后的行为差异。

第二，关于纪律问题。在高中期间，艺术专业学生基本上从高二开始就脱离学校统一的教学管理，进入培训机构进行考前集训，时间安排较普通高中相对灵活，导致其时间观念不强、行为相对散漫。

第三，关于凝聚力问题。部分同学以自我为中心，个性较强，不喜欢参加集体活动；班干部的某些工作方法不得当，令某些同学产生抵触情绪。

2. 针对调研结果开展具体工作

第一，通过班会、年级会等形式，加强思想引领。以“接纳与包容”“我和我的班级”等为主题，以自身求学、工作实际经验体会为案例，向学生讲述良好的班级风气、和谐的同学关系、积极的学习态度，以及同向而行的班级状态对一个人成长的重要意义。让学生充分认识到整体与部分相互影响、不可分割的密切关系，认识到每个人都积极进取，整个班级才有活力；班集体凝心聚力，个人才能更好地发展。

第二，加强学涯职涯规划指导，帮助学生树立发展目标。以尊重个体的独特性和差异性为前提，采取群体辅导与个体辅导相结合的方式，指导学生根据对主观因素和客观环境的分析，发现自己的长处和优势，正视自己的缺点和不足，思考探索未来的发展目标，认真规划自己的大学生活。有了清晰可实现的目标，才能产生动力、找到方向，才能用积极的态度对待学习和生活，从而有助于实现人生理想，也为营造良好的班风、学风奠定基础。

第三，加强班干部的培训指导，提升他们的班级服务和管理能力。学生干部是辅导员最得力的助手，也是师生之间沟通的桥梁，他们工作能力的强弱、工作效果的好坏，直接影响整个班级精神面貌的好坏。通过民主竞选上任的班干部，有热情、干劲和群众基础，但他们毕竟是学生，缺少工作经验，眼界和站位不够。因此，通过个人谈心谈话、班干部座谈会、学生干部集体培训等形式，我一方面详细了解了班级的各方面情况，了解了实际工作中出现的问题和困难，并及时给予指导和帮助；另一方面，从如何开展日常工作、如何与同学进行沟通等方面对班干部进行培训，使其掌握正确的工作方法，从而建立同学之间良好的信任关系，让他们真正成为同学们的代言人。此外，针对班委与个别同学不愉快的“小插曲”，在充分了解情况、做通思想工作，令班委真正认识到自己工作方式不当之处的前提下，请班委主动与同学沟通，敞开心扉，消解隔阂，消除矛盾。

第四，积极与班主任（由专任教师担任）沟通协调，分析班级问题，想方设法提升凝聚力。一方面，鼓励班级开展同学喜闻乐见的集体活动，比如新年聚餐、春游、生日会等，通过丰富多彩的活动提高同学们的集体意识，增强集体认同感。另一方面，通过专业课集体汇报，激发学生的专业热情及合作意识。在专业课上，艺术专业学生经常需要相互配合，共同完成期末展示。因此，利用专业课集体汇报演出的机会，打破约定俗成的班委组织的惯例，鼓励全体同学集思广益、出谋划策，充分发挥大家的长处，有人当导演，有人做编剧，能唱的唱，能跳的跳，不太擅长创作表演的同学可以发挥组织协调、后勤保障等才能，在专业骨干的带领下共同完成结课任务。通过这种方式,每一个同学都成为班级某一方面的“leader(领头羊)”,提升了自信,凝聚了力量,达成了全体成员齐心协力、齐头并进的目标。

三、案例反思

(一)取得的工作效果

通过师生共同努力,该班班风有了明显的改变,且在本年级中整体表现非常突出。在学习上,同学们通过对兴趣特长、职业理想、价值观、优劣势等方面的分析审视,发展目标逐渐清晰、明确,准备升学、精进专业、自主创业……每个人都在为自己的未来打拼;在纪律上,由于明确了前进方向,大家有了动力,迟到的少了,缺勤的没了,大学四年没有一名同学违反校规校纪;在凝聚力上,全班同学宛如兄弟姐妹,班长是班级的主心骨,团支书发挥思想引领作用,学习委员成为公认的小老师,从寝室长、课代表,再到每一名同学,都有强烈的责任感和归属感。毕业后,每个人都找到了适合自己的位置,4 人在国内读研,5 人出国留学,3 人进入电视台工作,2 人自主创业,1 人从事自己喜欢的自由职业。

(二)对辅导员工作的启示

第一,辅导员是开展大学生思想政治教育的骨干力量,要努力成为学生成长成才的人生导师和健康生活的知心朋友。辅导员对待学生的态度、处理问题的标准、开展工作的方法,会对学生的心理倾向、行为选择产生直接影响,也会对所带年级、班级风气的形成起到至关重要的作用。这就要求我们要坚守育人初心,深入班级,深入学生,悉心观察,细致了解,掌握每个班级、每一名同学的特点,公平公正地对待每个人,并有策略、有针对性地开展工作。只有将每一名同学的问题和困惑消除了,才能推动良好班风的形成。

第二,要充分发挥班主任的力量,提升课程思政效果,形成育人合力。高校中的班主任多由专任教师担任,大都是班级某一课程,甚至多门课程的任课教师,是与学生多方面接触,对学生多角度了解、多领域发力的重要力量。实践证明,课堂主渠道培根铸魂职责履行得好,学生就三观正,理想信念坚定;班主任立德树人作用发挥得好,班级就班风正、凝聚力强。辅导员与专任教师协同联动、同向同行,才能更好地实现价值引领、知识传授、能力培养的有机统一。

第三,要高度重视学生干部的选拔培养,充分发挥学生干部的示范作用。学生干部既是辅导员的左膀右臂,是辅助老师进行班级管理的重要力量,同时也是学生的代表,发挥着处理学生日常事务、维护学生正当权益、搭建师生沟通桥梁的纽带作用。因此,辅导员应在学生干部选拔、培养上下功夫,使其具备勤勉负责的工作态度,掌握行之有效的工作方法,具有综合全面的工作能力,从而在集体中形成良好的凝聚力和向心力。

第四,班风建设是一个长期而系统的工程,需要贯穿大学四年始终。良好的班风是一种无形的规范,也是一种催人奋进的环境,它不是一朝一夕就能形成的,也不会一蹴而就,而是一项长期而艰巨的工作。大学生追求个性解放,期待独立自由,拥有不同的成长背景和发展目标,在成长的某一阶段可能会受到某些因素的干扰,出现这样或那样的问题。因此,要想形成积极向上、凝心聚力的整体氛围，不仅要积极开展思想引领、价值引导，更要整合一切可以整合的力量，为同学们营造一个潜移默化、润物无声的育人环境，将“三全育人”理念贯穿始终。

案例二

打破“小团体”

沈阳农业大学生物科学技术学院　赵　帅

优秀班集体是大学生思想政治教育的示范集体，是高校培养高级优秀人才的孵化器。班集体建设的最终目标是建设一个具有学风浓、班风正、凝聚力强、师生和谐、充满正能量等特征的优秀班集体。根据有关工作要求，结合自身工作实际，现将班集体建设工作案例整理并做如下分析。

一、案例概况

（一）案例背景

学院某班是一个仅有20人的中职本科班。班级同学全部来自省内一些中职院校，且一部分同学高中就是校友，很容易形成“小团体”。在平时的学习生活中，经常会出现一些矛盾和摩擦，不但对自身性格、习惯的养成造成不良影响，也不利于班集体建设。

（二）主要内容及问题

2020年某一天晚上，一名女同学给我打电话说班级一名女生尚未归寝，我一看时间估计她是不会回来了。出于安全的考虑，我对该寝室所在班级进行寝室抽查，该生遂给我打电话说明情况，声称自己小姨要生产，需要她在医院陪护，自己并没有想太多，利用间隙趁机出来，对自己的行为感到后悔并表示不会再出现类似情况。但事实上是由于该同学与班级同学关系并不和睦，且处于疫情防控期间，其他同学不同意该生回寝室。第二天该生母亲给我打电话说寝室同学对其进行言语“威胁”，导致该生不敢回寝室。

另外，该班级同学声称主要班干部也存在“小团体”现象，且工作方法有问题，有“官僚主义”的倾向。班级绝大部分同学来我办公室申请对主要班干部进行中期考核，并重新改选。

二、案例处理情况

班级出现此类问题，作为辅导员，我分别找同学对有关情况进行摸排了解，此类事件绝非表面这么简单，究其根本原因是之前中学形成的“小团体”思想。首先是女生寝室的矛盾，双方各执一词，都觉得是对方的问题，互不让步。鉴于此种情况，在分别了解情况后，根据我校《学生手册》有关要求，我做出如下处理决定：一是对夜不归宿的同学进行学院警告，并扣减综合测评相应分数；二是责成该同学在3天之内上交3000字以上的检讨，与其家长取得联系并说明情况；三是对同寝室同学进行劝说，建议其要心胸宽阔，不能再用以前的思维去处理问题，要对自己的行为负责，培育正确的价值观，学会与人为善的处世方法。事后这两名同学表示愿意和解，而且以后愿意和睦相处。

由于该班级整体出现的问题比较严重，我多次与学院领导和该班班主任进行沟通，试图通过多角度和多渠道了解并解决问题。①老师们对于该班级主要学生干部的学生工作给予肯定，但对于其背后的工作方法需要进一步了解。②对于班级同学反映的情况，我做了一一筛查，发现有些事情是同学们夸大其词，其目的不难理解，就是想更换班委，究其原因还是因为“小团体”思想造成的班级同学关系不和。③在此基础上我和班主任老师在该班级召开了长达 2 小时的班会，会上对班级 7 名班委进行中期考核，满意度达 90%，有些班委的考核结果甚至为 100%。我们结合与班级一些同学的谈话推断出此次事件的源头是班级有几名无事生非的同学，试图联合其他同学达到自己的目的，结果出来后发现目的并未达到，于是公开发表一些不合适的言论，导致当时整个班级出现混乱。鉴于此种情况，我和班主任决定从思想上下手，顺藤摸瓜，找出根源，并对出现这种现象的原因进行逐一分析，逐个同学进行谈话教育。班会结束以后，班级同学初步达成和解，并表示以后会谨言慎行，以大局为重，愿意为班集体建设贡献自己的力量。

三、案例反思

对于该班级出现的情况我进行了反思和总结。中职班级最大的问题在于很多同学被社会不良风气所影响，并没有形成良好的学习和生活习惯。我在对该班级同学进行思想教育的同时，要更加注重对其行为习惯的养成。比如利用自习时间带领大家学习英语，与专业课老师沟通探讨他们应该如何进行专业课的学习，不定期查课以确保上课出勤率，不定期走访寝室以观察同学们的生活习惯和同学之间的关系，定期与班级同学谈心并了解有关情况等。经过近一个学期的观察和努力，该班级风气已有明显好转，学习成绩稳中有升，截至目前，班级平均学分绩点达 3. 23，6 人荣获各类奖学金，且有 1 人通过英语六级。班级荣获“学风建设优秀班级”“迎新活动星级班级”“冬季除雪先进班级”，寝室荣获“安全文明和谐寝室”等荣誉称号。1 人荣获学校“三好学生标兵”荣誉称号，1 人荣获校级“优秀共青团干部”、学院辩论赛“最佳辩手”荣誉称号等，各类获奖人数共 14 人，奖项达 40 余项。

我国古代教育家孔子曾与自己的学生樊迟讨论“仁”与“智”的问题。樊迟问仁，子曰“爱人”；问智，子曰“知人”。道理非常简单：关爱别人就是仁，了解别人就是智。关爱和了解学生对于每一名辅导员来说都十分重要，也能够给我们带来教育的启迪和智慧。思维活跃、个性强是当代大学生的标签，我们应在了解并尊重他们的性格特点的基础上对其进行循循善诱，助力他们成长成才。任何个人都生活在集体中，大到国家，小到班级，都离不开我们每个人的努力与呵护，集体与个人是相互成就的，两者相辅相成、缺一不可。为了学生们的身心健康和成长成才，也为了学校和学院的顺利发展，我会一如既往地贡献力量。

案例三

建设班级良好学风，为学生就业护航

辽阳职业技术学院　付传威

作为一名在高职院校工作20余年的老班主任，在班级管理中，我深深地体会到了良好的学风是一种潜移默化的巨大而无形的精神力量，它时时刻刻都在对学生进行强烈的熏陶和感染，不断地激励学生奋发努力、健康成长，从而保证和促进学生高质量、圆满地完成学业，扎实地掌握专业技能，拥有立足发展的根基。为此，每次担任班主任，我都会在班级中开展班级学风建设。何为班级学风建设？顾名思义就是通过不同的措施使班级每一位同学都树立正确的学习目标，形成良好的学习态度，并且养成良好的学习习惯的过程。下面，我与大家分享我工作中的一个真实案例。

一、案例概况

（一）案例背景

辽阳职业技术学院健康管理学院2020级某班，老年服务与管理专业，班级共29人，包括女生25人，男生4人。这29名学生中大部分是通过单招和3+2这两种形式进入我校的，还有几位同学是通过高考被我校录取的。对这几位高考生的高考成绩进行调查后，我了解到，他们的高考成绩有的在340分左右，有的甚至不足300分。多年的工作经验告诉我，这29名学生的心思应该没全放在学习上。如果任由这种懒散的学习风气一直延续到毕业，那么这29人走出校门后将在就业时举步维艰。此刻，我接手的这个班级的学风建设应是班级管理的重中之重。果然，不出所料，开课第二周，班级就出现了上课迟到现象，上课时有部分学生在玩手机、睡觉或者聊天，作业完成质量较糟糕，还有一部分学生沉溺于网络游戏之中。

（二）案例分析

我在接手这个班级之后，通过与任课教师交流、召开班干部座谈会、走访学生宿舍、与学业困难学生谈话等多种措施了解学生的详细学习情况，分析和寻找影响该班学风的各种因素。

经过一段时间的调查和分析，我发现影响该班学风的因素很多，涉及面也很广，在这里我将其分为校内因素和校外因素两类。校内因素主要集中于学生自身和教师，这两类因素对班级学风产生了最直接和最主要的影响，是内核因素；而校外因素主要指社会和家庭，是外在因素。下面我们具体分析一下各因素对班级学风的影响。

1. 学生因素

与高中相比，因为没有父母紧跟身后的督促、班主任的严格管理和高考的压力，所以大学生的学习目的不强、学习动力不足,反映在日常就是学习主动性不够。正因如此,该班的学风不够理想,迟到、早退、旷课和抄作业成为普遍现象。学习行为的懒惰、学习态度的不端正加上个别学生未能掌握大学学习的恰当方法,也没有通过行之有效的途径去解决学习中的困难,班级中不可避免地出现了学习困难现象。

宿舍同学间的相互影响更使得不良学风进一步蔓延。心理学关于“同伴影响力”的研究表明,人类的行为举止受周围人群影响很大,尤其是受同类同伴的影响。该班个别宿舍有几个因沉迷网络而很少主动去上课的学生,宿舍其他同学因为大部分时间生活在这个宿舍群体中,与这些学生的接触多,耳濡目染之下也形成了不良的学习行为。相对而言,这种从同宿舍同学那里受到的不良影响,对于学生的学习态度、学习习惯的影响更为巨大和深刻。根据对他们入学后期末考试成绩的统计,我发现成绩好的同学往往都住在固定的几间宿舍,学业困难的也住在一起,而这跟他们入学时候随机分配宿舍的情况不相符。

2. 教师因素

我从该班学生反馈的情况来看,部分授课教师整堂课都采用一成不变的照本宣科模式,课堂气氛沉闷,导致学生的学习兴趣大打折扣。此外,据学生反映,他们与任课教师除了课堂上有接触以外,课下很少有沟通和联系,互动少,彼此之间的感情较淡漠,信任感缺失,他们即使在学业上有困难,也不愿意向老师请教。另外,少数教师缺乏教学责任心,在教学上就是敷衍了事,疏于对学生的学习管理,对学生的不良学习行为视而不见。

我作为一名班主任兼专业课老师,与学生的关系最为密切,对学生的学习态度能起到较大的影响作用。调查情况显示确实如此,召开学生座谈会时,超过 90%的学生认为班主任的日常监督、谈心谈话和年级大会对班级学风建设的影响作用最大,班主任行之有效的监督和鼓励能够激励学生树立学习的目标,使他们端正学习态度。但需要注意的是,因为班主任承担的一般事务性工作杂而多,所以对学生的学业监督工作很难细致深入;此外,班主任因为专业知识的限制,较少人能够在学生的专业学习上给予实际有用的指导。

3. 家庭因素

我在与该班学生家长的交流之中发现,首先,由于孩子高中阶段学习成绩都不好,所以家长对于孩子的大学学业失去了信心;其次,升学压力的消失也使得家长对孩子的学业有所放松;最后,因为孩子住校,家长感觉鞭长莫及,只有靠平常的电话交流或是假期团聚来对孩子进行学业和生活的督促。这些原因导致了学风建设中家庭角色的弱化,但事实上家长的督促应该是优良学风建设的坚强后盾。

4. 社会因素

该班学风建设还受到了社会上不良风气的影响。从与学生的沟通交流中我发现,部分同学受社会上的个人主义、功利主义、拜金主义、不公平竞争等影响严重,尤其是“读书无用论”“金钱至上”的思想给他们的世界观、人生观、价值观和带来了很大的冲击,导致部分学生的学习目标不够坚定,想依靠“拼爹”获得好的前程,忽视专业知识的学习。此外,我们还发现部分爱玩且自制能力差的学生不免受网吧、KTV、桌游室等娱乐场所的诱惑，从而荒废了学业。

二、案例处理情况

针对影响该班学风建设的内外因素，我力图对症下药，寻找改善该班学风建设的工作策略，并予以积极落实。

1. 加强思想政治教育工作，帮助学生明确学习目标

加强对学生的思想政治教育是建设良好学风的前提条件，对该班学生主要进行爱国主义教育、形势与政策教育、诚信教育等。爱国主义教育可以帮助学生树立对国家和社会的责任感，确定为国家的繁荣昌盛而努力学习的目标；形势与政策教育可以指导学生辩证看待当前的不良社会现象，使他们增强对国家和社会的信心，摒弃不劳而获的想法；诚信教育则是教育学生认真对待每次考试、每天的作业，不抄袭他人作业，也不帮助他人作弊，好成绩靠自身的刻苦学习获得。采取的教育方法主要有班会、宿舍座谈会、班级辩论赛、与学业困难学生交流谈话以及典型事例宣传等。

2. 加强制度建设，应用“三级管理网络”进行强化管理

根据学校为整顿学风制定的相关规章制度，我又结合该班学风的实际情况制定了一系列可实际执行的管理措施，包括学生课堂出勤率检查、强制晚自习、作业完成检查、夜不归宿检查、沉迷网络情况大检查等，通过这些行动来规范该班学生的学习行为，对违反规定的同学进行严格批评教育，严重的给予纪律处分并联系家长。另外，将检查的结果与德育综合测评、优秀学生评选、发展党员等直接挂钩，间接鼓励学生养成正确的学习习惯，对自身的不良学习行为进行矫正。针对违反纪律的学生的解决办法是尊重学生、诚恳谈话，从根本上帮助学生认识到自己的错误。

班级学风建设是一个系统性工程，仅凭哪一个人或者哪一级组织是难以完成的，所以需要集中班主任、学生干部和学生自身三者的力量。三级管理网络即班主任、学生骨干和学生自身。班主任主抓班级学风建设的“面”，从整体上进行管理和督促，学生骨干则在“线”上推进班级学风建设的相关制度，最后是在“点”上加强学生的自我管理。

3. 发挥学生的主体作用，突出学风建设的主动性

教学的主体是学生，学风建设也主要依靠学生自身。首先，在该班开展学风建设活动伊始，我要求该班每个个体按照学风建设要求严格进行自我检查，确立学习目标，并寻求提高学习水平和学习成绩的办法。其次，建设学习型宿舍，宿舍成员相互督促上课和自习，营造宿舍内你追我赶的学习氛围。最后，发挥学生干部的先锋模范作用。在日常工作中，重视对学生干部的再教育，努力培养其成为该班学风建设的领头人，在思想、学习、生活等各个方面带领其他同学共同进步。

4. 引发就业危机意识，激发学生的学习动力

学习动机是指引发与维持学生的学习行为，并使之指向一定学业目标的一种动力倾向。

它是激励学生学习的内在力量。激发学生的学习动机的策略有很多,常见的有表扬和鼓励、竞争与合作等。针对该班的情况,以就业和升学为突破口,我介绍了近几年该专业学业困难的毕业生情况,另外,还请即将毕业的学生讲述他们在求职或者升学过程中遇到的困难,引发学生的危机意识,激发学生的学习动力。

5. 引入竞争机制,开展学习竞赛

竞争是激发学生潜在活力的一个有效的途径。通过积极开展各类竞赛活动,使学生在竞争中学习、在学习中竞争,促进班级竞争机制的形成,进而达到促进学风建设的最终目的。为了让该班学生养成爱读书的好品质,该班开展了各类"我读书,我快乐"知识竞赛活动;为鼓励学生将专业知识运用于实践,组织开展优秀暑期社会实践评比活动;为提高专业素质,鼓励学生积极参加各级各类科技创新和学科竞赛活动。从效果来看,这些活动极大地调动了学生学习的积极性,激发了学生的学习热情。

6. 加强与任课教师以及家长的交流和沟通,家校合作促进学风建设

针对影响该班学风建设的教师因素,我主要通过与学生进行日常沟通和交流,及时收集他们对课堂教学的客观性意见和合理化建议,并及时跟任课教师交流沟通,以促进他们教学方法的改进,从而激发学生对该门课程的兴趣。针对影响该班学风建设的家庭因素,主要通过信函、电话以及面谈的形式和家长进行沟通和交流,在每学期考试结束后及时将该班学生的成绩以信件的形式邮寄给学生家长,同时也向学生家长告知学生在校的遵规守纪情况。对于学业特别困难的几名学生,我坚持每月联系一次他们的家长,告知其孩子的月度学习和生活情况,家校合作共同督促学生的学习和成长。

通过以上这些措施,在2020学年年度期末综合测评中,我班学生期末考试成绩全部及格。同时,我班学风有了很大的转变,学生的精神风貌和学习面貌也有了全新的改变。

三、案例反思

在促进该班学风建设的过程中我感受到优良学风的形成不是一蹴而就的,需要学校、家庭、社会和学生自身各方长期坚持不懈地努力合作。而高校班主任作为学生思想政治教育工作者,首先一定要勇于承担学风建设的重担,其次要善于调查了解班级学生的学习情况,针对不同情况不断探索改进建设学风新办法,尤其是注意充分激发班集体成员的学习兴趣和学习动力,建设优良的班级学风,从而为促进高校整体的学风建设做出自己应有的贡献。

案例四

凝心聚力再起航　活力青春闪光芒

沈阳农业大学林学院　胡　凯

一、案例概况

高校中，总有一些专业在一定的时期会因与之对应的行业不景气，致使该专业毕业生对口就业率低，而被视为冷门专业。一部分考生在报考时，为了能够被某高校录取而选择服从专业调配，被录取到不喜欢的冷门专业；另外，在高校转专业政策的吸引下，一些考生抱着先低分进入某高校，再转专业到喜欢的专业的想法，因而主动报考冷门专业。这类学生进入高校后，在未转专业前，抱着转专业的想法而努力学习。而事实上，并非每个人都能如愿以偿，那些想转专业而未能转成的学生就像泄了气的皮球，丧失目标，意志消沉，导致班风涣散、学风下降、班级凝聚力不强。

班集体整体的风气对于独立的学生而言，就是其成长的环境。每个人都要担负起班集体建设的责任，同时也将受益于优秀班风对自己成长的积极影响。加强冷门专业转专业后的班集体建设，构建团结、向上、有为的班级风气，对班内学生的成长至关重要。辅导员需要积极参与这类班集体的建设，帮助学生发现自己的闪光点，重拾信心；组织学生开展好职业规划，树立新的目标；引领学生正确认知专业与就业、能力与就业的关系，鼓励学生加强能力的提升，树立积极向上的学习观和正确的就业观。

我在十几年的工作经历中，就遇到了这样的班级。在能够申请转专业前，由于是冷门专业，班级内大多数学生的高考分数较热门专业的学生的分数低，但学生的学习劲头十分足，呈现出的班风班貌非常好。可是在转专业结果出来后，几个学习成绩优秀的学生转走，班级中大部分学生失去目标，思想迷茫，学习没动力，学习成绩下降，做事不积极，沉迷于游戏或无所事事。这让我意识到必须更加关注并参与这样班集体的建设，并且通过不断的摸索和努力打造出优秀的班集体和出色的学生。

二、案例处理情况

1. 处理原则

优秀班集体建设过程中，学生既是贡献者也是受益者，是主体。辅导员则是指导者和润滑剂，必须引导学生正确面对学业、就业、成长等问题，树立正确的人生观；必须积极发现每名同学的亮点，鼓励学生积极参与班集体建设，将个人成长与集体进步融合到一起，激发每名同学参与班集体建设的积极性；为学生提供展现自我、服务社会、体现人生价值的舞台，让学生在奉献中得到能力的提升和自我价值的认同。

2. 处理方法

(1)加强思想引领,树立专业观、大学观和就业观。通过新生入学教育、思政课程、主题班会、谈心谈话等方式,帮助学生对专业以及大学形成正确的认知。现在大学本科阶段的教育更注重对学生的通识教育。大学应该重视学生综合素质,特别是道德素养的提升。专业对就业的影响是有限的。本科生在求职过程中,用人单位更看重的是学生的综合素质和能力,如道德水平、学习能力、进取心、团队协作能力、抗挫折能力等。学习冷门专业,对口就业确实难,但就业未必难,只要学生具备良好的素质与能力,非对口就业还是有很多机会的。通过职业生涯规划指导,邀请本专业校友进行交流学习、分享工作感悟,让学生做职业人物访谈,这些都对学生提高认知能力起到了积极作用。

(2)加强班干部队伍建设,发挥头雁领航作用。一个优秀的班集体必须有一支优秀的班干部队伍来组织带动。经常听取班干部的工作汇报,对其个人成长和工作给予更多的关注和帮助。必须让班干部先振作起来,让小团队发挥头雁领航作用,再带动其他同学共同努力,积极面对大学生活。

(3)加强学风建设。学风,是一个班级风气的核心。加强学风建设,引导学生将更多的时间和精力放在学习上,在这一过程中,不仅学习了专业知识,更重要的是提升了自己的学习能力。有一些冷门专业的本科生不容易对口就业,是因为相关行业需要的是更高学历的人才,因此需要打好基础,做好考研的准备。另外,尽管有一些学生对所学专业不感兴趣,但依然可以通过考研再次选择专业和院校。即使没有考研的打算,那么也要在保证能够完成专业学习顺利毕业的前提下,将空余时间用于自己在其他方面能力的提升,比如学习计算机软件的应用,考取一些资质的证书等。总之,大学是一个学习和提升的重要阶段,切不可玩物丧志、沉迷于网络游戏等。

(4)关注困难个体,包括学业困难、经济困难、人际交往不良等个体。经常与其谈心谈话,给予鼓励、指导和帮助;发动班级同学给予其更多的关心和关注,营造出家的温暖,达到共同成长的目的。

(5)发现每名学生的亮点,鼓励学生积极参与校园文化和科技创新活动。每名学生都有擅长的方面,在充分了解学生特点的基础上,鼓励学生积极加入各级学生组织,在工作中结交朋友,提升自己的能力;鼓励有文体特长的学生积极参加文艺演出或体育比赛,让他们在舞台上或是赛场上绽放光芒;班级发展一项体育项目,比如排球,全班同学经常在一起打排球,在运动的过程中增进友谊,同时可以利用学院组织的排球比赛,激发同学拼搏进取的精神,用优异的成绩增进集体荣誉感,让每个人都更充实快乐、更有活力。

(6)组织学生积极参加社会实践、志愿服务活动。让学生在服务社会的过程中,感受社会对大学生的积极评价,对自己的大学生身份有更多的认同,体会到自己有能力做出贡献。

3. 处理过程

大一阶段,通过入学教育、专业教育、班团会,做好对学生的思想引领,在充分尊重学生通过努力学习转专业想法的同时，也要给他们做好不能成功转专业的思想铺垫。大二阶段，积极介入，尽快消除学生转专业失败后产生的各种消极情绪，并引导学生立足现实，重新树立目标，通过各种活动载体，参与班级建设，特别是做好个体的辅导，引导学生做好职业规划。大三阶段，鼓励学生积极通过各种平台绽放自我，并为考研和就业做最后的准备。大四阶段，做好学生的就业服务工作，让学生感受到优良的班级风气给他们的成长带来的帮助。

三、案例总结

优秀班集体建设一直是学生工作的重要内容。一个优秀的集体得益于每个个体的努力，一个优秀的集体也能让集体中的个体更加优秀。我所带过的班级获得过团中央评定的“活力团支部”，辽宁教育厅评选的“辽宁省优秀班集体”，但这样的班级本来就很优秀，没有学生选择转专业。让一群本就优秀的学生建立一个优秀的集体，可能并不难。但是一群相比而言没有那么优秀的学生，让他们能够在构建优秀班集体的过程中使自身能力得到锻炼和提升，因而变得优秀，才是更大的挑战，也更有意义。我所带的 13 级的一个班级，因为专业冷门，入学时就只招收了 16 名学生，转专业后，班级只剩 10 人，就是这样一个“袖珍”班级，连续两年获得学院的排球比赛冠军，大三时被评为“沈阳农业大学优秀班集体标兵”。“冷”与“热”是相对的，有“热门”专业也必定会有“冷门”专业，给冷门专业的学生做正向引导，做积极心理暗示，在构建蓬勃向上的班级风气过程中，让冷门专业的学生保持一种“热”的状态，让每名学生都能看到未来的希望，并能够为自己的目标而不断努力，这就是一个非常有意义的教育过程。

第三节 ◎ 高校班集体建设与学生创新精神培养工作案例

案例一

让专业之花在创新沃土中绽放

辽宁大学　杨　旭

《普通高等学校辅导员队伍建设规定》中明确了辅导员的工作职责和工作任务。班集体作为高等院校学生工作的基本单位，是辅导员开展工作的重要载体，如何能够将班集体建设与学生专业学习相结合，培养大学生创新精神，帮助学生更好地成长，是辅导员必须思考的问题。下面将我工作中的案例总结如下。

一、案例概况

(一)案例背景

2019年，我担任生命科学院本科生辅导员，负责2017级生物科学类学生管理和思想政治教育工作。我发现这个专业的大多数学生是调剂生，普遍对专业的兴趣不浓，学习动力明显不足。面对这样的情况，我深度发掘所带班级学生特点，结合辅导员工作职责和工作任务，围绕高校班集体建设这一核心，将2017级生物科学类三班作为试点班级，结合学院团委开展的“以服务人才培养为核心，开展青年创新行动，夯实青年创业服务，组建青年创优团队”的“三创一核心”人才培养活动，开展了班集体建设与学生创新精神培养系列工作，取得了一定的成效。

(二)主要内容

班级建设中，我深入了解同学们的专业特点，将自身能力和班级同学的成长优势有机结合，由个体到整体，由思想到行动，引导学生形成创新意识，建立创新思维，充分认识创新精神在自身成长中的重要地位，逐渐帮助学生自觉将创新精神融入专业学习，提高学生对专业的兴趣，并取得较好的成绩。

虽然大部分同学对专业不太感兴趣，只有小部分同学对专业怀有热情，但这个班级的成绩比较平均、专业学习能力较强，所以根据班级特点，我认真梳理了同学们的情况，与大家座谈聊天、听取同学们的想法、与专业老师沟通，形成了“以比赛为基本载体，用创新精神培养引领学生成长”的基本思路。我带领班级主要学生干部收集各级各类比赛信息，帮助学生组队，协调专业指导教师，督促学生多沟通，利用有限时间完成比赛作品。

2019—2020年,在辽宁大学大学生创新创业训练计划赛事中,班级参与9项立项(省级立项2项,校级7项),依托项目,共4人次在国内外期刊发表学术论文。同学们逐渐斩获各类奖项。班级荣获2019年第三届全国大学生生命科学竞赛三等奖的有2人次、2019年第三届全国大学生生命科学竞赛优胜奖的有1人次、2020年辽宁省“挑战杯”省金奖的有1人次、2019年辽宁省“互联网+”省银奖的有4人次、2019年辽宁省“互联网+”省铜奖的有2人次。由于创新大赛成绩突出,班级学委范××还代表我校在2020年辽宁省“挑战杯”开幕式上做分享发言。

经过两年的努力,我所带的这个班级学生对专业兴趣盎然,班级21名同学成绩都居于专业前50%,整个班集体创新氛围浓郁,有5人参与中国科学院“科创计划”选拔,成为中国科学院沈阳生态所联合培养项目学员,7人次参与国家发明专利申请,3人分别被保送到清华大学、中国科学技术大学、南开大学深造,班集体被评为辽宁大学“标兵班级”。

(三)工作实效

在大学生思想政治教育工作中,从引导学生认识专业,到产生兴趣,再到获得成绩,是十分漫长的过程。将班集体建设与学生创新精神培养作为切入点,既可以让学生在学习时找到思想碰撞火花的快乐,也可以让学生在获得成绩的过程中深刻认识专业、了解专业、爱上专业,更重要的是让学生能够在潜移默化中培养创新精神和团队意识,可谓一举多得。

二、案例处理情况

(一)处理原则

1. 整体性原则

班集体建设是辅导员核心工作之一。良好的班级氛围和优秀的班级文化可以使得每一名同学沐浴其中,茁壮成长。在处理调剂学生对专业认知不够、兴趣不足、学习动力不足这样普遍现象时,必须面向全体学生,解决问题的方法必须注重满足不同类型和不同层次的学生。

2. 差异性原则

学生个体之间一定存在思维、兴趣、爱好和学习、实践能力等各方面的差异。在开展班集体建设和学生创新精神培养时,辅导员必须运用灵活的教育方法,因材施教,充分考虑到每名学生之间的差异,引导和促进每个个体的充分发展。

3. 实践性原则

无论是班级建设还是创新精神培养,都要以学生实践教育为载体,打破课堂书本的基本模式,在实践中增强学生的独立意识和自信心。学生身心愉悦后,会自然而然融入班级成长氛围和专业学习环境中,真正地成为成长的主角。

4. 激励性原则

在鼓励专业调剂学生成长成才的过程中,要充分重视这一群体的心理变化,以鼓励表扬为主。尤其是在培养学生创新精神这一过程中，更应该尊重学生人格，培育学生的自尊心、荣誉感，使学生实现自我完善，在求知欲、创造欲逐渐递增的基础上更好地学习专业。

（二）处理方法

在开展班级建设与学生创新精神培养的系列工作中，我以学生思想意识的形成为根本要点，以学生自信心、自尊心、自强心的建立为基本遵循，以学生专业学习和创新大赛为载体，以班集体荣誉和班级文化的打造为抓手，形成了由个体到集体、由点到面的学生培养模式。

（三）处理过程

我在班集体建设过程中，首先通过座谈、走访、开展班级活动等方式熟悉学生的情况，对每一名同学的思想动态都做到了如指掌，重点考察对专业兴趣不高、学习成绩较差的学生的想法。在掌握了学生的基本情况之后，我对每名学生都进行深入分析，从中发现学生个体特质，并且发现班级部分同学可以成为“意见领袖”，能够带动其他同学，对产生群体效应有很大帮助。对学生有了充分的了解之后，我进一步将学生情况进行了归纳，将学生学习情况分为几类，便于在后续工作中进行有目的性的引导。此外，我确定了以创新精神培养为目标的班集体建设方案，进行创新创业比赛项目梳理，组织学生组队报名，帮助他们联系专业指导教师，督促学生完成项目，表彰、宣传获奖同学和团队，增强学生荣誉感和自信心。经过一年时间，班级氛围焕然一新，学生学习状态发生了天翻地覆的变化。

三、案例反思

通过以上案例，我发现保证学生工作的有效进行必须做好以下几点：①必须以学生为根本，要了解学生的所思所想，与他们成为朋友，只有这样才能发现问题，才能够更好地寻求解决问题的办法；②工作不可能一蹴而就，而是应该一步一个脚印、因地制宜地遵循学生培养规律去完成，在这一过程中要重点关注学生思想动态、把握学生心理，从而促进学生个体和集体共同发展；③我所开展的班集体建设中，不乏以学生创新精神的培养为抓手的案例，经过不断地摸索，我发现将专业学习引领与班集体建设、创新精神培养相结合，是非常有效的手段，能够更好地带动学生认知专业、转换思维。

案例二

以感性之心关爱学生　以理性之心帮助学生 打造团结一心积极就业的"最后的"班集体

沈阳农业大学信电学院　孙　尊

一、案例概况

(一)案例背景

2019年9月,我院迎来了一届"特殊的"新生。之所以特殊,是因为他们会是我院最后一届专升本学生。由于招生政策的调整,我院将不再招收专升本批次学生。在开学典礼后,班级个别同学找到我,向我诉苦:"老师,我们是不是最后一届专升本学生啦?专升本停招是不是因为未来发展不好哇?学院会不会对我们另眼相待啊?现在读专升本是不是高不成、低不就哇?未来我们还有没有出路啊?"确实,由于政策调整,同学们不知道具体原因,仅仅将这次招生调整停留在"臆想"上,很容易造成理解误区,甚至会产生连带效应,继而对个人的未来发展产生质疑。如何稳定他们的心理状态,帮助他们树立信心,规划未来发展方向就成了当时亟须解决的难题。

(二)案例分析

专升本的学制只有两年,在入学一年以后他们就面临就业的压力了。他们的心理"缓冲期"相对较短,留给辅导员开展工作的时间和空间相对不足,但是他们的就业期望值在不断提升。

(三)待解决的主要问题

要在短时间内重塑他们的信心,我认为有以下几个关键问题需要解决:①如何消除专业停招给他们带来的消极影响?②如何让他们树立学习专业的信心并充满动力?③如何让他们增强对未来发展的信心?④如何使其他专业学生建立起对本专业的信心,拥有持久的动力?

二、案例处理情况

(一)处理方法及过程

(1)解读好专业设置的相关依据,消除心理误区。首先,召开班会向学生解读专升本所在专业暂停招生的背景,让他们了解到这是学院集中精力打造"双一流"专业的重大举措,也是学校发展所采取的必要措施。会上,我向大家说明了专业的发展前景,帮助他们消除专业停招带来的消极影响,并且通过对部分校友的介绍,让同学们了解专业发展是有着广阔前景的。其次,在班委会上针对学生干部收集整理的问题进行重点答疑,消除集体疑虑。每个月召开一次班委座谈会已形成惯例,在会上我帮助他们解答同学们集中反映的问题。最后,针对个别同学重点谈心,让他们透彻理解今后专业的发展是不会停步的。让他们了解到专业停招的背后不是失望,而是更好的发展前景和更有希望的未来,从而帮助他们对所学专业树立信心、对个人未来发展充满信心。

(2)建立“院领导+辅导员+班主任”的育人体系,让学生树立专业信心。在开展专业教育的过程中,要注重由辅导员的前期引导,逐步过渡到班主任的专业解读,最后由学院领导通过对学科发展的布局来解读各专业未来的发展前景,从而帮助学生形成良好的专业认知度,继而树立学好专业的信心。

(3)把握整体情况与个体情况,采取多种措施提升学习动力,明确未来发展方向。①利用晚点名和班团会的时间,进行集体引导与动员,帮助同学们树立学好专业的信心。每周的晚点名,我都会向他们讲解专业的发展历程和发展方向,让他们明确“专业基础扎实才是硬道理”。在此基础上,帮助他们梳理好本专业的发展方向,不断增强他们的学习动力。②针对个别学生重点谈话。专升本学生已经历过大专阶段的学习,有一定的思想基础和对专业的理解。我针对每名学生对专业的理解来分类引导,帮助他们做好未来发展规划,尤其是在考研和就业的大方向上,根据每名学生对未来的设想和家庭实际情况来理性分析,明确奋斗目标。比如,李姓同学最初设定的考研目标是国内某知名高校,但在了解他之前的学习经历后,结合他目前的学习状况,我认为他的考研目标超出了当前的备考水平,于是跟他反复探讨考取各高校的可行性,并且搜集了相关高校近三年的考研录取数据供他参考。在经过数据分析并与家人协商后,他调整了考研目标,并且为此更加充满信心和动力,最终考上了他心仪的高校。③在学院设立专门的“考研自习室”等,完善硬件设施,提供良好的硬件服务。为帮助同学们更好地学习,经学院同意,我们在学院的学科楼内协调出一间条件良好的自习室,学院更新了桌椅等设施,并购置了可以摆放图书资料的书架,未来,学院将进一步完善该教室的硬件设施,提供更好的服务。④开展党员帮扶活动。学院党员教师为同学们提供个性化的帮扶,分类指导,帮助他们明确就业方向。在疫情防控期间,依托班级党员,确保信息的畅通无阻,有力地推动了就业相关工作。

(二)处理结果

(1)心中有希望,学习有动力。两年来,经过全院师生坚持不懈的努力,该班级平均学分绩点达 3.192,不仅没有因为是最后一届学生导致成绩下滑,反而在全院相关专业中名列前茅。

(2)实现了全员高质量就业的新突破。虽受多方不利因素影响,但该班级创造了专升本批次学生的历史最好成绩:在实现全口径 100%就业率的基础上,有 7 名同学升学,有 5 人进入国有企业工作,1 人参军入伍,其余同学也都在专业相关领域找到了满意的工作,打破了专升本就业“老大难”的枷锁。

(3)推动了全院育人体系的建设。在帮助该班级的过程中,全院从院领导、专业负责人、班主任到辅导员,分工合作,彻底消除了同学们的顾虑与担忧,也让我院在育人体系建设上有了新的突破。

(4)在育人过程中逐步建立"全院共管、服务育人"的长效机制。在育人过程中,学院全体教师的影响力持续扩大,形成了服务育人的长效机制。

三、案例反思

1. 思想政治教育是龙头

思想政治教育工作要成为学生育人工作的龙头,成为服务学院的中坚力量,要加强对辅导员队伍的整体规划与建设,做到从大局着眼、从细微入手。

2. 深入学生是基础

育人不能等着同学上门来,而是要主动深入同学中去,要将学院的关爱延伸到学生学习、生活和就业的方方面面,这样才能发现同学们成长过程中遇到的实际困难。

3. 服务同学是关键

育人要服务学校立德树人、服务同学成长成才,既要打造一支思想、能力素质俱佳的辅导员队伍,也要营造服务同学的良好氛围。只有具备了服务同学的热情和能力,才能帮助学生全面成长成才。

案例三

用“五环一心”模式打造具有创新精神班集体

沈阳农业大学工程学院　高　爽

一、案例概况

当今世界风云际会，新科技革命和产业变革的时代浪潮奔腾而至，在百年未有之大变局的大背景下，谁能把握时机、敢于突破、先人一步、勇于创新，以专业才学服务社会、反哺人民、报效祖国，融入国家富强、民族复兴的建设洪流，谁就能乘风破浪，成为立于潮头的时代新人。

回望辅导员工作之路，按照《普通高等学校辅导员队伍建设规定》（教育部令第 43 号）的行动指南，我在思想政治教育、心理健康教育、日常事务管理、危机事件应对、党团建设、学业指导、职业规划与就业指导等方面均倾注了很多心血。如果说哪项工作让我小有心得，并与培养时代新人形成同频共振之感，那么非打造具有创新精神的班集体莫属。

自 2017 年 1 月以来，为了让学生成为《关于深化高等学校创新创业教育改革的实施意见》的受益者，我积极将创新创业教育与思想政治教育融合，鼓励学生创新创造，力争让学生在大学期间培养出充满好奇、敢于质疑、不怕失败、勇于冒险、永不自满的创新精神。

在实际工作中，我逐渐摸索出“五环一心”的教育模式，“五环”即目标建设、制度建设、团队建设、文化建设和活动建设五个环节，“一心”即以培养学生创新精神为中心。我将“五环一心”教育模式应用在 2016JZ 班集体建设中，学生们用四年的骄人“双创”战绩和毕业时百分之百的毕业率、就业率的“双达峰”数据证明了这套教育模式在培养班集体创新精神方面可行。

二、案例处理情况

（一）处理模式

“五环一心”模式，即目标建设、制度建设、团队建设、文化建设、活动建设和以培养学生创新精神为中心的模式。

（二）处理方法及过程

1. 尊重选择，求同存异，认真对待个体目标建设

在大学，每个班集体都是由有限的个体学生组成的，一个班集体精神风貌的形成，归根到底还是班级每一个个体发挥主观能动性形成的。要培养一个班集体的创新精神，首先要从激发每一个人的创新精神入手，而这个总开关在于目标的设立。

我通过勾画学生毕业蓝图、逐一定制成长路径、具体细化角色时间表这三步帮助班级同学

明晰自己的奋斗目标。学生本科毕业后的主要去向是继续深造、去企业就业、去体制内就业、当兵入伍。我尊重学生的个人选择，分别在每一条路上都埋下了培养创新精神的种子，那就是参加创新创业比赛。

2. 察纳雅言，集思广益，科学推进管理制度建设

没有规矩不成方圆，班级管理制度就像指挥棒，在无形之中引领学生的日常行为。从“个人成长台账”到团推优，从综合测评到“奖助补贷”，每一项关系到学生切身利益的工作，我都组织班委牵头，全体同学共同参与讨论。在学校出台的各种评优表奖制度的基础之上，班级制定了一套科学、有效、服众的管理制度，其中创新创业教育方面取得的成绩凸显在量化指标里，对于这个指标每个人“踮踮脚”都能够得着，这无形中激发了同学们勇于创新的斗志。所以在日常学习中，他们都会对双创比赛、大创项目有额外的关注。

3. 发掘优势，跨界组合，正确引导学生团队建设

每次召开班团会，我会鼓励同学们上台演讲，讲话内容多少、层次高低都无妨，关键是这个过程能助推学生发掘自身潜能，把最好的自己展现给大家。同时，这样也能加深学生之间的了解，为参加活动时寻找“合伙人”提供契机。

除了为学生在班级内部找队友提供机会以外，我还鼓励学生积极参与院、校两级学生组织和学生社团，并引导学生不分年级，多与有正能量的“能人”交朋友。这都是在为日后“组团学习”“组团比赛”做准备。

“每人一社”“每人一职”“每人一赛”是班级学生的标配。每人参加一个社团或一个学生组织是为了让学生根据自己的兴趣爱好找到一群志同道合的伙伴，利于日后成长不孤单。每人在组织当中担任一个角色，除了培养学生的责任意识和担当意识外，也给学生在工作中创造更多了解伙伴的机会。以上两步都是为“每人一赛”做准备的。在学生组队比赛的时候，我对团队成员的指导原则是“跨年级、跨学科、跨专业、跨学院、跨性别”，尽量多元化，这样有助于学生从不同视角解决问题。

4. 整合资源，品质至上，积极鼓励创新文化建设

在学生具备创新意识、准备创新行动、加入创新团队后，创新文化就显得尤为重要。一个没有底蕴的组织或个人是走不远的，只有受到文化的长期滋养和润泽，才能创造出奇迹。为了给学生们打造创新文化氛围，我邀请身边优秀的师长、学生与班级学生“零距离”面对面，以周为时间单位开展品牌活动。我先后打造了启迪智慧、以书会友，全校师生都可参与的读书活动“书霸汇”；学习理论、交流思想，由学生党员领衔的“头雁领航工程”；博采众长、经验交流，“大家”讲给“大家”听的“每周一课”；专注技术、互通有无，学生专业社团联合举办的“创新创业训练营”。这些活动均由班级学生组织策划。

学生们通过创新文化的熏陶，脑中有了思想、心中有了目标、手中有了技术，由最初的人人都是他人思想的“输入者”，变成最后个个都是经验分享的“受益者”和向学弟、学妹传帮带的“输出者”。

5. 以学为主,以赛为辅,扎实做好双创活动建设

关于国家、省、校发布的各级各类双创比赛通知我会第一时间转发给学生,并积极组织他们报名参赛。告诉学生比赛的结果不重要,重要的是每参加一次比赛,都会学到新技能,有新收获。

从比赛报名到确定选题,从撰写项目书到制作 PPT,从演练讲稿到整理仪容,每一个环节我对学生都有要求、有指导,目的就是教育学生,创新精神的培养需要脚踏实地、精益求精。

三、案例反思

(一)取得的工作效果

通过“五环一心”的教育模式打造,我所带的 2016JZ 班集体在 2020 年 6 月份毕业时,全班 28 人,大学期间 5 名同学加入党组织,毕业率 100%,就业率 100%,其中直博 1 人、保研 2 人、考取本校研究生 4 人、考取外校研究生 15 人、去国企 5 人、创业 1 人。获得各级各类创新创业比赛奖励 73 人次,平均每人参加比赛 2.6 次;获得发明专利 9 项,平均每 3 人中有一个专利项目。这个班级不仅将创新精神体现在学习和创新创业竞赛方面,在其他文体活动中成绩也十分突出。

(二)对辅导员工作的启示

对于一个老师来说,做工作最大的欣慰和奖励就是学生有好的前程。回顾培养 2016JZ 班集体创新精神的过程,我总结成三个字,即“精”“气”“神”。

“精”指面对学生大学四年有限的学习时间和精力,一定要与国家和时代的命运同频共振,精准找到习近平总书记在回答“中国青年应当成为什么样的人”时描绘的青年模样——爱国爱民、锤炼品德、勇于创新和实学实干。在今天看来,“精”就是对学生创新精神的培养。

“气”指在班集体建设过程中要一鼓作气,确定了目标就不要轻易放弃,克服一切障碍,善始善终,坚持不懈,环环相扣,把班级建设各个环节做扎实。

“神”指永不服输的精神。“人间正道是沧桑”,面对工作过程中外界制造的各种情绪、声音和阻碍,不能轻易动摇、妥协、退让,坚持正言、正语、正能量,用实际行动做学生的“小太阳”,让学生相信具有创新精神的人可以演奏好人生的每一段乐章。

第四节 ◎ 高校班集体文化建设工作案例

案例一

以团体辅导为基础构建“三步走”班级文化

辽宁大学　贺　俊

习近平总书记指出:“我们要坚持道路自信、理论自信、制度自信,最根本的还有一个文化自信。”我们提倡的“文化自信”不是一句简单的口号,而是有其深厚根基的,是可以真正践行的。高等学校作为党和国家培养人才的摇篮,文化传承是其重要职能之一,而高校班集体作为高等教育的基本单元,是高校校园文化建设的重要载体。如何构建班级文化,形成文化育人的良好氛围,不仅关系到高校的教育发展成果,更加关系到每名大学生成长成才的最终目标的实现,因此尤为重要。

一、案例概况

某文科学院三年级某专业 H 班级,从大一入学起部分学生面对新的环境、学习方式及人际关系等方面的变化,在心理上尚未建立新的平衡。如学生 A 因为从未远离家乡,极度思念父母,感觉身边没人关心她、帮助她;学生 B 和 C 来自不同省份,不同的成长环境和细微的本地文化认知差异让彼此不能认同对方的生活习惯和言行方式,屡次产生口角甚至爆发冲突;除个别问题,班级整体也呈现出凝聚力不强、日常行为涣散等特点。

二、案例处理情况

1. 处理原则

(1)坚持学校教育与自我教育相结合。在积极发挥辅导员的教育引导作用的同时,充分调动学生的积极性,引导他们自我教育、自我管理、自我服务。

(2)坚持理论教育与实践相结合。既重视对学生进行理论教育,又注重引导学生在实践中锻炼成长。

(3)坚持构建班级文化与解决实际问题相结合。构建班级文化是为了营造良好的育人环境,实现育人目标,其根本也是解决实际问题,两者是有机统一的。

2. 处理方法及过程

因为班级文化是由学生间的相互融合而产生的精神理念,因此主要采用“三步走”的方式，构建班级特有的制度文化、精神文化等。

步伐一：通过团体辅导，打造班级文化之基

通过团体辅导的方式为学生提供心理帮助和指导。在团队合作中促进新生在交往中观察、学习、体验，调整和改善与他人的关系，形成良好的班级氛围，打造班级文化基础。例如，在心理剧中，扮演盲人的学生戴眼罩旋转三次，扮演拐杖的学生帮助“盲人”扫除各种障碍并解决问题，再互换角色，交流经验。在整个过程中，案例中的同学平时认为自己不被同学关心，但是在活动中感受到了对方的悉心照顾。学生们发现他们并不是独一无二的，大家产生了共同的感受，增强了班级成员的认同感和班级的凝聚力。

步伐二：通过制度约束，筑牢班级文化之魂

通过制定班级制度的方式建立起彼此间的契约精神。制度的建立体现出班级的管理理念、规范了班级的各项工作，也明确了学习和生活的行为规范，有助于形成良好的班集体环境，筑牢班级文化之魂。

基于班级学生活泼好动、思维活跃的特点，突破传统教育管理的模式，以班级学生为主体，展开制度的优化和创新，制定了集原则性、科学性、趣味性于一体且学生愿意积极参与的班级制度。例如，班级规定，凡是无故不参加集体活动的同学，需要在下次班团会中为同学们唱跳一首当下最流行的网络歌曲；凡是无故缺课达到两次的同学，需要在期末承担本课程的复习资料整理和讲解任务；凡是考试中违反考试纪律的同学，同学们将轮流在假期给他的父母和本人致电，督促其好好复习；等等。通过制定符合班级学生性格的管理制度和规定，每位学生都能遵守相关的行为规范，进而形成良好的班级制度文化氛围。

步伐三：通过文化活动，增添班级文化之彩

通过组织文化活动的方式提升班级向心力。我们组织了很多丰富多彩的校园文化活动，加强班级文化建设，促进人际关系和谐融洽，班集体焕发青春活力。例如，每年鼓励学生将自己的情感倾注于笔端，给父母寄“一封家书”，与亲人分享自己成长历程中的喜乐；结合专业特长，围绕尊敬师长、友爱同学、互帮互助等主题，开展 VLOG 摄影大赛；以琴、棋、书、画、歌、舞、体育运动等活动打造特色寝室，开展书香寝室、活力寝室、才艺寝室等特色寝室评比活动；等等。

三、案例反思

构建班级文化有助于帮助学生适应新的环境，对学生的生活、学习及健康人格的形成具有深刻影响，对高校全方位、深层次地推行素质教育具有极其重要的意义。

案例中遇到困难的同学在集体中逐渐体会到温暖、感受到来自他人的关爱，心里充满着感动，由感受别人的爱而产生对他人的爱。成员间彼此认同，感受到自己是团体的一部分，增强了集体归属感。

我们以团体心理辅导为基础，解决大学新生共同的心理问题及发展问题，协助新生尽快适应大学的新环境。万事开头难，只有尽早进入角色，班集体才能汇聚向心力，提升凝聚力，拥有战斗力。如果大学新生仅靠自然适应,至少需要一个学期甚至更长的时间。团体心理辅导可以帮助新生获得关于适应大学生活的经验,从而使他们入学适应的时间缩短。

自入学以来,每学期班干部均组织一次集体拓展训练。学生在一种融洽的气氛中合作,平常偶尔发生的不愉快在合作中荡然无存,以往有过小摩擦的学生相视而笑,大家的关系在活动中拉近了。在此基础上辅以制度文化和校园文化的建立,班级的凝聚力在活动中增强,已然形成了本班级的特色班级文化。

案例二

校园里的那一抹“橄榄绿”

辽宁大学　王　珊

一、案例概况

××学院×级国防班在本年级中班型最大。作为该班级第二任辅导员，我了解到国防生来自全国招生，录取分数线比普通生稍微低一些，学习基础较为薄弱，加之学生就业压力小、课程类别跨度大、内容偏难，该班级整体学习动力不足，学习热情不高，多人出现成绩不及格现象甚至有个别学生萌生辍学念头。学生平时除了上课还进行军政训练，承担军训等其他任务，与普通班的联系较少，个别大学生以自我为中心，比较任性，同学对班级的归属感、荣誉感不强，参与学校活动的积极性也不高。

二、案例处理情况

（一）工作思路

高校班级是大学生实施自我教育、自我管理、自我服务的重要载体。班集体文化是一个班级的灵魂所在。它是班集体成员在集体生活中形成的一系列思维形式和行为方式，进而发展成的一种具有整体性、独特性的团体氛围。因此，班集体文化建设在高校班集体建设乃至高校校园文化建设中都具有非常重要的意义。

作为辅导员，我坚持“以精神文化为特色、以行为文化为导向、以制度文化为基础”进行特色国防班级文化的建设，达到文化育人的目的。

（二）处理方法及过程

1. 以精神文化为特色，凝铸班级建设之魂

一是着眼光荣使命，开展主题班团会、专题研讨、关注时政，重视在国防生中发展党员，引导国防生牢固树立正确的人生观和坚定献身国防的信念。二是以抓学风促班风，实施期末统一自习制，辅导员亲自监督；开展“伙伴工程”，成立一帮一学习互助小组，并形成帮扶台账进行跟踪记录；邀请校选培办干事做生涯规划报告，引导国防生进一步明确未来职业发展路径；邀请国防生先进典型进行经验分享，不断激发国防生的学习热情和个人潜能，树立自我超越信心；走进企业，参观实践，促进他们将专业理论知识与实际应用相结合。三是组织国防生开展“携笔从戎心系党”主题系列活动，参观“九·一八”历史博物馆，深入乡村、社区提供志愿服务等各种教育活动，坚定理想信念、弘扬爱国主义精神，增强国防生投身国防事业的信心和决心。

2. 以行为文化为导向，打造班级建设向心力

一是共情关怀，树立信心。刚接手国防班，了解学生的不同问题和困境后，我积极深入学生中间，与学生谈心的邮件达百余封，并汇编形成《×级学生的成长日记》，字数达1.3万字。我远赴满洲里、海拉尔进行家访，悉心倾听他们的问题，用情感打动学生，逐渐赢得学生们的信任，学生与辅导员之间、同学之间的沟通更加紧密。二是宣传引导，激发热情。利用黑板、微博、微信等宣传载体开展军史文化展览、国防政策宣传等，展示国防生特长；鼓励国防生组建党员先锋队、寝室文明宣传队，通过军事大比武、野外素质拓展训练，培养他们的身份认同感及荣誉感，增强班集体凝聚力与战斗力；在寝室文化月期间设置国防生寝室开放日，通过自查互查和参观学习，打造年级标杆寝室，展示国防生严谨的作风和良好风貌。

3. 以制度文化为保障，夯实班级建设基础

一是发挥三个队伍力量。首先，发挥班干部的核心作用，了解班级学生情况、班干部工作存在的问题和困难并及时帮忙解决，使班干部成为辅导员的得力助手；其次，发挥辅导员和班主任的合力，邀请热爱学生工作、思想政治过硬、懂专业的专业教师担任国防班班主任，指导班级建设，助推学生学业发展；最后，与选培办及时沟通，了解班级情况和国防生的管理要求。二是发挥学生的积极性、主动性和创造性，鼓励国防班制定班级公约，明确班级建设目标。经过全班同学集体讨论投票，确立了以“使命责任担当”为班训，以“不抛弃、不放弃”为班风的集体文化，时刻警示国防生的双重身份，班级逐渐形成了团结一致、奋发向上的氛围。三是丰富评价机制，与选培办沟通，将学生学业情况、军政训练、平时表现、活动参与情况等多方面一并纳入学生个人评奖评优中，纳入优秀班级评选中，为国防班展示班风建设成果搭建平台。这一机制进一步打破了学生的“保险箱”思想，调动了国防生的积极性，不断激发他们的热情。

三、案例反思

1. 取得的工作效果

(1)进一步坚定了国防生的政治信念，国防生递交入党申请书的比例为100%，党员发展比例远超过普通班；班级形成了愿学习、会学习，比、学、赶、帮、超的学习氛围，全班国防生顺利毕业，曾经有辍学念头的国防生也顺利毕业并就业到某省武警总队。

(2)进一步增强了国防生的使命感和责任感。班级“军”味更浓了，较之普通班的集体活动逐渐增多。有的同学能力进一步提升，还担任了辽宁大学第×届学生会副主席、×学院第×届学生会主席。班级同学纪律观念、集体凝聚力越来越突出，国防班鼓励与关怀、和谐奋进的“雁行文化”氛围越发浓厚，班级曾获“辽宁大学优秀班级”，并有同学获得“辽宁省优秀学生干部”“辽宁省高校优秀毕业生党员”“辽宁大学优秀武警国防生”“国防生模拟中队骨干”等称号。

2. 对辅导员工作的启示

(1)在班级文化建设中，可围绕学生的特殊身份，如本案例中的国防生身份，也可围绕学

生的专业特点,围绕学生综合素质能力方向,作为班级文化特色创建的载体和突破口,以贴近学生现实需求和切身利益为出发点,注重班级文化建设中辅导员的过程指导,提高学生的参与积极性,着重凝聚班级力量,不断丰富内容、创新形式,以打造独具特色的“一班一品”特色文化。

(2)在班级文化建设中,要发挥网上与网下、大家(班级)与小家(宿舍)的协同作用,着重做好“入学进校”“日常在校”“毕业离校”三个阶段的班级文化建设工作,形成全员参与、全程参与、全方位参与的教育合力,使班级永葆活力。

案例三

加强班级文化建设　提升医学院校学生综合素质

辽宁中医药大学杏林学院　刘程程

一、概述

党的十九大报告指出,“文化是一个国家、一个民族的灵魂。文化兴国运兴、文化强民族强。没有高度的文化自信,没有文化的繁荣兴盛,就没有中华民族伟大复兴”。由此可见,文化对于一个国家、一个集体的重要性。我们甚至可以这样说,若是一个集体没有属于它的文化,就好像一个人没有灵魂。因此高校班集体文化建设是实现立德树人根本任务的关键之举。

二、案例处理情况

(一)处理原则

班集体文化的建设,我认为既要立足本班实际,结合学生和本专业的具体情况,显示班级文化特色,也要彰显学校教育特色,更要彰显时代特色和使命召唤。

(二)处理方法及过程

关于班集体文化的建设,我是从以下几方面开展工作的。

1. 开展点滴日常分享,展现良好集体风貌

大学教育不仅仅是专业知识的教育,更重要的是引导学生树立正确的人生观和价值观。时时都是教育的契机,事事都是成长的平台,抓住学习生活的点点滴滴来教育学生,也是我作为辅导员的教育心得。我们的班会创新地增加了点滴分享环节,在这个环节,同学们既可以就日常生活中遇到的小问题向小伙伴征求建议,也会就近期印象深刻的社会时事、国家大事畅所欲言,发表自己的看法。有位医学生在高铁上救人的新闻上了热搜,引发了同学们对紧急情况下如何采取正确的急救措施的讨论,为此我邀请了学院里一位急救方面的专家为同学们开展急救知识专题讲座,同时教导同学们如何在这种情况下保护好自己。我既欣慰于他们愿意救助他人的勇气,也希望他们能够掌握救人的技术,当然同时也希望他们保护好自己。有时候班级也通过组织辩论赛的形式激发同学们思想碰撞的火花,如有一次班级辩论赛的主题是“作为一名医生,临床技能重要还是人文关怀重要?”,正、反两方辩手就论点展开了激烈的辩论,也引发了其他同学的共同思考。相信每一次沟通、交流,对他们来说都是一种成长,也希望我能做好他们成长路上的护航员。

2. 营造浓厚学习氛围,构建优良班级学风

优良的班级学风是让班级成为一个有奋进意识的集体所必需的条件。在学风建设方面,

主要是通过以下几个方面实现:一是养成良好的学习习惯。建立早读制度,诵读《黄帝内经》等中医经典著作,使同学们养成晨读的习惯,也让中医经典文化点滴渗入日常生活。二是以考核推动进步。不定期抽查背诵专业知识内容,如中药方歌,使同学们在日常学习中不松懈对自己的要求,也让他们养成课后及时复习巩固的习惯。三是建立学习互助小组,搭建学习沟通桥梁。针对每位同学不同的学习进度,结合实际,组建学习互助小组、课后小讲堂等,设立专业必修小课堂,补全短板,发展长处,既锻炼了充当小老师的同学的能力,又让班级同学以新颖的方式更全面地掌握了专业知识,同时进一步提升了班集体的凝聚力。

3. 丰富班级团体活动,搭建温馨家庭港湾

班级其实不仅仅是一种组织形式,它更像是一个温暖的大港湾,为同学们提供情感寄托。而我作为一个大家长,也努力为这个班集体营造家的温馨氛围。为了增强归属感,在班集体成立之初我们就定下了一系列集体活动项目,包括一起踏一次青、一起包一次饺子、一起养一盆中药盆栽等。而一起过一次中秋的活动,更是被我们一直延续下来了。每年中秋,这个团圆的节日,我们都会组织主题班会,让没有办法回家和家人团聚的同学,在班集体这个大家庭中过好团圆节,赏同一轮明月、分享一块月饼,在同学们的欢笑和陪伴下化解思乡的情绪。而同学们也在这一次次活动中收获关心,收获友谊,收获感动。

4. 加强党史文化学习,创新团支部活动

党史教育和团支部精神也是班集体文化建设的重要一环,为此我组织同学们开展了丰富多彩、形式多样的团队活动。在班级中启动了“青春心向党”主题活动,通过多种形式开展党史学习教育。除了多次开班会为同学们讲解党史有关知识,让同学们了解党史和党史的重要性外,还开展“党史小知识”每日分享活动,引导同学们每天自觉学习党史和自发进行“四史”学习答题活动。同时定期组织开展心得交流大会,每位同学在大会上讲述自己的心得,以共同组织的多次团体活动中遇到的问题为基础展开讨论,例如如何在团支部中发展团员个人特色,如何以医学生面貌融合新时代团支部精神,让他们能够以主人翁的精神参与到团队活动和建设中。在同学们的提议下,我们组织开展了参观“九・一八”历史博物馆、八一公园团建、分组讲党课、党史知识竞赛等活动,既提高了党史学习的趣味性,也提高了同学们学习党史的积极性。

三、案例反思

班集体文化是一个班级的核心和灵魂,它有着“润物细无声”的教育力量。所谓班集体文化,就是教师的教学理念与学生在学习过程中相互融合共同进步所形成的,而教学相长就是以教师为主导、以学生为主体的一个共同发展进步的过程。班级文化建设是引领学生在主流文化的轨道上积极健康发展的过程,班集体文化必须形成一定的积极团体规范和正确的价值取向,这样才能有效地体现出其对班级、对学生的教育价值。

身为一名高校的辅导员,特别是医学院校的高校辅导员,更应注重对学生进行思想道德文化教育。高等医学教育肩负着为医学事业培养和输送人才的重任,其培养的医学生文化素质

将直接影响他们今后从事医疗卫生工作的质量，而建设特色鲜明、积极向上的班集体文化是全面提高当代医学生综合素质的重要途径。班集体文化建设的过程，也是我和同学们共同成长的过程。未来的路还很长，我们一起成长，一起走！

第五节 ◎ 高校班集体活动建设工作案例

案例一

新生入学教育系列活动

辽宁大学　霍　丹

作为高校思想政治教育的引航工程和奠基工程，新生入学教育是高校加强和改进大学生思想政治教育工作的重要内容和有效途径，是确保新生成功实现角色过渡，顺利开启大学生活、健康成长成才的重要环节。新生入学后面临如何进行时间分配、如何实现自我管理、如何规划未来发展等问题，需要通过入学教育对新生进行引导和帮助。

本案例班级存在生源省份分布广、少数民族学生较多、学生寝室分布不集中等实际情况，我所在的学生管理团队结合实际，以校史院情教育、新生团队建设和强化学院特色素质培养等为切入点，组织新生班级开展系列活动，为新生快速融入校园、完成角色转变提供了有效平台，并为该班级尽快形成凝聚力和向心力奠定了良好的基础。

一、案例概况

该班级省外生源占学生总数的一半以上且省外生源分布较广，有哈萨克族、维吾尔族、回族、满族等少数民族同学。新生之间文化背景差异较大，天然的集体认同感较低。受学校硬件条件限制，新生寝室分布不集中，日常交流不便，为新生快速融入集体、适应大学环境增加了难度。

二、案例处理情况

在这样的背景下，学生管理团队主动出击，积极采取以下有力措施：一是以线上、线下相结合的方式加大宣传力度，让新生更加深入地了解学校和学院的历史沿革、发展状况、文化内涵和教学动态，强化新生对学校和学院的了解和认同；二是着力推进老带新帮扶机制和新生班委会的组织建设，通过分配“朋辈导师”、召开班委选举大会、组织师生交流活动等举措，推动学生自我教育、自我管理、自我服务走上正轨，并由学院管理团队和学长、学姐为新生提供经验，保驾护航；三是开展学院特色素质教育活动，结合学院培养特色，有针对性地开展素质培养活动，在实践中增强学生的参与感、获得感，提升新生的组织认同和价值认同。该班级曾获校级“优秀班级”“优秀团支部”等荣誉称号，在各类班级活动中表现突出，学生对班级有强烈的认同感和归属感，同学关系融洽，从无违规违纪行为。学习风气浓厚，不及格率大幅度下降，英语四级通过率明显提高。具体内容如下。

1. 校史院情教育活动

校史院情作为可资借鉴的育人资源，可以充分激发学生爱校热情，培养学生爱校情结，增强新生对母校的归属感和认同感，培育学生求真务实、艰苦奋斗的精神，为学生成长、成才、成功打下坚实基础。

入学伊始，学院组织本科新生召开入学教育暨开学第一课大会，学院领导为新生讲授校史院情专题课，介绍学校的发展历程和学院的基本情况，介绍专业未来发展和优秀校友情况；邀请该专业优秀校友为学生讲授职业发展规划课；邀请高年级"朋辈导师"介绍校园生活、课程设置和学习方法；等等。以上活动让新生对即将开始的大学生活有了整体认识，树立了以学业为重的意识，积极融入集体并学会宽容和奉献，提高自身品德修养，合理安排时间，不断提升自己。

为配合"开学第一课"活动更好地开展，强化线下学习的成果，使新生更加深入了解学院学科建设情况和科研发展现状，学院总结了近年来的主要科研项目、承担的重大课题，以及发表的专利、论文等，在学院公众号发布，让新生更加了解学院和学校的历史沿革、学科建设，增强学生对学校、学院的了解和认同感。

2. 重视新生组织建设，推进学生自我教育、自我管理、自我服务

为了使新生更快、更好地融入大学生活，有效利用老生帮扶新生的教育资源帮助新生适应大学的学习生活节奏，学院精挑细选了优秀在校生作为新生的"朋辈导师"，并举办新生"朋辈导师"见面会。会上，新生辅导员说明了"朋辈导师"对于每位新生的重要意义，针对每位"朋辈导师"的情况进行介绍，并对学院"朋辈导师"的遴选和分配制度进行了说明。"朋辈导师"与新生进行分组交流，并在入学后的半年时间，对各自所分配的新生遇到的学习生活中的疑难进行针对性帮扶。

班委作为学生基层组织骨干，是学生自我教育、自我管理、自我服务的重要载体，在班级建设中发挥着重要作用。学院组织新生班委选举会议，以学生自荐、同学选举的方式选出在学生群体中有较高威望、能够积极维护班级秩序的学生，协助辅导员在班级学习、生活、纪律等多方面进行有效管理，并为学院进一步开展各项工作打下了坚实的基础。

为了使新生能够更好地适应大学生活，掌握大学的学习节奏，进一步了解大学的各项课程学习、专业考试，以及学术研究、竞赛活动等重要信息，学院组织学习经验分享会，邀请科研成绩突出、学习成绩优异的学长、学姐为新生分享科研和学习经验。

3. 学院特色素质培养

学院积极组织针对新生的系列特色素质培养活动，提升新生的综合素质和知识水平，为学生提供展示自我的平台，强化其对大学生活的体验感和认同感。

依托学院专业特色，组织新生参观污水处理厂、环保研究院、生态湿地研究院等与专业相

关的研究场所。组织全体新生参与全国“大学生在行动”系列活动、创城环保卫士志愿活动等，增强学生的专业认知和责任心。

学院组织了新生篮球赛、安全手抄报比赛、环保知识大赛、“节约粮食”主题活动、“宪法日”主题晨读等活动，以学生为主体，充分培养新生的集体荣誉感和组织凝聚力，加强学生的安全意识、节能环保意识、懂法守法意识。

三、案例启示

新生入学教育的质量不仅关系到学生的个人发展，也关乎学校的长远规划。通过科学有效的教育引导，可帮助新生尽快完成从中学生向大学生的角色转变，确立与时代背景和大学生活相适应的思维习惯和行为方式，确立自己的生涯规划和人生理想，着力提升自身综合素质，健康成长、奋发有为、全面发展。

为期半年的新生入学系列活动使该班级学生确立了对学校、学院和班级的坚定认同，也完成了从中学生到大学生的身份转变，使班级逐渐成长为一个班风良好、学风浓厚、极具凝聚力和战斗力的集体，在思想政治建设、班级学风建设、班级活动建设等方面均取得了较好的成绩。

案例二

课前五分钟

沈阳农业大学食品学院　赵志方

一、案例概况

根据《普通高等学校辅导员队伍建设规定》(教育部令第43号)文件精神,辅导员应履行思想理论教育和价值引领工作职责,引导学生深入贯彻学习习近平总书记重要讲话精神和治国理政新理念新思想新战略,深入开展中国特色社会主义、中国梦宣传教育和社会主义核心价值观教育,帮助学生不断坚定中国特色社会主义道路自信、理论自信、制度自信、文化自信,牢固树立正确的世界观、人生观、价值观。

在当前复杂的国际形势下,大量西方价值观念涌入国内,其中包含许多落后、腐败的思想。要维护校园和社会稳定、推动大学生思想政治教育、提升大学生综合素质,不能仅局限于思政课程和课程思政,而是要全员、全方位、全过程做好思想政治教育工作。

沈阳农业大学食品学院将理论转化为实际,将思政教育融入日常活动中,充分利用“课前五分钟”演讲活动的形式,引导大学生在这个过程中加强思想道德修养,提升综合素质,由近及远自觉践行社会主义核心价值观。

“课前五分钟”演讲活动主题是“我参与,我诚信,我成长”。同学们的演讲内容可以围绕爱党、爱国、爱校,践行社会主义核心价值观,时事政治,诚实守信,自我成长,尊师重道,专业认识,生活感悟,励志故事和家乡变化与美食等主题自由选择。本次活动贯穿整个大学生活,鼓励班级每一名同学都能参与进来,站在台前为全体同学做五分钟的演讲。

二、案例处理情况

当下很多大学生在私下闲聊时能夸夸其谈,到了正式场合却羞于表达自己,一方面是因为思想政治基础薄弱、知识储备匮乏、对时事不够关注,导致“谈资”不足;另外一方面是因为没有得到充分的锻炼,导致语言表达能力较弱。为改善这种情况,食品学院经研究决定开展“课前五分钟”演讲活动。

为验证活动的可行性,此次活动我选取了2020级包装工程班级作为试点班级,完善了各项机制后在全院推行。试点阶段包括班级同学报名试讲,学院进行专项指导,举行演讲观摩,全班参与和总结反馈。

1. 报名试讲

在报名试讲阶段,班级团支书先对大家进行动员,要求学生主动报名。这个时候便遇见了第一个难点:主动报名的人过少。

通过班委会议,我了解到,大部分同学有畏难的情绪,缺乏站上讲台的勇气,其中甚至包括班委。由此可见,这绝对不是个别现象。班委会议上,我与学生干部一起展开头脑风暴,分析交流了我们开展此次活动的目的和意义,大家各抒己见,最终得出一致结论:如果可以顺利开展,此次活动将对每名学生的大学生活产生重要的影响。会议结束后,班委先对活动产生了认同感,开始主动尝试,进而影响了其他跃跃欲试的同学。通过他们的带动,普通同学也受到影响并被勾起了兴趣,或者不甘人后,或者不好意思搞特殊化,便也跟着报名参加了。

2. 专项指导

为了对演讲内容和价值取向进行合理引导,学生报名后需提交“课前五分钟”演讲稿件给班主任或辅导员老师进行审核,老师要认真阅读并给出有效指导建议。在本阶段遇到了第二个难点:有的同学表示无从下笔,根本不知道写什么、怎么写。

对于不知道写什么的同学,团支书对其解读“课前五分钟”的主题要求,引导同学们在大主题的标准下,尽量将当下网络热词融入其中,增加演讲的趣味性和亲和力,同时也可以引经据典,传播中华传统文化。最重要的是要对故事或案例进行思考,在演讲中一定要表达自己的观点,发出自己的声音。

3. 演讲观摩

由于是试点阶段,为了保证演讲现场的质量,学院在学生稿件确定后展开了专场演讲观摩。观摩会邀请学院副书记、全体辅导员以及班级班主任共同参加。在本阶段遇到了第三个难点:学生的表达能力欠缺。

对于此类问题,老师们提出了自己的建议。首先是要读熟自己的演讲稿,记住逻辑关系和因果关系,以免出现因忘词而在台前不知所措的情况;其次是要上网观摩演讲视频,提升演讲技巧,对镜训练,学会如何在不同的时机融入不同的情感,进而达到感染听众的目的;最后可以让室友对自己的表现提出建议,增加演讲的普适性。

4. 总结反馈

活动正式开始后,班委轮流担任记录人,录像记录每场演讲情况。老师、同学对演讲同学进行点评,轮值班委将点评内容汇总至“课前五分钟演讲活动记录手册”。

三、案例反思

1. 引导学生自我成长

学生通过“课前五分钟”演讲活动的前期准备和演讲,实现自我思想提升。通过引导学生参与,大学生加强了思想道德修养,始终保持积极的人生态度、良好的道德品质和健康的生活情趣;通过引导学生参与,大学生树立了社会文明新风,带头学雷锋,积极参加志愿服务活动,主动承担社会责任,热心关爱他人,以实际行动促进社会进步;通过引导学生参与,大学生在生活中能够以小见大、从易到难、由近及远践行社会主义核心价值观,把价值观要求从空洞的文字演变成自身的行为准则，刻到脑子里，进而自觉践行。

2. 提升学生综合素质

学生在参与演讲的过程中提升了发现问题、思考问题、分析问题的逻辑思考能力，提升了阅读能力、写作能力、表达能力和敢于展示的自信心，提高了发现美的能力。同时，让学生自主选择演讲内容，尊重每一名的学生的个性特点和个性选择，学生可以自由发挥所长。

3. 营造学院文化氛围

开展“课前五分钟”演讲活动，能够把良好学风理念渗透到课堂之中，让班级同学接受身边先进文化的濡染，增强爱国、爱校意识，提升综合素质，践行社会主义核心价值观，进而感染更多的班级加入进来，营造“所到之处皆是琅琅读书声”的学院文化氛围。

案例三

学习雷锋忆党史　红色基因永传承

沈阳农业大学信电学院　于明月

一、案例概况

班集体是高等学校学生的基本组成单位，也是高校普遍的管理形式，在学校人才培养及大学生自我管理、成长成才、自我实现过程中发挥着重要作用，因此要着力加强班级建设。而党团及思想建设在班级建设中，更起着至关重要的作用。

班级班会作为班级最为常见的教育形式之一，通常能够有效引领班级学生的思想及行动，而一次高效、有吸引力、让学生能够真正参与其中的班会更能为班级建设带来实质性的帮助，因此我选择在雷锋生前所在部队召开这样一堂生动有效、让学生愿意主动参与其中的特殊班会。

1. 案例背景

毛泽东曾为英雄战士雷锋题词，号召全国人民“向雷锋同志学习”。雷锋精神激励和感召着一代代中华儿女，成为一面永不褪色、永放光芒的精神旗帜。习近平总书记也多次对学习弘扬雷锋精神做出重要指示，号召把雷锋精神代代传承。

为了加强班集体思想建设，更好地引导班级同学继承和发扬雷锋精神，同时与建党100周年主题教育相结合，为突出实践性、创新性，使班集体思想教育效果最大化，我选择召开一次特别的班会。不同于以往的参观雷锋纪念馆，班会召开地点选择在雷锋生前所在部队，使班级全体学生切身体会雷锋精神的同时，重温党史，传承红色基因，感受信仰的力量，担当中华民族伟大复兴的重任，以更饱满的学习热情、良好的精神风貌投入未来的学习生活中。

2. 案例主要内容及方案

班会从“雷锋纪念馆忆雷锋”“雷锋班看传承”两个部分展开，让学生不仅能够在雷锋纪念馆中再次回忆雷锋生平事迹，更能在雷锋班感受传承的力量，进一步增强班会教育效果。

二、案例处理情况

（一）处理方法及过程

以下从班会前、班会中、班会后三个方面分开阐述。

1. 班会前高度重视，心生向往

当得知要到雷锋生前所在部队参观学习时，学生们都充满期待，自觉提前查好相关资料，重温雷锋生前事迹，为此次班会奠定了较好的思想基础。

2. 班会中积极参与，感受良多

(1)在雷锋纪念馆忆雷锋

第一部分为参观雷锋部队中的纪念馆，辅导员讲述雷锋生平事迹，观看雷锋同志生前的珍贵照片和文物资料，带领学生回忆雷锋短暂而伟大的一生。

(2)在雷锋班看传承

整个班会的重点放在了雷锋班。第一次来到雷锋班，大家充满好奇的同时也心生敬畏。

在了解了雷锋班由来并参观了雷锋铺后，我把时间留给了同学们。大家先后参观了雷锋班"老三件宝"(修鞋机、节约箱、理发箱)和"新三件宝"(善淘箱、数字大礼包、"向雷锋学习"公众号)。在了解雷锋班的战士们五十多年来接续传承的先进事迹后，同学们深受触动，纷纷表示，仿佛看到了一代又一代的官兵一直身体力行地以雷锋同志为标杆，将雷锋精神延续至今并发扬光大，成为往后不同时代许许多多个"雷锋"，而这些正是雷锋精神代代传承的最好写照，也让学生真正感受到了传承的力量。

(3)交流思想，谈感受

在班会的尾声设置了交流环节。这个环节对于本次班会十分必要，可以让学生把所见所闻转化为所思所想，真正融入接下来的学习和生活中。同学们纷纷发言，发表自己的感悟。

有的学生从自身出发，表明要做雷锋精神的传承者，做一名有信仰的中国共产党党员。

有的学生一直对军营有无限向往，第一次来到军营让他备受鼓舞，希望有朝一日可以成为一名像雷锋一样的优秀战士，为国争光。

还有的学生想到了自己在疫情防控期间做志愿者的经历，她说当看到身边医务人员已经连续工作几十个小时还不叫苦、不喊累的时候，她感受到了离她最近的雷锋精神。

(4)结束活动

班会以在雷锋像前合唱《学习雷锋好榜样》结尾，进一步抒发同学们对雷锋的崇敬之情和对雷锋精神新的感悟。

3. 班会后强化认识，接续传承

同学们纷纷表示，本次来到雷锋部队、雷锋班，被这种坚定的信念、传承的力量深深感染，深刻体会到了在我们党成立的100年间，涌现了千千万万个像雷锋一样的仁人志士，他们一直在为中华民族的伟大复兴贡献着力量。学生们在向伟大的中国共产党、向每一位雷锋精神的传承者致敬的同时，也将接过前辈手中的接力棒，争做新时代的雷锋传人，脚踏实地、刻苦钻研，以习近平新时代中国特色社会主义思想为指引，不忘初心、砥砺前行。

(二)处理结果

本次班会的开展也让我有了很多收获。在接下来的班级建设中，尤其是班级思想建设中，我将继续探索新方式、新途径，从学生的角度出发、通过学生喜闻乐见的方式开展主题班会，起到教育意义的同时，提高班会的趣味性、创新性。从教师的传授，到学生的接受，最后转化为学生的行动,我要不断提高自己的育人水平,逐步提升大学生思想政治教育的质量。

三、案例反思

1. 取得的工作效果

本次班会的亮点在于,不同于传统的课堂式班会,召开地点选择在雷锋生前所在部队,让学生不再把“传承雷锋精神”仅仅当成一句口号,而是真正用眼所见、用耳倾听、用心感受。在建党100周年之际、在“两个一百年”历史交汇时期,班级全体学生对雷锋精神有了新的感悟,在重温党史的同时传承红色基因,肩负历史赋予的重任,坚定信念跟党走,以实际行动续写新时代的雷锋篇章。

2. 对辅导员工作的启示

高校思想政治建设离不开班集体的运转,而先进班集体更能为学院乃至整个学校起到很好的示范作用,因此想做好思想政治教育工作,更应该先做好班集体的思想建设工作。在这个过程中,辅导员要始终坚持“以学生为本”,着眼于学生本身,重视学生的兴趣点,用真正有吸引力、感染力的方式引导学生,并发挥积极性、创造性,将常规的教育活动开展得更加生动具体。本次班会就是通过转变开展形式及召开地点,将常规的“老师讲、学生听”转变为“老师、学生齐互动”,学生边听、边看、边感悟,更加愿意主动参与其中,教育效果事半功倍,同时大大提升了班集体的凝聚力。

案例四

致敬抗疫英雄　绽放青春芳华

辽宁大学　孙　凝

一、案例概况

(一)案例背景

新冠肺炎疫情使我们感受到了华夏儿女的无畏大爱与责任担当。当代大学生作为中国特色社会主义伟大事业的接班人,理应承担起家国使命与责任担当。作为一名高校辅导员,我深知在此关头应该把握好抗疫战士们舍己为人、无私奉献的实实在在的案例,面向班集体开展爱国主义教育与责任意识教育,以帮助学生们时刻牢记责任使命、发扬爱国精神。

(二)主要内容

2020 年 4 月,一场特殊的云端分享会在各班级的屏幕前准时召开。屏幕的另一端是正处于隔离期的辽宁援鄂抗疫英雄代表——代晓红医生,她讲述了抗疫一线的故事,让每一名同学为之感慨动容、终生难忘。

1. 冬将至,春可期

代医生以自己和同事在援鄂过程中的亲身经历,目睹了火神山、雷神山医院建设的"中国速度",生动讲述了医生在雷神山医院不顾个人安危与时间赛跑、与死神抗争以及与患者和武汉人民建立起深厚感情的"中国温度",全国人民万众一心,共同打赢疫情阻击战的"中国力量"。她忆起扛过艰难的"寒冬",迎来明媚的"初春"后平安凯旋的那一天下午,家乡人民给予他们的最崇高的礼遇——"凤凰医院向抗疫英雄致敬,欢迎回家!"……

2. 英雄平安归,家国何所幸

各班级同学与代医生在聊天区亲切互动,并播放了提前录制好的"特殊的礼物",送给代医生,那是一段段来自祖国大江南北用各个地区的方言表达出的感谢。代医生被深深感动,再度落泪。分享的最后,代医生鼓励同学们一定要志存高远、惜时如金,毕业后为祖国建设贡献自己的力量。

3. 敬畏生命,担当责任

在疫情中,蕴藏着生命的脆弱,同时承载着生命的坚强。同学们记住了那些平凡的逆行者用自己的生命守护他人生命时倔强的坚持,认识到了自己身为中华儿女肩上的责任与使命,要不断提升自我,为报效祖国、服务社会奠定坚实的基础。

(三)解决问题

疫情防控期间,高校大学生都处于居家状态,很难切实感受到一线抗疫的真实状况。这次邀请代晓红医生与我们分享她在武汉的抗疫事迹,是在我校及众多高校较早开展的一场援鄂事迹分享会。各班级同学在这场感人、生动的援鄂事迹分享会中,切实地走进了抗疫的核心工作,了解了前线抗疫情况,聆听了英雄故事,大家都受益匪浅、感动至深,更加坚定了自身的理想与信念。

二、案例处理情况

1. 处理原则

当代大学生以班级作为基本组织形式,因此,要想鼓励大学生进一步实现自我教育、自我管理,就应该以加强班集体的建设为着力点,开展凝聚社会生活实际与思想教育意义于一体的班集体活动,以发挥班集体组织学生、教育学生的职能。

2. 处理方法

(1)提高信息化能力,把握网络育人载体。

(2)将关注社会生活实际与思想政治教育相结合。

(3)将生命教育和感恩教育相结合,爱国主义教育与责任意识相结合。

3. 处理过程

(1)在把握好"因事而化、因时而进、因势而新"的主旋律的基础上,做好活动前的宣传动员工作,让各班级同学了解此次活动的主题,并让各班级以一种自发的形式为活动做准备。

(2)在院团委的指导下,策划发起了以"领悟大爱、致敬英雄"为主题的援鄂事迹云端分享会,怀着赤诚的敬意邀请到代晓红医生向学生们讲述她的抗疫故事。我希望学生们通过本次分享会能够更加了解英雄背后的故事,也能够进一步得到教育感化,使他们心怀家国天下、肩负使命担当。

(3)总结收获,进行反思。各班级召开了主题班团会,开展了"谢要大声说出来"主题活动,每个团支部向某省的一所援鄂医院的医生寄送感恩明信片。

三、案例反思

(1)在制定班集体的活动目标时,一定要考虑班级同学参与的主动性、积极性,充分考虑学生所关切的社会生活热点,并与思想政治教育相结合。

(2)创新开展班集体活动,确定活动的主旋律,即培育大学生的爱国主义精神和责任担当意识。代医生向学生进行的事迹分享进一步增强了学生的家国情怀和民族意识,是一堂生动形象、感人至深的爱国主义教育课,并有力地引导学生树立起坚定的家国使命意识与责任担当意识,时刻不忘为国家、民族的前途命运奉献出自己全部的青春热血与力量。

(3)班干部是班级的组织者和带头人,但班级同学也应成为班级的主人。要培养学生的主人翁意识,这样他们就会在活动中,发挥主体的主动性和创造性。在此次活动中各班级不但自发准备了“特殊的礼物”,而且在活动之后还将感恩的明信片一张张寄出。

(4)抗疫的医护人员用他们自己的生命守护他人生命时倔强的坚持,其实也是在教育学生们要学会勇敢、坚强和正义,这才是生命的本真。在同时拥有生命意识与感恩意识后,学生热爱本专业,热爱并传承中华民族优秀传统文化,志存高远、努力拼搏。代医生在分享中提到了她提出中西医结合治疗的创新方案,使疫情阻击战取得了里程碑式的胜利。这也提醒着我们,创新永远是民族进步、国家发展的不竭动力,要在思想政治教育活动中不断融入创新元素,使之发挥最大效果。

第六节 ◉ 高校班集体管理工作案例

案例一

突发事件莫轻视　全面管理见真章

辽宁大学　陈　妍

一、案例概况

(一)案例的背景

11月27日晚上,QQ空间里突然冒出了几名学生在互相指责的声音,大概有以下两个声音。

1. 声音A

①我们自始至终尊重投票结果,从来不曾说过谁是恶人。谁先带的节奏,谁先把投票转发出去的,谁自己心里有数。②考研从来都是一个人的孤军奋战,我们从不曾以考研为借口躲避考试,现在也不要拿着考研对我们进行道德绑架。③那些对我们一年辛苦付出而阴阳怪气的,对不起,你恶心到我了。④三年多时间的同学,有些"从未"是同学。⑤顺利上岸,无愧一年付出。即使名落孙山,我为自己自豪。不需要你多言。

2. 声音B

①我们也不考研,凭什么在这儿陪你们?我们的时间不是时间吗?②这几天时间的复习就能考上啦?

(二)案例的性质判定和需要解决的问题

此案例是一个典型的在班级管理过程中容易遇到的需解决冲突的问题。

分析该案例发生的时间、涉及人员的情况后,以下几种情况需要处理:

(1)尽快全面地了解事情的起因和发展过程。

(2)找准矛盾突出点,制定解决问题的方案。

(3)遏制住网上事态,避免出现舆情。

(4)针对事情的牵扯点,对学生加强价值观引导和人际交往指导。

二、案例处理情况

(一)处理原则

1. 方向性原则

培育和引导学生树立正确的价值观是放在首位的。

2. 全面性原则

全面了解情况,获得准确信息,避免偏颇。

3. 快速性原则

立即研判,制定方案,尽快解决问题,避免出现舆情。

4. 网格化原则

组建学生网格化关注体系,充分激发每个网格组成部分的功能。

(二)处理方法

1. 全面了解

通过谈话、观察、调研等方式进行全面了解。

2. 寻求途径

寻找班级出现当前问题的实质原因和解决途径。

3. 制定方案

建立信任,制定方案,总体引导,分类指导。

4. 跟踪效果

跟踪班级建设效果,及时调整方案。

(三)处理过程

1. 厘清事情的起因和发展过程

针对群体性冲突的处理原则,我先后找到了未参与发声的班干部、发声当事人分别了解情况,整合信息。经了解,事情的起因是一门专业课要举行期末考试,因为临近考研,考研的同学希望考研后再考,找工作的同学希望早点考完后回家,任课老师的意见是征集学生意见后再做决定。班级在征集意见时选择了投票的方式。爆发点是最后投票人数多于班级人数。双方同学都认为是对方将投票发给班级以外的同学拉票,于是在 QQ 空间等媒体公共空间泄愤,互相指责。

2. 有针对性设置系统解决方案

首先,我采用了媒体辅导方式,在 QQ 空间和朋友圈配文“爱出者爱返,福往者福来。珍惜缘分,站在对方的角度思考问题,互相了解,互相谅解”,转发了一篇文章《真正的高情商,其实背后都是善良》;其次,我采用了环境辅导方式,在班委群里号召保研的班委在最后的一个月主动承担考研的班委的工作任务,互帮互助,让考研的班委没有后顾之忧;最后,单独辅导,与反应强烈的双方主要代表谈话,说服双方先冷静下来,换位思考,珍惜大学期间的感情,不在网络上继续指责,规划好学期末具有可操作性的学习生活安排。

3. 跟踪效果,掌控事态发展形势

一方面,我自己继续关注学生的进一步反应;另一方面,安排得力的学生干部及时关注和反馈网上发展态势和相关学生的心理发展动向,这样可以解决个别学生在网上屏蔽辅导员的问题。

三、案例反思

(一)取得的工作效果

(1)可能产生的网络舆情被扼杀在摇篮里。基于在学生中长期真心投入获得的信任感,以及事情发现和处理得果断及时,在我的积极介入下,双方学生在媒体上的互相指责和争吵就停止了。

(2)学生合理规划和执行学期剩余时间的任务。考研学生恢复正常的考前拼搏状态,周围多了理解和关怀,其压力有所缓解。不考研的学生也接受建议,利用这段时间,在期末考试复习之余,积极寻找企业参加实习活动,丰富学期生活。

(3)班级凝聚力有所加强,整体发展良好。班级同学冷静后,恢复了心往一处想、劲往一处使的状态,在接下来的学校生活中积极、主动、向上。毕业时班级42%的学生继续攻读硕士研究生;44%的学生签订三方协议或劳动合同就业;1名学生投身西部支教计划,贡献青春力量。班级全体同学为学弟、学妹起到了良好的示范作用。

(二)对辅导员工作的启示

(1)班级管理无小事。班级管理过程中不要轻视学生在朋友圈等媒体空间发的一条吐槽、一张图片,任何一个看似微小的事情,背后可能存在学生心理上的变化,也可能产生严重的舆论影响。

(2)带学生需要仁心仁治。辅导员工作功在平时,“亲其师,信其道”,长期付出的积累,关键时候说话才更有能量和力量。

(3)谈话时需要讲求方式方法。一味地说服教育不但达不到预期效果,还容易把学生推得越来越远。因此谈话时要在“信”的基础上“望、闻、问、切”:

信:立德树人,成为学生可信赖、愿交心的人。

望:从个人行为、朋友圈、空间、课堂上发现问题。

闻:从学生干部、寝室室友、好友、家长处了解学生。

问:一对一谈心,以倾听为主,适当引导,最好面谈,网络谈话时注意措辞、频率有度。

切:判断严重性,一般问题定期谈话疏导,如遇严重的心理问题需及时转介医院。

辅导员是大学生日常思想政治教育工作的主要承担者,也是大学生健康成长和综合发展的主要引导者。面对具有个性差异、生活背景不同的大学生,想有效地预防和解决问题,成为一名合格的辅导员:首先,要身正,立德树人,传递正能量;其次,要行正,想学生之所想,做实事;最后,要目光正,看准时间节点,把工作做在前头,让问题迎刃而解。

案例二

“1234”班级管理模式

辽宁大学　张　杰

一、案例概况

(一)案例背景

某“双一流”高校中外合作办学项目2019级金融学专业A班级共30人,其中男生10人、女生20人,为全日制普通高考招生。入学初期学生整体情况:军训期间态度松散,对宿舍条件不满;班级同学之间互相不熟悉,班集体意识淡薄,参与活动的积极性不高;上课迟到现象普遍,部分同学出现逃课情况,尤其是期中测试有19名同学不及格,占比约63%。

(二)待解决的主要问题

在学生入学初期,我通过查阅学生档案、军训期间监管、安排助导辅助管理、深入寝室走访、与个别学生谈话等多种方式加强与班级同学联系,了解到的学生情况如下:中外合作办学项目学生的家庭条件普遍较好,学生学习成绩良好,视野开阔,易接受新鲜事物,自主意识强且多才多艺;但是个别同学存在抗压能力稍差、心态不稳定等情况,甚至有因考试压力大而出现心理问题的状况。

由于新型冠状病毒肺炎疫情的暴发及班干部产生的时间较晚,班级无论在形式还是在内涵建设上都略有不足,加上教学班与行政班并行的影响,我发现A班建设处于初级阶段:第一,很多同学之间还不熟悉,参与活动的积极性不高;第二,新生入学前期以助导协助工作为主,没有建立真正意义上的学生干部团队;第三,学风不浓,大部分同学进入大学后自我放松,学习积极性减退,自我定位茫然。

二、案例处理情况

(一)处理模式

结合对A班现阶段整体情况的细致摸排和班情分析,我总结出“1234”班级管理模式并取得了一定效果。

(二)处理方法及过程

1. 聚焦一个目标

学生的首要目标是完成学业、取得优良成绩、实现自我发展;班级目标要以学生任务为依据:营造学习氛围,加强班级凝聚力,构建班级命运共同体。在班级建设中要以学生发展为基础、以共同目标为导向,为班级所有成员实现共同愿景提供平台支撑。在2019年入学后的班会中,我便提出班级建设的核心目标——以××学院学习为主,兼顾综合发展;本班级同学首先确保完成学院学习课程,做到期末不挂科;每名同学要有自己的小目标,在确保学有余力的前提下开展其他学习活动等,力争所有同学毕业有证拿、学习争上游、发展够全面、大学不遗憾。由此在班级内形成"以××学院学习为主"的口号,并通过班委监督的形式开展自习。

2. 抓好两类人群

一个班集体中难免会存在"先进生""后进生"两种群体,如何实现"以先带后""以优促后"是打造学风优良、积极向上的班集体的重要环节。要充分考虑两类群体的特殊性,抓好两类群体建设。首先我通过一对一谈心谈话的方式了解"后进生"的学习问题,找到"后进"根源并对其宽严相济,时不时监督其学习状态,避免其学习惰性的滋生;其次在疫情防控期间与班团委干部设置网络自习室,利用虚拟空间对学生学习进行有效管理,克服因疫情带来的"学习不便"的空间监管障碍和自律性问题,做到"停课不停学";最后是设置点对点帮扶,了解"后进生"的学习情况,定期开展学习分享会、高年级同学经验交流会等活动进行学习问题解答,对"后进生"进行"传帮带",对学习问题进行针对性解决。

3. 加强三项建设

班级管理过程中开展思想建设、组织建设和制度建设,以思想建设为统领、以组织建设为抓手、以制度建设为依托,形成全方位的班级管理体制。在思想建设中将"明德精学、笃行致强"的校训精神入脑入心,强化学习意识和爱校观,以"形势与政策"等公共课为教育渠道,深化理想信念,通过思想建设为班集体发展凝心聚力,筑牢提升自身综合能力、实现共同发展的思想根基。在组织建设中抓好学生干部队伍(团支部和班委),定期召开班团会了解班级事务,以班长和团支书为枢纽,以学委为学风建设负责人,以助导为榜样,充分调动学生干部参与班级建设的积极性,提高班级管理水平。在制度建设中通过学习学校学生手册、制定班级规章制度等,强化班级同学的制度理念,形成规范的班级管理体系,既能约束其行为、提高自律性,又能使学生感受到自己是班级的主人,更加有主人翁意识,增强班级认同感,维护班级秩序和谐。

4. 做好四种教育

培养什么人,是教育的首要问题,也是辅导员在打造班集体时的重点考量。我国教育的根本任务是培养社会主义建设者和接班人,因此我在班级建设中坚持知党爱国教育、理想信念教育、爱校护校教育、职业规划教育。在新生入学时,我便邀请学生党支部书记开展"知党爱国"党课教育,普及党史知识和入党流程;2021年上半年通过开展"四史"教育,使学生做到知史爱党、知史爱国,厚植爱党爱国情怀;结合国家时政新闻,召开主题班团会,加强学生的理想信念教育,如利用十九届五中全会宣讲团及开展学习"建党百年讲话精神"主题活动等,引导学生关注国家时事,树立远大理想,用理论坚定信念、实践砥砺信仰;以参观校史馆为契机,开展爱校、护校主题教育，以校史讲解融入学生之心，提升学生爱校荣誉感，在平时班团会中介绍学校发展情况、宣传学校官方公众号，增强学生知校爱校意识；通过职业生涯规划课及就业指导课，及早帮助学生同学确立未来就业创业规划，消解学生自我迷茫困惑，避免出现慢就业、懒就业、不就业等情况。

三、案例反思

1. 取得的工作效果

通过为期近两年的班级建设，学生整体状态有了大幅提升，已初步形成班风向上、学风优良的态势：班级共有 27 名学生获得奖学金，占班级总人数的 90%，获奖率专业第一；29 名学生通过英语四级，占班级总人数的约 97%，通过率专业第一；26 名学生通过英语六级，占班级总人数的约 87%，通过率专业第一；6 名学生获得校级“互联网+”大赛奖励，2 名学生分别获全国大学生英语竞赛 C 类二、三等奖。其中团支书的成长显著：多次获得校级奖学金、学校“百佳团支书”、学校优秀共青团干部等荣誉；在沈阳市皇姑区西湖社区担任志愿者，积极参与疫情防控工作；等等。

2. 对辅导员工作的启示

班级建设并非一日之功。通过初期对班级的调研、寝室走访、个别谈话、助导协助等对班情有了深入掌握，为期近两年的努力以及“1234”班级管理模式能够让我做班级建设工作时有目标、有抓手、有成效，让班级建设逐步走向正轨。在班级建设的过程中要注重时间渗透、空间渗透和网络渗透，坚持以用心为基本、以宿舍为阵地、以网络为媒介开展班级活动；及时关注微信群、QQ 群以及召开座谈会，了解学生诉求并在能力范围内加以解决。以习近平总书记所提出的“做好高校思想政治工作，要因事而化、因时而进、因势而新”为根本遵循，不断解决新问题、适应新情况，推动班级建设良性发展。

案例三

青春之林 以爱守护

沈阳农业大学林学院 姚 远

一、案例概况

1. 案例背景

根据我校2018年招生计划和教学计划安排,我校高考招生实行大类专业制度,学生在进入大学学习一年后,根据专业兴趣和大一一年综合成绩排名,进行专业分流。2019年6月,2018年9月入学的大一新生专业分流结束。林学院森林保护专业共分流学生26人,其中,平均学分绩点达到3.0的仅1人,成绩排名在年级后30%的同学占比约92.28%,只有班级排名前六的同学为第一志愿转入,其余学生均为调剂进入该专业。一名同学严重厌学,大一一学年成绩为红色预警;另一名同学有社交障碍,学习成绩为橙色预警。因学生基础较差,且该专业在学院为“弱势”专业,该班级逃课现象严重、学习氛围差,大多数同学较为迷茫,无清晰目标定位,管理难度大。

2. 案例简析

这是一个学生个体发展与班级管理和建设相结合的案例,具有双重意义。同时,案例中暴露出来的学风建设问题、学生心理健康问题、班集体建设等问题,也是辅导员日常工作的重点所在。因而,能否对症下药、有的放矢是改变这一局面的核心和挑战。

3. 待解决的主要问题

(1)多渠道掌握学生情况,便于后期制定相应的解决方案。本案例中,因为班级人数较少,全面掌握学生综合情况的工作量并不大。通过查看学生档案、从教务部门调阅学生成绩单以及与学生一对一谈心等途径,我对学生和班级有了一个较好的了解。

(2)积极联合其他同学、家长和任课教师的力量。校园生活中,同学之间的亲密关系有助于辅导员深入了解学生的情况。因此,我尽可能与其他熟悉他们的同学进行交流,获取一些重要的信息;对于有心理问题的学生,由于其存在与其他同学的社交障碍,我与其家长沟通,了解其具体状况,促成家校联合,以便更好管理;发动班主任和其他任课教师配合本人工作,及时反馈本班同学出现的问题、待解决的事项等。

二、案例处理情况

(一)案例概况

在尽可能多方位掌握信息后,我发现该班级第一志愿进入的6名同学,其中2名同学的成绩列专业前列。班级部分同学在大一期间有担任学生干部的经历,如班级中有两名男生在大一时曾担任学院纪检部委员,一名男生为学院创新创业与就业指导部委员,一名女生为学习学术部委员。班级有一定的凝聚力,且有发挥传帮带能力的基础。还有一些学生是特长生(如两名男生为学院足球队队员,一名男生为校橄榄球队队员)。

(二)处理方法及过程

基于以上了解,解决问题的思路如下:

1. 以班级目标带动个人目标促发展

爱因斯坦说:“在一个崇高的目标支持下,不停地工作,即使慢,也一定会获得成功。”一个优秀的班级应该有明确的发展目标,这个目标应该是高等学校发展实际和学生的个性特点的结合体。通过召开班会进行民主讨论,班级目标制定为思想建设、学风建设和班风建设3个一级指标,以及党员人数、递交入党申请书人数、班级平均学分绩点、四六级英语通过人数和参加校级以上竞赛等12个二级目标,学生还填写了“班级目标管理责任书”。在会上结合个人经历、特长和班级民主集中选出能够各尽其能的班委,不同目标按照职能分配给不同班委成员,决定定期召开班委会,汇报总结阶段目标完成情况,并制定相应措施继续监督和激励。

2. 以参与服务升华学生个人素养

我鼓励大一时担任院校学生干部的同学继续从事学生工作。结合学院专业特色划分,大二学生干部选拔时,要求班级在学院两大学生组织(团委、学生会)中至少保证四个副职岗位有同学竞选,在学校学生组织中至少保证两个副职岗位有同学竞选。竞选成功的同学要定期进行业务能力展示与培训,并在评奖评优中适当进行激励机制。以班级、学院、学校三级学生干部为支点建立传帮带“三角”,帮助班级“厌学生”改善学习习惯、提高成绩。

3. 以兴趣专长提升学生自信

我鼓励学生发挥自身文艺、体育等特长。在学校、学院举办各类文艺活动、运动会时,我推荐有特长的学生参与,充分提供平台展示他们的才能和能力。针对该班级学生、班集体在各项活动中的积极参与和表现,我在不同场合和平台给予表彰和奖励,实现学院、学校对学生的认可与学生本人自我认可的统一。

4. 多方联合解决突出个案

对于班级有严重心理问题的学生,我采用“辅导员+舍友+宿舍管理员+校心理发展中心”监管模式,对其进行深入了解,贴近其生活,与其谈心,并结合心理素质拓展活动,分散其注意力、缓解其社交恐惧,在此基础上推动其成绩进步。

三、案例反思

(一)取得的工作效果

1. 目标清晰航向正

经过半个学期的目标管理实施,班风有了明显改善。学生作息规律逐渐正常,课堂出勤率正向提高,传帮带发挥作用,成绩提高显著。大三学年结束时,班级平均分由最初的68.01增加至81.15,增长率约19.3%,挂科人数从最初的18人减少到2人。8人通过英语四、六级考试。

2. 角色成长力量强

班级核心学生干部的选拔成效凸显,班委工作节奏适应快,深受任课老师好评。1位同学竞选成功校易班工作站权益部部长。在这些同学的带领和影响下,班级建设氛围融洽,凝聚力得到进一步提升,学生逐渐重视自我发展目标,逐渐探索自我发展规划定位。

3. 各色平台齐绽放

班级学生在学业成绩、各类竞赛、文艺活动、志愿者活动、学生干部经历方面成绩斐然。大二、大三学年,班级每年至少6人获得各级奖学金;至少4人次获得"优秀学生干部""三好学生""学生干部标兵""团干部标兵"等荣誉;至少5人次在校树木学竞赛、数学竞赛、"互联网+"竞赛等领域获奖;1人次获评学校"十佳大学生"、学校"励志成才大学生"、学校"社会实践先进个人"等荣誉称号。在校期间,有3位同学发展成中共预备党员。

(二)对辅导员工作的启示

(1)辅导员要争做"博学"的研究型人才。大学辅导员工作是多维度的系统工程。随着社会的发展,大学生的思想也越来越活跃,这就要求我们不断拓宽视域,向书本学、向实践学、向同行学,探索制度化、规范化、科学化相结合的管理模式。用"博学"的积淀,再结合学生的具体情况,确定适合学生特点的育人思想,实施行之有效的育人方法。

(2)辅导员更要养成"博爱"的服务型人格。辅导员是班级这个大家庭的家长。爱是"家庭"的内核,只有用爱创造良好的环境,学生才能得到最大限度的发展。我们要秉承着为学生成长服务的信念,交心谈话、走进宿舍、融入班级,拉近彼此距离,敞开彼此心扉,用"真心"在轻松愉快的氛围中进行思想政治教育,用"真意"去带动学生培养兴趣、发展特长,为他们的成长提供广阔的空间。

案例四

从“键盘侠”到“媒体人” 一起网络舆情事件的处理启示

辽阳职业技术学院 叶明珠

一、案例概况

为了规范同学们在校期间的行为,展现我院师范专业学生的精神风貌,督促全体学生要做到仪表端庄、举止大方,我院对学生的仪容仪表做出了一些细致的安排,其中包括指甲的颜色、发色、破洞裤等另类服装,将它们作为一系列具体的扣分点。但扣分标准发布的当天晚上,某短视频平台突然有一条热门消息“这哪里是大学?这简直就是监狱,没有自由的囚牢!我就要染发,就要美甲,我就要做我自己!”发出,视频中还晒出了她违反规定,穿着热裤、染着绿发的照片。该条视频虽未直接指明是我校,但不少网友根据照片直接在评论中说出了我院的名字,并且这条视频在我院学生群体中蔓延,同学们大量评论和转发。我经过照片比对,推断这是我院2019级的同学小张所为。

二、案例处理情况

这种情况如果不及时干预,很可能引发大规模舆情事件。针对网络舆情的引导问题,解决问题的过程要遵循及时、正面、委婉的原则。

1. 源头定位,全面理清,抑制扩散

该事件的事发时间比较特殊,处在学期末,又处在高考填报志愿期间,如果短视频迅速发酵,其后果将不可估计。我通过照片迅速定位了学生,并通过微信马上了解学生的诉求和感受,帮助学生建立全面的思考机制,先让其澄清事实,阻止舆论继续扩散。了解该同学的心理感受后,我提到师范生特殊的身份并耐心告知了教师的职业道德规范,让其了解到专业的特殊性,并告知我们拥有言论自由的同时,不能突破事实的底线,更应该树立担当精神,既要对个人负责,更要对集体负责。

2. 深入沟通,强化反馈,教育引导

学院宣传部和礼仪部联合行动,让学生们了解真正的适宜的“美”。礼仪部举办了“学前教育师范生妆容大赛”,让学生学习自然的妆容。宣传部在公众号里转发网络短视频中清透、自然的妆容教学视频;在公众号平台上传《如何提升内在美》的文章,让学生正确对待“美”,正确理解个性化的“美”。我随时关注学生的反应,同时引导学生们不要在网络这张“面具”后为所欲为,切不可把言论自由当作保护网。成年人要理性看待网络,合理表达意见、想法,但也不要过度标榜个性化,追寻与众不同绝不是求异、求怪。

3. 因材施教，因势利导，助生成才

通过与小张的沟通，我发现她平时善于运用网络资源，特别是善于剪辑视频等。因此，我请她帮忙在学院微信公众号平台剪辑一些活动的短视频，制作平台上的相关页面等，希望她在业余时间发挥自己的特长并学会担当与责任。随后，她也顺利加入了学校的相关社团并积极申报“1+x 证书”大赛等活动。

三、案例反思

习近平总书记在全国高校思想政治工作会议上提出思政工作要“因事而化、因时而进、因势而新”。他强调，高校思想政治工作关系高校培养什么样的人、如何培养人以及为谁培养人这个根本问题。要坚持把立德树人作为中心环节，把思想政治工作贯穿教育教学全过程，实现全程育人、全方位育人。从这件网络舆情事件的处理中，我认识到信息时代要特别注重培养学生的底线意识和担当精神，促使“键盘侠”转化为“理性人”。

（1）要注重因事而化，搭建情感桥梁，强化舆情机制。此次突发舆情案例中，基于对辅导员的信任和情感，学生才愿意向辅导员敞开心扉，并主动杜绝网络舆情的扩散。应该强化舆情反馈机制，发现情况，及时处理，防止扩散。要更加注重以文育人，广泛开展文明校园的创建，举办形式多样、健康向上、格调高雅的校园文化活动，开展各类社会实践。要运用新媒体、新技术使工作方式更灵活，推动思想政治工作传统优势同信息技术高度融合，增强时代感和吸引力。

（2）要注重因时而进，关注时代背景，抓好网络思政，增强工作实效。当前，我们面对的大多是“00 后”的大学生，他们在互联网空间中极为活跃。高校思政工作者只有倾听时代声音、紧跟时代步伐、把准时代脉搏，建好网络思政的强大阵地，才能增强思政工作的时代感和吸引力，提升思想政治教育的亲和力和针对性，深刻领会和把握当代大学生的时代气质。

（3）要注重因势而新，提高网络素养，培养公民意识，助力学生成长。互联网为大学生的自由、全面发展提供了宽广的空间。网络素养不仅包括知识和能力，也包括伦理道德规范。思政工作者在工作中应注意教育学生提高网络素养、杜绝行为失范、拥有底线意识、树立担当精神，同时，引导擅长互联网技术的同学，合理利用网络、强化自身软技能、提高综合能力，在线上和线下都争做合格公民。

第七节 ◉ 高校班集体评价工作案例

案例一

以评促建　评建结合　构建班集体评价新体系

辽宁大学　高　璐

高校班集体是高校最基础、最重要的组成部分之一，是大学生步入社会的实践课堂。一个完备的班级评价体系更加有助于学生实现自我服务和自我管理，培养集体意识，增强凝聚力，将实现个人价值的理想与班集体的共同目标相结合，将小我融入大我，以评促建、以评促管，在评价过程中找差距、补不足，将班集体评价融入班级建设，将班级建设融入高校思想政治教育中，因事而化、因时而进、因势而新。

一、案例概况

（一）案例背景

高校对班级评价非常重视，每学期都会开展优秀班团组织的评选。班级评价是各大高校班级建设中的重要一环。

在近些年的辅导员工作中，我发现极个别大学生对班级评价并没有概念和热情，同学关系冷漠，甚至大学四年中还有从未说过话的同班同学，就更不用说对班级的评优意识和集体荣誉感了。通过观察不难发现，这样的同学往往在大学中也较少参加集体活动，学习成绩普通，不善人际交往，而团结、集体意识强的班级中个人的奖学金、评优、入党率也相对较高。关于以上现象我认为有两点原因：一是信息时代使人与人之间的关系沉淀，交往变得较难，这是外部环境因素；二是很多大学生缺乏科学、合理的规划，缺乏班级成员以完成自身小目标成就班级大目标的动力和方向，我认为这是因为缺乏一套科学、可操作的班集体评价体系。因此，在符合学校对班级评优的规定和标准的基础上，结合学科专业特色，制定班集体评价体系，配合评价内容，制定相关课程培训，认真执行，在过程中不断完善，是十分必要的。

（二）主要内容

班集体的评价不能是千篇一律的，每个班集体的学科专业、班级人数、文理背景、教育教学方式等都不尽相同。因此，班集体评价的实用性、针对性特别重要，此外，还要注意评选的根本目的还是做好班级建设，帮助学生成长成才。

以我所在的学院为例，学生特点较明显，均为艺术类学生，有文艺特长，文化课成绩一般，家庭条件普遍较好，思维活跃、有个性。我结合当前的学生工作相关要求，在制定细则之前，充分利用召开辅导员、学生座谈会，班级学生干部研讨会等形式，收集意见，结合学生实际，对班集体评价制定了相关细则，如表1所示。

表1 班集体评价细则

评价指标	所占权重	评价内容	评价周期	佐证材料	针对性跟踪培训
思想建设	30%	(1)班团会开展情况	每月一次	班团会会议记录	班长、团支书等学生干部班团会教育培训
		(2)政治理论学习情况	每周一次	如青年大学习、百问出真知等	制作相关宣传推送、学习感悟、学习内容总结
		(3)班级团推优入党情况	每学期一次	班级递交入党申请书、入党积极分子、发展入党对象数据	推出“大学生入党”系列培训和推送文案，包括入党动机、入党流程等内容
学风建设	30%	(1)班级学习纪律	每月一次	教师点名与辅导员查课记录	对经常旷课的同学进行一对一教育
		(2)班级学习目标、学习氛围	每学期一次	班级学习相关材料，如组建英语学习小组、专业课互助小组等	每学期假期开展英语打卡学习
		(3)班级成绩专业排名前30%的比例	每学期一次	专业成绩排名	每学年开展“保研经验分享会”
		(4)班级奖学金获得率	每学期一次	奖学金公示	学院奖学金量化考核内容介绍
		(5)班级同学获得专业技能证书	每学期一次	如英语四六级通过率、普通话等级证等	—
班风建设	20%	(1)班干部考核	每学期一次	班干部配备、履职情况，班干部满意率	学生干部系列培训，包括班干部责任与担当、班干部能力提升等
		(2)班级个人、集体荣誉获评情况	每学期一次	获奖证书	优秀班级经验分享会、创新创业大赛经验分享会、专业比赛经验分享等
		(3)班级寝室情况	每周一次	寝室环境卫生，是否有违规用品等	优秀寝室经验分享会

续表

评价指标	所占权重	评价内容	评价周期	佐证材料	针对性跟踪培训
文化建设	15%	(1)参加校园文艺活动情况	每学期一次	获奖证书、参赛证明	优秀班级文化活动开展，如校园九大节、专业大课、传统节日茶话会、联欢会等
		(2)班级自身文化活动情况	每学期一次	活动照片、视频	
		(3)寒暑假社会实践活动情况	每学期一次	获奖证书，活动照片、视频	社会实践优秀团队经验分享会
创新建设	5%	班级创新性活动开展情况	每学期一次	活动照片、视频	
其他扣分项	-40	班级同学有警告及以上处分	每学年一次	处分书	《学生手册》相关内容学习

班集体的评价细则主要以“思想建设、学风建设、班风建设、文化建设”+“创新建设”-“其他扣分项”的“4+1-1”模块为一级评价指标，下设15条细化的二级评价内容。根据考核内容划分了评价周期，并针对每学期末的班级评价述评规定了相关佐证材料，最重要的是将每一条班级评定考核内容需要的信息进行有针对性的跟踪培训，这样就确保了每个班级知道应该如何评，也就明确了班级目标和个人目标。这些构成了一个班级建设与发展的基本因素，也成为影响和评价班级是否良好的重要指标。

在评价的具体实施过程中，设立班级评价工作领导小组，学院分管学生工作的副书记担任组长，学生工作办公室相关老师、各年级辅导员担任成员。学院团委、学生会负责考核工作的监督、组织和考核结果的认定，以及针对性跟踪培训的组织开展。评价过程中注重实时、交互的反馈，评价内容与学生未来发展息息相关，并充分考虑调动学生主动参与考核的积极性，解决内部乏力的问题。

(三)解决的问题

1. 班级评价导向模糊的问题

它避免了评价只重结果、不重过程的“自上而下”的考核方式的缺点。评价不再是模糊的“定性”，而是相对清晰的“定性+定量”，每个评价内容都有指导性的佐证材料，深入精准的进一步细化，让全员都参与班级评价中。

2. 班级评价目标迷糊的问题

根据评价指标制定有针对性的跟踪培训，优秀结果转化为经验分享，形成“良性循环”，营造良好的班级评价风气。

3. 班级评价千篇一律的问题

考虑到艺术类学生重文化、轻学风的现象，将思想建设和学风建设的比例加大，文化建设的比例相对缩小，补齐短板，有针对性地做好评价导向的制定。

二、案例处理情况

（一）处理原则

1. 导向性原则

旨在通过评价推动班级建设，增强教育引导的效能，使指标体系具有导向功能。

2. 科学性原则

评价将定性与定量相结合，既不受制于定性评价的模糊化，也不陷入定量评价的绝对化，结合学院特点，设置“创新建设”指标，使评价内容灵活化。

3. 唯一性原则

在考核结果的应用上，考核结果作为学院本科生班级评优的唯一评选依据，并给出了明确的班集体可发展路径。

4. 发展性原则

在评价指标制定和实施的过程中，发现问题随时整改，考核内容与时俱进。

5. 公平公开原则

班级评价考核坚持实事求是和公平、公正、公开的原则。

（二）处理方法

班级评价作为学院品牌活动，每学期期末进行一次期末述评，现场述评由评价工作领导小组根据日常表现和佐证材料共同评分。班集体评价等级如表 2 所示。

表 2　班集体评价等级

评价分数值	评价等级
90（含）~100 分	优秀
75（含）~90（不含）分	良好
60（含）~75（不含）分	及格
60 分以下	不及格

优秀班级比例不超过 30%。优秀班级将获得学院颁发的荣誉证书，并在学校评选先进班集体等荣誉时优先推荐。不及格班级将根据在评价细则发现的问题，限期整改。

（三）处理过程

（1）结合班级评价细则，做好跟踪培训的开展，按照评价周期定时开展指标考核，做好记录，发现问题严重时及时汇报。

（2）做好班干部、团委学生会成员的定期座谈和培训工作，以便在评价细则的各项工作中开展好工作。

(3)做好每学期期末的班级述评,将班级评价项目化、品牌化。

三、案例反思

(一)取得的工作效果

1. 增强了学生的综合素质和班级凝聚力

班级评价的基础是学校各项规章制度和评奖评优的综合,这些关系到学生切身的具体内容,能更好地调动学生的积极性、更全面地提高学生的综合素质,使班级越来越有凝聚力。

2. 增强了学生的自我服务和管理能力

班级评价的过程就是解决学生难题的过程,比如推免保研、入党流程等问题。在这个过程中,学生将体验参与者、分享者、组织者三种角色,同学之间互相帮助、互相学习、互相监督,提高班级管理水平。

(二)对辅导员工作的启示

班级评价结果绝不是高校开展班级评价的目的,设置科学、有效的评价体系是为了保障评价的公信力,提高评价的参与度。

辅导员工作事无巨细,事必躬亲。做好班级建设,应该要建立一套有效提高学生自身综合能力、增强班级凝聚力的班级评价体系,使培养的学生能够成为堪当中华民族伟大复兴重任的时代新人。

案例二

以个性化评优　提升德育工作实效

高校班集体评优机制旨在彰显优秀、激励上进，发挥评价育人的功效，促进学生提升品格，增强能力。个性化评优是立足学校评优机制，结合班级实际，紧扣学生需要，在班级层面尝试的一种具有个性化和特色化的评优形式。其显著优势是评优类别广、评选名额多、评比周期短、参评条件低、激励效果好。那么，个性化评优在学生德性成长中到底发挥着怎样的作用呢？笔者在对个性化评优充分实践和研究的基础上进行了以下思考。

一、案例概况

笔者有连续三年担任毕业班级辅导员的经历。面对毕业生暴露出的诸多问题，一味地镇压、机械的说教、寻常的沟通等，都无济于事。然而，一次偶然的个性化评优举动却意外打破了班级管理的困局。学生对这一新的评价形式颇有兴趣，而笔者更是看到了班级管理的希望。就这样，个性化评优在班级管理中全面推广，每一名学生既成为实际参与者和切身获益者，更成为维护者和管理者。每一次的参评，都让学生在体验中收获成长的喜悦；每一次的管理，都让学生在对制度和规则的坚守中不断前进。

二、案例处理情况

（一）处理原则

依托个性化评优这一班级评价体系，指向激励育德，发挥管理塑德，共筑协同养德，促使班级朝着民主和谐的方向发展，学生能够健康地成长。

（二）处理方法及过程

1. 借个性化评优之媒，指向“激励育德”

以笔者班级个性化评优的类别设置和具体评比为例，秉承着“各美其美，成就最美”的教育理念，试图让不同层次的学生都能在学习、常规、管理和综合等方面有所收获、有所成长，激励他们争做最美的自己。笔者将班级个性化评优的评比类别设置为“学习类”“常规类”“管理类”“综合类”四大类。“学习类”涵盖“学习之星”“进步之星”“佳作展示”；“常规类”涵盖“每周之星”“每月之星”；“管理类”涵盖“班级管理先进个人”；“综合类”涵盖“班级之星”。每一种类别的评比周期按含金量的大小，从一周到两周，再到一个月不等；每一种类别的评比人数因条件设置和候选人达标情况，从 6 人到 8 人，再到 12 人不等；每一种类别的评比奖励因激励程度的大小，从物质上的物品奖励到精神上的证书奖励，抑或是两者皆有。四线并进，从学习、常规、管理和综合等方面为不同层次的学生量身定制,为他们搭建展示风采的舞台。

2. 用个性化评优之法,落实“管理塑德”

以笔者班级个性化评优的具体实施为例,在个性化评优的班级评价体系中,班级管理打破了昔日的班主任“专有制”,取而代之的是民主管理制度,形成了学生自我教育、民主管理的班级管理模式。个性化评优评比类别的确定、评比细则的制定,例如“学习之星”“进步之星”“每周之星”“每月之星”“班级管理先进个人”……每一个名字的得来,每一条评比细则的出炉,都是全班学生经过反复研究和讨论的结果,无不指向相应的激励育人效果。评比周期的商讨、评比数量的讨论,如“学习之星”“进步之星”是每两周评比一次,每次每类别各评比 6 人;“班级管理先进个人”“每月之星”是每月评比一次,每次每类别各评比 8 人。不同的评比周期和评比数量,以智慧管理之形式彰显育人塑德之功效。评比奖励的研究、评比后期的跟踪,例如获得“每周之星”可奖励校级“苹果奖章”一枚、班级荣誉证书一张、物质奖励一个,从精神奖励到物质奖励,从校级到班级,一应俱全,给获奖学生打气鼓劲。

3. 彰显个性化评优之效,共筑“协同养德”

以笔者班级个性化评优的具体实施为例,每学期初,笔者都会借助班级微信群,结合上一学期个性化评优的实施情况,紧扣班级实际和学生发展需要,同时充分吸纳在实施过程中来自家长的反馈,对个性化评优评比细则进行修订。上个学期,在筹备修订评比细则时,除了听取家长的过程性反馈,笔者还随机电话回访了部分家长,向他们征集个性化评优实施过程中的优点与不足,以便更好地完善新的评比细则。对于修订后的评比细则,笔者也会在第一时间通过微信等方式传达给全体家长,以便家长心中有数,在后期实施时给予支持与配合。笔者利用每学期初修订之际听取家长意见,向家长通报评比细则,有利于更好地实现家校共育。而家长对个性化评优了然于胸,也有利于家长将孩子的参评情况和转变情况及时向教师进行反馈,将家长拉入教育圈中,以协同共育促教育实效。

三、案例反思

(一)取得的工作效果

众所周知,教育中的评价往往是对学生精神层面的激励和引领,进而传递育人的正能量。而个性化评优也应担负起评价育人的教育重任。个性化评优自身的个性化特点满足了学生发展的需要,又因其非正式、简单易行的评价形式满足了学生对精神激励的迫切需要,所以在笔者所在的班级一经推行,就深受学生青睐。

(二)对辅导员工作的启示

个性化评优既植根于学校评优机制,更跳出学校评价的束缚,立足班情、紧扣学情、放眼成长,是对学生进行个性张扬、特色彰显和价值认同的一种班级评价体系。个性化评优聚焦学生个性成长的点滴，取其正面精华、去其负面糟粕，用及时而必要的激励引领学生立德树人，指向学生全面发展。个性化评优是学生健康成长的有效载体，在激励育德、管理塑德、协同养德中催生出学生成长之花，绽放出学校育人之美。

第八节 ◎ 高校班集体制度建设工作案例

案例一

创新高校班团制度建设 打造和谐有序育人环境

辽宁大学 刘俏舍

一、案例概况

1. 案例背景

我校 2017 级某班有 20 名学生，来自 11 个省份，共 8 个民族，因生活成长环境的不同导致性格和行为习惯有着巨大的差异。入学初期因辅导员更换频繁、班级管理缺乏机制等，班级内部问题层出不穷。本文以此班级为例，重点阐述运用制度管理班级前后的对比，总结发现的问题及取得的成果，以及对高校辅导员工作的启示。

2. 主要内容

2017 级某班是一个多元化、复杂的班集体，班级内部成员矛盾繁多、班委执行力弱、班级同学散漫、缺乏凝聚力。同学们参与活动的积极性差，学习成绩两极分化严重，在班级建设上缺乏统一的衡量标准和激励机制，班级内部制度建设势在必行。

辅导员与全体同学在原有的学生守则及管理条例的基础上进行调整、补充，共同完善了"班委选举换届制度""班内积分考评及奖励制度""师生联席班会制度""学习与监督制度""宿舍文明公约"等，创新融入"点数结合"量化考核方式，使每一条制度都与全班同学的思想、学习、生活、升学、就业等方面息息相关，健全的各项制度成为监督管理和激励学生自觉按要求执行各项制度的行为规范和准则。

3. 解决的问题

班级制度建设是一个集体参与、共同遵守约定的过程。在创新和完善班级制度后，学生实现了自我管理与监督，班级凝聚力增强了，广大同学的能动性被调动起来了。通过创新制度建设，班级同学对班内各项制度更加认可，班委的责任心与执行力得到提升，积分考评调动了班级同学的积极性，学风逐渐良好，结对子帮扶使两极分化的程度减弱，入党推优和评奖评优结合日常量化打分后更加公平公正。

二、案例处理情况

(一)处理原则

坚持以人为本的原则,尊重青年的发展规律,将制度育人与情感育人相结合。在制度建设方面,本着公开、透明、民主的原则,制度的制定要符合实际,接地气,易被接受。

(二)处理方法

对于新接手的班级,深入了解情况是辅导员必须开展的工作。辅导员利用一个月的时间通过开班委会议、单独谈话、集体座谈、进课堂听课、深入寝室走访等形式了解了班级的现状及存在的问题,利用调查问卷、学生意见箱等方式进一步获得学生的诉求和建议,然后组织班委及寝室长进行集体讨论,并分析原有制度未能顺利推行的原因。

(三)处理过程

1. 调查摸底,分析问题

在调查摸底的过程中,辅导员通过座谈、走访等多种形式,深入课堂、宿舍,设身处地了解到,因寝室同学生活习惯等差异造成的寝室矛盾,因学生沉迷网络游戏导致的逃课、迟到等现象,因个人性格、活动开展类型单一等导致的活动参与度低,因班委没有统一的量化考评标准,对同学们的约束力差、执行力度不足、激励机制不健全等造成的班级凝聚力弱等各项问题。

2. 交流研讨,解决问题

辅导员在班级成立五个问题应对小组,由五个班委分别担任组长,每组承担解决一个问题的基本方案,修改完善一项规章制度。经过小组的反复研讨、个别修改、班会集体讨论与通过,最终完善了“班委选举换届制度”“班内积分考评及奖励制度”“师生联席班会制度”“学习与监督制度”“宿舍文明公约与调整方案”。

为保障制度得以落实,制度中的每一项都与评奖评优、入党推优、推荐就业、保送研究生及学生思想政治考核评定相结合,真正用数字化形式体现“积分制”量化评比,获得全体同学的一致认可并由全班同学在制度书上签字,形成了约束合力。班级内部各项积分在班级公众号内及时公示,对于班级事务学生自管自治,辅导员负责做好监督工作。

3. 实施方案,反思问题

制度建设要符合青年思想发展规律,适应文化融合的要求,体现班级以人为本的原则,实现自主管理,既要考虑到制度对学生行为的塑造功能,又要考虑到学生后期执行的可行性和易操作性。制度建设要营造班级的制度文化,利用文化约束行为,在制度实施后还需注重后期的监督与评价。

三、案例反思

(一)取得的工作效果

运用创新制度对班级进行管理后,班级内部团结向上、和谐稳定;班级学风浓厚,互帮互助,专业课零挂科;学生遵规守纪,无违纪违法现象;班委权责清晰、分工明确,对于班内事务会广泛征求意见,对班级日常事务的分管井井有条;班级同学参加校内外活动时积极踊跃,打造班级专属品牌,效果明显;班级的凝聚力得到明显提升。

(二)对辅导员工作的启示

辅导员面对大学生群体开展思想政治教育工作的过程中会遇到各种各样的学生和千头万绪的事务,而学生与日常事务管理之间又存在千丝万缕的关系,俗话说:“没有规矩,不成方圆。”制度是经过反复实践证明的人人都愿意遵守的规则,辅导员对高校班级的管理应随着社会发展进步由经验管理阶段提升为科学管理阶段。班级制度建设及创新可以有效提升辅导员管理工作的科学性、规范性和高效性,增强育人效果,形成班级内部全体同学共同的规则意识、良好的行为规范和正确的价值观念,从而树立优秀的班风和学风,营造健康、和谐、向上的班级文化。

案例二

以人为本　感情育人　管理育人　环境育人

沈阳农业大学水利学院　潘雪峰

班级是日常学生工作的最基本单元，是同学们学习与生活最重要的环境。制度是要求大家共同遵守的办事规程或行动准则，源自《周易 · 节》："天地节而四时成，节以制度，不伤财，不害民。"良好的制度有助于加强大学班集体建设，有助于大学生成长成才，但是目前部分大学班集体建设仍存在建设目标不明确、班集体活动不能贴近学生实际和班集体管理制度不够规范等问题。为促进优秀班集体建设，应坚持以人为本、感情育人、管理育人、环境育人等原则，采取增强班级凝聚力、实行班务公开、创新工作方法等具体措施开展工作。

一、案例概况

(一) 案例背景

我观察到，A 班出现了班干部工作状态涣散，班级凝聚力不强，班级同学关系淡漠，班级管理制度不清晰甚至混乱，工作方法照搬其他班级等情况。

(二) 主要内容

班长在接到辅导员的通知后，不会第一时间转发给班级同学，需要辅导员的提醒。班长和班主席权责不清，班主席经常处于无事可做的状态。班干部之间沟通不畅，对于同一件事会给普通同学不同的答案。学院组织活动时班级参与度低，班级组织活动时同学参与度低。班干部经验成长缓慢，经过一学年的锻炼后仍没有实质性的成长。

(三) 需解决的问题

改变班干部的工作方式，明确班干部的职责，提升班干部的素质；改善班级同学关系；提升班级凝聚力。

二、案例处理情况

(一) 处理原则

以人为本、感情育人、管理育人、环境育人。

(二) 处理方法

辅导员介入班级日常管理，辅助建立班级管理制度，同时对班干部进行学生干部培训。

(三)处理过程

我在发现问题的当周周五中午与A班全体班干部成员进行谈话,先明确其服务同学的意愿是否有改变,并分析造成现状的原因。第二天我给全班同学开班会,对班级现存的问题进行阐述剖析,广泛征求同学的意见与建议,并在会后再次与全体班干部进行分析讨论,制定解决方案:①班级全体干部共同制定班干部岗位职责,明确每一名班干部的工作职责与应起到的作用;②在明确班干部职责的前提下,共同建立班级管理制度,形成文件后发给全班同学征求意见与建议,在吸取同学们的意见后进行修改,共同完善班级管理制度;③全班同学共同遵守班级管理制度,普通同学作为监督员,监督班干部的工作。

我带领班干部有规律地组织班级活动。刚开始要求全部同学参加,组织的活动以互动为主,文体结合,并利用班费设立奖项,激发同学们的参与热情。在班级同学关系融洽的基础上,进一步讨论班级建设发展方式。相较于上一次的讨论,这次同学们的发言更加积极,并且知无不言、言无不尽,在进一步完善班级管理制度的同时,同学们对班级管理方式、班干部的工作方式提出了新的想法。表面上看这是完善了班干部的工作方法与班级管理制度,实际上也促进了班级凝聚力的提升,改善了原来淡漠的同学关系,为之后建设优秀班集体打下了基础。

我利用每周周五中午的时间,对班干部进行工作培训,从通知的收发、信息的收集开始,逐步帮助班干部掌握工作方法。我在教授方法的同时,让他们理解班干部的责任与义务,为他们加油打气。只有班干部的工作积极性提高了,班级建设才有希望与力量。

三、案例反思

(一)取得的工作效果

经过了一个半月的深入班级与对班干部的培训,A班整体班级风貌有了质的改变。经过培训后,班干部的工作能力有了大幅的提升,并且都能够独当一面。班长在接到辅导员通知后,会第一时间转发给班级同学,并对通知做进一步细化与分析,让同学们一目了然。班干部各司其职,互相配合,百分之百地完成应该完成的工作。班干部之间沟通顺畅,对班级同学的疑问都能够进行清晰、有效的解答。学院组织活动时班干部会积极动员班级同学,同学们也高度响应。

(二)对辅导员工作的启示

辅导员是开展大学生思想政治教育的骨干力量,是高等学校开展日常思想政治教育和管理工作的组织者、实施者、指导者,是大学生成长成才的人生导师和健康生活的知心朋友。所以我更要时刻关注同学们的学习生活,注意他们在各方面的成长与进步。对于进步要及时表扬,鼓励他们再接再厉;对于错误要及时发现与纠正,帮助他们更加健康地成长,顺利度过四年的大学生活。

案例三

树立协同育人机制　多举措打造先进班集体

沈阳农业大学生物学院　张　飒

一、案例概况

辅导员长期战斗在学生工作第一线，对学生的思想状况、行为习惯和发展方向影响最深，是大学生成长成才的引领者、指导者和监督者。因此，辅导员在高校班集体建设中起着核心作用。作为辅导员，在育人过程中，我打造了适合的班级管理模式，成功开拓了"线上+线下"的育人平台，结合辅导员和班主任两方面的力量，不断创新班级建设方式方法。我所带2017级生物科学2班在思想建设、班级管理、学风建设、寝室建设和文化建设五个方面表现优异、成绩显著，曾获"沈阳农业大学红旗团支部""沈阳农业大学学风建设先进班集体""安全文明和谐建设先进班集体"等多项荣誉称号，并在2019—2020学年沈阳农业大学先进班集体标兵评选中，以优异成绩获得第一名。

二、案例处理情况

(一)制定并实施"班级管理规定"

在纪律作风养成上，全体同学认真遵守学校《学生手册》的有关规定，做到严于律己，在校学习生活期间无一人违反学校的各项规章制度。班级还制定并实施"班级管理条例"，"班级管理条例"基于开学第一堂主题班会所设下的班级发展愿景和班级同学每个人的发展目标制定。通过该条例，班级初步搭建起了一个具有鲜明且统一价值观的，有可量化考核的管理体系，包括组织架构、班委管理、班级管理、奖惩机制等。自该条例颁布以来，班级同学一直严格遵守并参照执行，在执行的过程中向班级成员共同建立的远景目标不断迈进，班级的进步带动个体的成长，个体的成长促进班级的进步。

(二)强化班级思想建设

我始终坚持以立德树人为中心，加强同学们的思想理论教育。一是开展入党启蒙教育，让全班同学对党的初心使命、党的先进思想和理论体系有一个总体的认识，班级同学全部递交了入党申请书。二是递交入党申请书的同学组成理论学习小组，遴选学生党员做学习组长，班级团支书做副组长，先后开展"不忘初心、牢记使命"主题教育和党史学习教育，提高同学们的理论水平和政治素养。三是形成以党员、"团三角"为主体，入党积极分子、班委成员为辅助，广大团员密切团结的"三圈"模式，结合主题团会、理论学习、社会实践三项载体，使同学们能够将理论与实践密切结合，提升对党团思想、国家大政方针政策、民生热点热议问题的兴趣度和敏感度，进而引领同学们树立正确的人生观、价值观，激发同学们树立远大理想。

(三)夯实学风建设

1. 强调互助式学习，形成研究小组

在班主任的指导和班委同学的配合下，班级成立了学习互助小组，设立一名组长，负责本组同学每周学习任务的量化考核，帮助同学在学习的过程中逐渐端正自身的学习态度，迭代自己的学习目标；设立班级读书文化角，鼓励同学们把自己喜欢的书捐到班级的读书角处，供大家免费获取和阅读。每个月的班会上，同学们会结合本周所看书籍分享自己的学习心得和感悟，在班级里逐渐形成了浓厚的学习氛围。

2. 树立学生干部的榜样引领作用

为更好地从上至下贯彻严肃的学风、考风，班级制定了严格的班委成员管理规定，充分发挥了班干部的模范带头作用，班委的学习成绩也纳入日常管理之中。本班级班委的平均学分绩点为3.989 2，位居专业前列。在日常学风建设中，班级重视诚信教育，被学校认定为校免监考班级示范点，在校期间无一人违纪。在示范作用的带动下，全班同学的学习习惯、努力方向和奋斗目标逐步规范，同学们的学习效率有了显著的提高。

3. 学风建设，成绩显著

班级平均成绩排名专业第一，平均绩点在大三第一学年达到3.826 8，无必修课挂科。一位同学大三整年学期绩点高达4.496 6。班级共22人通过英语四级考试，约占班级人数的79%；5人通过英语六级考试，约占班级人数的18%；14人通过国家二级计算机考试，占班级人数的50%；8人通过国家三级计算机考试，约占班级人数的29%。班级涌现了一大批品学兼优的好学生。在大四上半学年的推免中，一人获得直接攻读博士生的名额，三人获得研究生推免名额，其中1人保送至中科院合肥研究所，班级推免率约75%。

(四)重视寝室安全文明建设

班级依据学校相关管理规定，制定了具有本班特色的寝室文化建设章程。

(1)成立了由辅导员、班主席和寝室长组成的安全工作小组，做好安全防范工作。一是定期排查寝室的安全隐患和违反寝室文化章程的行为；二是举办特色鲜明的寝室活动和班级活动，促进寝室团结和班级团结。

(2)成立了由辅导员、心晴使者和寝室长组成的安全引导小组。一是密切关注寝室和班级里情绪不佳的学生；二是排查在网络上流露严重负面情绪的同学，在第一时间发现危机心理因素和心理异常学生，及时进行干预。

(3)定期组织召开安全教育主题班会，确保安全观念深入人心；建立完备的安全稳定预案和寝室、班级突发事件的应对体系，筑牢安全红线，把牢安全命脉。班级多次获得我校、我院“安全文明建设先进班级”荣誉，多个寝室获“安全文明建设优秀寝室”荣誉。

(五)文化建设

在辅导员和班主任的共同努力下,班级确立了以院训"求真务实,团结友爱,厚德博学,追求卓越"为核心价值的班级集体价值观。班级创造性地建立了自己的班刊,在班级同学毕业之际,组织同学拍摄毕业照,并制作了毕业纪念册,使班级文化得以有效传承。

三、案例反思

通过此案例,我总结出以下三方面的启示,可以应用于未来的班集体建设实践探索中。

(一)树立协同育人机制

落实"辅导员+班主任"协同育人的工作目标。辅导员主要负责思想引领和事务性管理工作,而作为班主任的专业教师要更多地把握课堂,是学生学习状况的直接观察者和课堂安全负责人。建立两者之间的信息沟通反馈机制和协同育人参与机制,对整个班级班风、学风的形成和良好发展有强大的正面影响。

(二)树立"互联网+"的管理模型

充分利用互联网,一方面有助于拓展工作平台,另一方面有助于打造"线上+线下"良好的文化氛围。2017 级生物科学 2 班在线上开通了自己的微博,文宣委员负责日常运营,不论是线下还是线上都进一步扩大了优秀班级的影响力,同时也对班级文化的打造和宣传有一定的促进作用。

(三)确立具有班级特色的价值观

使命、愿景、价值观是一个组织得以健康发展的基石。一个优秀的班集体的发展离不开由成员共同制定的远景目标,也离不开成员共同认可的班级文化。长期的成功一定是价值观的成功,因此要在班级最初组建之时就形成班级同学认可的文化和价值观,这有助于班级的健康发展。

以上举措对提升班集体建设成效有较好的推动作用。

案例四

中外合作办学视阈下的高校班集体建设

辽宁大学　周　洪

随着中国高等教育的发展，中外合作的办学模式愈加受到青睐。如何做好高校大学生的班集体建设工作，是广大中外合作办学高校辅导员面临的一项课题。

中国已经成为世界上最大的留学生生源国之一，国内越来越多的高校选择中外合作办学模式进行招生。

一、案例概况

目前国内中外合作办学高校由于学费较高、学生家庭条件较好、未来去向多为出国留学等情况，使得学生有以下特点。

（一）视野开阔，思维活跃

现在的大学生大多在2000年后出生。在此阶段，社会经济的快速发展及整体社会开放程度的加深，使这个时期成长的学生普遍具有较为活跃的思维。随着手机、网络等现代化媒体的快速发展，当下大学生接受知识及信息的来源和途径要远远多于“80后”“90后”大学生。尤其是中外合作办学高校的学生的家庭条件较好，接触的资源更加丰富，视野更加开阔。

（二）学习环境、生活方式不同

中外合作办学高校由于体制及办学特色等原因，易接受来自世界各地的多种文化和观念。在不同文化及观念的冲击下，学生的生活方式、学习方式甚至为人处世方式等都和其他高校学生有较大差异。

（三）对学生世界观、人生观、价值观的影响

由于中外合作办学高校与国外大学接轨，受国外影响较多，为了让国际化合作办学背景下的大学生树立正确的世界观、人生观、价值观，辅导员应该在结合时代对人才培养的新要求的基础上，对班集体建设进行思考和创新。

（四）认知容易出现偏差

大量接触国际文化和观念，对于处在成长阶段的大学生来说，是具有挑战性的。如果中外合作办学高校的学生不能正确、理性地看待和分析接收的各种信息与观念，将出现认知偏差，这就迫切需要加强中外合作办学高校的班集体建设。

二、案例处理情况

(一)加强班集体思想建设

做好思想建设工作,使学生在思想上更加成熟,有利于大学生的发展。要加强与学生的交流,了解学生的所思、所想、所需、所难。任何思想政治教育工作都要专注于情感,尤其是中外合作办学的高校。现在的学生对简单的说服教育不太感兴趣,想摆脱“封建家长式”的说教。如果一味地批评学生,就站在了学生的对立面,他们会产生抵触情绪,甚至会顶撞老师或者有过激行为。即使当时学生表面接受了,但内心深处并没有意识到自己的错误,只会使工作流于形式。要想真正收到实效,应从情感上专注于学生,以情感人,以情动人,经常上教室、下寝室,和学生谈心,和学生一起吃食堂、多交流,这样学生才会有亲切感、信任感,才能不仅把你当成老师,更当成他的朋友。这个时候老师才能走进学生的内心世界,贴近学生的思想,了解学生的心声,才能在做班集体工作时更易于被接受。

(二)加强班集体网络思政建设

随着社会的快速发展,微信、QQ、微博、易班网等新媒体的发展和应用已成为当前高校网络思想政治教育的重要途径。这些新媒体平台的传播模式之所以对大学生有吸引力,就是因为它具有互动性强、真实、及时的特点,在互动中形成传播网。在中外合作办学高校中,网络和手机应用等新媒体平台尤为普遍和重要,在班集体建设中,可以充分利用新媒体平台开展网络思政工作,加强班集体建设。

(三)加强班集体学风建设

积极加强学风建设,引导学生热爱学习,形成浓郁的学习氛围。内容枯燥、单一的理论灌输以及让学生处于被动的说教远远满足不了新时代学生的个性需求,应增加素质拓展、专家讲座等形式。比如,希望学生认真学习,将来保送到国内重点大学或申请到国外名校,单凭和学生直白地说“你应该如何学”或者“你不努力,就不能保送”之类的话语肯定是苍白无力的。为此,我专门组织了一次素质讲座,从毕业年级精心挑选了三位有代表性的优秀学生,分别以“走出我的世界——通往世界名校之路”“北大之门,向你我敞开”“高手是这样炼成的——当雅思来敲门”为题,从申请世界名校、保送重点大学和考取雅思高分三方面举行素质讲座。三位毕业生言传身教,将自己的所学、所思和所想娓娓道来,更能拉近和学生观众的距离,最后取得了更广泛、更有效的效果。

(四)加强班集体主题教育建设

由于国内外的社会制度、意识形态和文化等方面都存在明显差异,有必要在爱国主义、节约、抗压和安全等方面对中外合作办学高校的班集体进行有针对性的主题教育建设。

1. 爱国主义教育

在中外合作办学的背景下,学生的思维方式、行为方式及教育管理模式都与国内传统教育模式下成长的学生有很大的差别，学生出国以后更易受到西方资本主义文化和思潮的影响。应加强中外合作办学班集体的爱国主义教育建设，陶冶学生的爱国情操，引导学生树立正确的信仰和家国情怀。

2. 抗压教育

中外合作办学高校的学生容易受到西方文化和社会习气的影响，尤其出国后，和国内联系不是特别紧密，缺乏国内老师和家长的监督与约束，遇到困难和压力时如果缺乏拼搏向上的毅力，就会遭受打击、意志消沉，甚至萎靡不振。需要在班集体建设中加强抗压教育，增加心理培训和疏导，增强学生的抗压意识，引导学生树立正确的世界观、人生观和价值观。

3. 节约教育

很多学生从小没有养成勤俭节约的习惯，父母长辈的偏爱以及经济层面的宽松，加上国外生活诱惑因素的增多，以至于出国后较为铺张浪费。有必要对中外合作办学的班集体进行节约教育，引导他们养成较为健康、科学的生活习惯。

4. 安全教育

加强中外合作办学班集体安全教育，包括人身安全、财产安全、情感安全以及毒品安全等方面，增强防范意识，防微杜渐，防患于未然。只有警钟长鸣，学生才能重视并尽可能减少甚至避免诸多不安全状况的发生。

三、案例反思

随着我国改革开放的进一步深入，越来越多的家庭选择将孩子送出国门继续深造，也有越来越多的学生选择中外合作办学的学习模式，很多随之而来的问题也就日益凸显。如何在国际化背景下，立足实际，做好合作办学高校班集体建设是一项重要课题，我们只有着眼实际、与时俱进、积极探索、不断总结，从而形成一套行之有效的工作思路，才能开创工作的新局面。

当代高校肩负着立德树人的根本任务，在新时代、新形势下，必须坚持以社会主义核心价值观来统领高校班集体建设工作，形成有思想、有信念、有纪律、有朝气、有力量的班集体，促进大学生全面发展，成为社会主义事业合格建设者和可靠接班人。

案例五

学院-班级-家庭的三层心理援助

辽阳职业技术学院　许嘉洋

2021 年 6 月，A 同学到办公室找我请假外出就医，交流过程中我发现该生神情紧张，手部动作不自然，眼神闪躲，言辞含糊。我随即与学生交流并了解情况、建立互信，联系家长、协同合作，调动班级资源，形成援助合力，有效进行了一次大学生心理危机干预。以下我依据问题处理时间线，详细介绍案例情况并对工作成效和经验进行分析。

一、案例概况

A 同学，农村生源，20 岁，自婴儿期起父母就外出打工，其本人一直在外寄宿，偶有与父母共同生活的机会。父母感情不和，常有争吵，家中还有一个读六年级的妹妹。其母亲自述 A 同学父亲有家暴倾向，父亲与 A 及妹妹的亲子关系较差。

我在 2021 年 3—8 月临时担任该班级班主任。

二、案例处理情况

(1)提供科学、合适的首次就医建议。本市三甲医院及精神类专科医院均开设心理门诊，考虑到学生和家长的接受程度，且本次就医时家长尚不知情，我首先提出的就医建议是到三甲医院的心理门诊。

(2)深入了解学生情况，在确保安全的前提下尊重学生意愿。了解学生心情不佳的原因，排除班级、寝室因素，确认睡眠和饮食情况(睡眠情况是最直观的判断心理问题严重程度的标准)。

(3)与家长认真交流，获取家长的信任和配合，遵照医嘱，建议家长前来陪诊。

(4)对随行同学进行有效的指导，发挥同龄人的情感支持作用。依据理论经验，我先行对随行的同学提出了“可以适当有一些带有支撑感的动作，让 A 觉得有情感支持的感觉即可，不主动挑起话题，不多讲话等”的建议。在接受医生询问后的 A 也表示要求保持安静。在这个过程中，随行同学就起到了有效的陪伴作用。

(5)换位思考，理解家长，在合适的时候提出处理建议。A 进行心理测试后，我给了家长与随行同学同样的建议。此时，家长已经发现多说话会导致孩子拒绝接触，便很顺利地接纳了我的建议。

三、案例反思

1. 关注学生心理健康，促进学生心灵成长

要仔细观察学生的状态，从细微处发现问题，尽早开展有针对性的疏导工作，对症下药，减轻学校对于心理问题的工作压力，也有利于学生成长成才。

2. 保障学生安全的范围内，尊重学生意愿

学生出现心理问题后是比较敏感的，直接安排学生进行陪伴或在行动上出现特殊关注可能会引起学生的反感，进而引发不良后果。因而教师应对学生情况进行初步评估，主要包括睡眠、饮食情况评估，自伤自残倾向评估，了解学生是否愿意接受心理援助等，来判断学生是否存在危险性。如案例中学生有主动寻求帮助的意向，无自残、自伤行为，睡眠、饮食状态基本正常，则可在尊重学生意愿的前提下仅安排身边学生进行私下关注；如学生抗拒援助且出现自伤和伤害他人的行为，此时一定要以学生本人及他人的安全为第一前提开展工作。

3. 换位思考，做到全程跟踪，持续关注

要做到换位思考，家长一时间是很难面对孩子出现心理疾病这个事实的，因而在早期沟通时可采用“情绪问题”“睡眠问题”等字眼，邀请家长一同来帮助孩子解决问题。正如案例中，首诊时建议到普通医院的心理门诊，也是在减轻家长和孩子的心理压力。

前期我们要详细了解学生情况，家长作为监护人到校处理情况后，我们也要持续跟进。一是要让家长感觉到学校对学生真诚的关心，二是在交流中要让家长发现老师是非常了解学生的具体情况的，在家庭和学校互相信任的基础上才能最有效地帮助学生解决问题。

4. 构建心理危机问题干预网络，调动资源，形成合力

工作年限不长的教师在遇到有心理问题的学生时，往往会手足无措。目前，大学生心理健康问题已经是难以回避的一种现象。年轻的教师在工作中要及时向有经验的教师请教，形成教师队伍“老带新”的格局，构建“书记-辅导员-班长（团支书）-寝室长”的心理健康监督网络，合理调动资源，形成学院、班级、家庭的心理危机干预合力。本案例也是在学院层面支持、家长层面配合和班级层面协同的基础上进行的。

5. 重视心理问题，积累理论和实践经验

辅导员和班主任一般都具有教育类专业的学习背景，有着一定的心理学基础，因而可进行心理咨询类内容的自学，以积累心理学相关的理论经验，有助于未来工作的开展。另外，在实际问题的处理过程中还应注重流程回溯，进行反思和经验总结，以形成直接的实践经验，更好地为学生服务。

第九节 ◎ 高校班集体建设与学生骨干培养案例

案例一

真心付出　诚心收获

辽宁大学　苏中新

一、案例概况

学生骨干团队是班级管理的重要组成人员，是将学校工作高效、便捷落实到学生中的重要媒介。在辅导员事务性工作繁多的情况下，学生骨干团队担当辅导员左膀右臂的角色。如何将学生骨干的优良品质及特点发挥到极致，培养学生干部的能力和素质，充分发挥他们的活力和积极作用，是辅导员一直考虑的问题。

李×是我所带的2021级某班级的班长。在刚入学的时候，她乐观、阳光、乐于助人，会用自己的正能量带动同学们。在大一选班长的时候，不出意外，她以高票当选。她的工作能力很强，我也很放心地把工作交给她。但是，渐渐地，我从别的同学口中得知她不是那么“可爱”了，同学们在提到她的时候对她的赞扬越来越少、怨气越来越多。我也开始询问不同的同学，得到的答案都是一致的：这个人表面上对同学们都很好，但暗地里对身边的同学嫌弃得不得了，还会在同学面前说别人的坏话。我对同学口中的她抱有质疑的态度，直到今年端午节的一件事儿印证了她的双面性。

今年端午节，李×的寝室只有一个女生回了家。突然，我接到了她的室友打来的电话说，寝室的另一个室友王妮（化名）突发癫痫，目前已经拨打了120急救电话。我第一时间赶去了医院，在安顿好王妮后，我问室友李×怎么没来，室友淡淡地说，她看到王妮发病，赶紧躲出去给别人打电话了。不久后，李×给我打电话要求换寝室，理由就是王妮有癫痫。我吃了一惊，李×和王妮一直是形影不离的好朋友。作为好朋友，作为班长，她怎么会提这样的要求？

二、案例处理情况

在电话里我只是询问了她要换寝室的原因、她的想法，就挂断了电话，并让她第二天来办公室找我。

1. 目标导向之追本溯源

本着“三全育人”和“因材施教”的原则，第二天我与李×展开了恳切的谈心，了解李×的成长背景和学习经历。她从小父母离异，由母亲抚养长大，父亲早已再婚且很少关心她。这样一个从小缺乏父爱的孩子，对爱极度渴望，这造成了她在人际交往中的困惑。为了拉拢别人，她起初总是尽力维护自己表面上的热情；喜欢说他人的坏话，则是她希望别人关注自己的病态手段。她渴望得到老师和同学的喜爱，但偏偏她的所作所为暴露了她的自私。她自私的根源则是她那缺乏正常的爱的家庭。

2. 目标导向之对症下药

找准目标问题所在，就可以整合一切资源，有条不紊、精准施策，实现三全育人。

3. 学会“我为人人”

在谈话中，我跟她讲了“安泰效应”。安泰是古希腊神话中的大力神，他力大无穷，无往不胜。因为他在战斗到无力时，只要靠在大地上，就能从大地母亲那里汲取无穷的力量而继续作战，直至打败对手。敌人发现了他的秘密，诱使他离开地面，在空中杀死了他。一个学生在班集体中如果失去了班级同学的支持，那么他的生活、学习就会孤立无助。因此，要学会依靠大家、依靠集体，只有做到“我为人人”，才有可能实现“人人为我”。失去了力量的源泉，能力再强，也终有失败的时候。在班级中，你只有用你的心真诚地去对待别人，才能收获别人的真心。我看到李×低下了头，过了好一会儿，她才说道：“老师，我错了。”

4. 重新堆砌信任墙

在李×发现自己的问题、反思了自己的行为后，我开始帮助李×酝酿与班级同学间的“破冰计划”。通过举行班级间体育比赛的形式，李×带领同学奋力拼搏，增强班级凝聚力，使同学重新砌起对李×的信任，她也重建作为班长的威信。

5. 进一步疏通交流线

在建立信任的基础上，我发现李×与同学之间的沟通顺畅了很多。我经常与李×的室友及班级同学谈话，了解李×的近况。我定期与李×进行沟通，了解她最新的思想动态并及时对她进行鼓励，为她营造积极向上的学习、生活氛围。同时，我也与其家长进行沟通，家校联合，携手解决李×在人际交往上的问题。

三、案例反思

在经过一系列的“破冰行动”后，我重新向别的同学询问对李×的看法，得到的回答是“还行吧”“她好像变了点儿”。在她的带动下，她们寝室是全班最优秀的寝室，班级也有望向“优秀班级”发起冲击。我再也没听到关于李×的怨言，取而代之的是同学们言语间对她满满的信任。

李×所在的班级女生占绝大多数，在听到同学跟我抱怨李×的时候，我并没有过多考虑，以为只是由于女生之间的摩擦扩大所造成的矛盾激化。但王妮生病的事情提醒了我，让我明白不能被学生的表面现象所蒙蔽。辅导员与学生的接触中，接触最多的是学生骨干，即班干部，如果仅凭表面现象来判断学生骨干，不能全面了解，对其委以重要职位后，可能将班级的班风、学风驶向偏离的轨道。

在解决问题的过程中，我以为的“理所应当”都是站在自己的角度，这让我认识到“我不要我觉得，我得懂你们觉得”的重要性，只有坚持“一线工作法”，多与普通学生谈心谈话，才能更全面地了解学生骨干，进而更好地发挥学生骨干在班级中的作用。

案例二

浅谈高校辅导员对于班集体建设及学生骨干培养的作用

辽宁大学　白　皓

班级是辅导员进行日常管理和思想政治教育的基本单位，辅导员不仅是开展思想政治教育的骨干力量，也是学生思想政治教育和管理工作的组织者、监督者和指导者。

一、案例概况

辽宁大学商学院2018级工程管理二班团支部，成立于2018年9月，由30名成员组成，其中共青团员25人、中共党员（含中共预备党员）5人，男生13人、女生17人，少数民族团员2人。支部组织体系健全，设有5名支委、3个团小组。该支部在校、院团委，辅导员的指导下，获得“全国高校活力团支部”“辽宁大学红旗团支部”“辽宁大学先进团支部”“辽宁大学标兵班级”“辽宁大学先进班级”等荣誉称号。

二、案例处理情况

（一）处理原则

在班级建设中运用“三全育人”理念。“三全育人”是指全员育人、全过程育人、全方位育人。《关于加强和改进新形势下高校思想政治工作的意见》指出，加强和改进高校思想政治工作的基本原则之一，就是要“坚持全员、全过程、全方位育人，要把思想价值引领贯穿教育教学全过程和各环节”。而班级作为高校开展教学活动、日常管理和思想政治教育的基本单位，能够结合“三全育人”理念的内涵、运用“三全育人”理念的优势，有效解决班级建设中的问题。辅导员应树立育人意识，承担教育责任，并积极结合自己的工作特点，做好教育工作。在入学教育、特色专题教育、针对性专业发展和职业生涯规划等各环节不定时开展主题班会、专业会、年级会等，与学生进行深入沟通。例如，开学前召开班会，对开学后的学习任务及生活准备进行布置和安排；通过日常主题教育等形式，引导学生深入学习习近平总书记重要讲话精神、深入开展社会主义核心价值观教育，帮助学生不断坚定中国特色社会主义道路自信、理论自信、制度自信、文化自信。案例班级组建大学生理论宣讲团，重点围绕党史学习教育开展宣讲，担当时代之责；新冠肺炎疫情暴发期间同学们踊跃报名，志愿投入疫情防控工作，展现青春风采；严格落实管理制度，充分发挥先锋模范作用；等等。

(二)处理方法及过程

1. 开展"一班一品"特色

"一班一品"是班级建设的一大支柱,是落实新时代党的教育方针的有效措施。我在班集体建设中,主打思政教育品牌,以班级主要学生干部为典型,带动全班级参与"一班一品"活动中来,定期与班干部召开工作会,研讨"一班一品"活动开展形式,探寻更有力度和成效的符合新时代要求的活动新路径。自入学以来,班级先后召开多次主题团日活动,形式逐渐多样、内容逐渐丰富,如从坐在教室中学习雷锋精神理论,到走进雷锋纪念馆深入领会雷锋精神内核,再将志愿服务精神实践到现实中来,到养老院慰问老人,去小学关爱学生,义演义捐,支部与丁香小学建立"大手拉小手"基地,实现党、团、队共建。

2. 培养学生骨干,共建优秀班级

大学生骨干是凝聚广大同学的重要抓手,是学校与学生沟通的桥梁,是高校教师的得力助手,更是构建和谐校园的重要力量。因此,明确学生骨干培养的工作职责是辅导员的首要任务。班委定期下寝室对分管同学进行谈心交流,并对负责同学的家长保持联系与沟通,定期汇报同学近况,同时,每天晚上 9—10 点汇报平安,每周汇报分管学生的情况,每月开展一次班集体活动。班委报平安的工作已经坚持了一年半的时间,从未间断。寝室长、班委报平安的行为有利于加强班级的凝聚力,营造温馨和谐的寝室氛围,促进同学间互帮互助,也有利于牢牢地掌握学生的动态,为更好开展思政工作提供了强有力的抓手。

学生干部是改善班级建设的重要因素,因而我一直秉持加强学生干部队伍建设、打造高素质的班级骨干队伍、充分发挥班干部的带头模范作用和服务同学的原则,提升班级的整体水平,让班干部的优秀品格在潜移默化中感染普通学生,增强班级文化建设、提升班级的凝聚力。

三、案例反思

工作中,辅导员应身体力行,积极参与各项工作当中,并对学生骨干进行必要的指导,达到言传身教的效果。在平时的接触中,我通过及时了解学生骨干的动态,并通过各种形式及谈话交流,向学生们传授做人、做事的道理,做学生心中的"引路人",已经将 2018 级工程管理二班团支部打造成一个班风和学风良好、非常有凝聚力的班集体。

此外,也要谨防"马太效应",即在某个领域"多者愈多,少者愈少"的两极分化现象,要时刻注意学生骨干与班集体未来发展的互相促进作用。新生入学和军训是辅导员集中遴选学生干部的第一个阶段,这一时期所遴选出的学生骨干会成为各班级的学生干部,成为辅导员在学生管理工作中的左膀右臂。而事实上,还有很多优秀学生会进入校级学生组织(如记者团、学生社团等)。虽然这些学生没有班委与辅导员接触得多,但也是非常优秀的学生骨干,在评优、评先时不应忽视其他学生骨干的闪光点和为学校做出的贡献。

辅导员还应围绕大学生成长需求,遵循思想政治教育规律,不同年级开展不同的教育管理活动,做到真正的"一班一品",每个班级都有独特的风格。如在大一年级时选拔优秀骨干,在大二、大三年级进行分类培养。针对社会实践、志愿服务、创新创业、文艺骨干、学生组织等不同类型的学生骨干，举办不同场次的经验分享活动，引领优秀学生骨干进行朋辈教育、传递优秀的成长经验、共同营造积极向上的集体氛围。

案例三

先锋青年　传承精神　助力新生班集体建设

沈阳农业大学农学院　郭　瑞

一、案例概况

为深入学习贯彻习近平新时代中国特色社会主义思想和党的十九届五中全会精神，全面落实全国高校思想政治工作会议精神，推进新生班集体建设工作，沈阳农业大学农学院实施先锋青年“进班蹲点”联系新生班级结对帮扶工程。通过几年的施行，效果成效显著。

先锋青年包括优秀的学生党员、学生干部，后期又增加了直博学生、保研学生。这个群体是在学院班级建设、学风建设、志愿服务等方面有突出表现和典型模范作用的学生。

可以说，大学新生班集体建设是高校思想政治工作的重要内容。如何在新生入校后，引导新生在短时间内建立一个富有凝聚力的、充满活力的班集体至关重要，这在很大限度上影响后续各项工作的开展。沈阳农业大学农学院通过选拔先锋青年，进驻新生班级“蹲点”，切实引导新生迅速适应大学生活，帮助新生开启一个良好的开端，推进新生班集体建设进程，不断增强工作的针对性和实效性。

二、案例处理情况

(一)先锋青年的遴选

重点考察申报对象的思想觉悟、学习成绩、工作能力、社会实践、志愿服务等方面，进行综合评定，并结合对应专业，实行“一人对一班”分配制，确保先锋青年的模范性和榜样力量。先锋青年遴选过程一般于新生开学前完成，这个群体作为学院、老师与新生之间的桥梁，为学生搭建好开学第一站。

(二)实施内容

1.“相识沈农，共话成长”(思想引导)

为了促进新生同学尽快融入校园生活，分专业、分班级开展“相识沈农，共话成长”新生对接会和主题鲜明的团日活动。先锋青年进驻班级并讲述自己的成长历程，协助辅导员引导同学们畅所欲言，轮流上台发言。这种方式促使大家相互了解，减少了隔阂，能够加快班级的建设，帮助新生迅速适应大学生活。

2.“新起点，新未来”(学业引导)

针对学院基本建设情况、新生近期活动安排、大学阶段学业要求、专业分流等方面进行客观引导。先锋青年群体都是品学兼优的学生,具有很强的模范性。他们协助辅导员,组织新生参观水稻研究所、辽中院士科研基地科研实验室,使新生了解了什么是生物炭,走进了水稻田,让新生对学院、专业有了更加深入的了解。他们帮助新生走近农业、了解农业。这些对帮助新生制定科学的生涯规划、明确学习目标、认真学习专业知识有着重要的引导作用。在这个过程中,新生激发了浓厚的兴趣,为新生更快地融入大学生活、规划自己的人生目标、度过丰富多彩的大学生活打下了坚实的基础。

3. 生活引导

先锋青年因与新生年龄差距小、共同语言多,“进班蹲点”可以尽快引导新生认识大学生活,规范自我。通过校园参观、素质拓展及小型团建等活动,先锋青年可以对学生进行全方面的教育及引领工作。他们通过分享身边的例子,使新生尽量避免出现入学就放松,大量时间用于参加社团等活动的情况,引领他们正确且适度地参加社团活动,在锻炼自己的同时又能平衡学习。

4. 阳光心理引导

近些年大学生的心理健康问题凸显,先锋青年“进班蹲点”可以多了解学生的想法,依托建立心理小课堂,发布心理小故事、箴言内容,有的放矢地针对新生在学业、生活、就业、情感等方面适应性问题进行答疑解惑。及时关注异常情况,第一时间反馈给辅导员,力争为每一位同学营造健康阳光的大学氛围,保证每一位同学的和谐、全面发展,助力新生平稳过渡。

5. “强凝聚,新征程”(班委组建)

班级是大学生组织的基本形式,是学生学习、生活、工作并且自我实现和成长的主要载体。班委会则是班级的领导核心和支柱,是班级工作顺利开展的重要保证,更是班级建设的中坚力量。先锋青年都是学生群体中的佼佼者,可以很好地和新生分享学生干部的经历和心得。选举前,先锋青年从班级委员的工作职责、选举办法等方面进行具体的指导,并与各班的第一届班级委员会进行交流与经验分享。

三、案例反思

在以往的工作中,与新生的对接工作都是由学院、辅导员、学生会进行。整合先锋青年力量,施行先锋青年“进班蹲点”工作之后,大大提高了新生班集体建设工作的成效。先锋青年是经考察聘用的,可以在思想建设、学习成绩、学生工作等多方面对新生起到积极、正向的引领作用,使新生快速地达到平衡的状态。这份志愿服务与奉献也会潜移默化地影响新生,给新生心里埋下一颗再传承的种子。

先锋青年联系新生班级结对帮扶蹲点制实施以来,使学生党员、学生干部、直博生、保研生进一步增强了先锋意识,树立了先锋形象,并按先锋要求进行实践,更为重要的是使一些新生迅速成长起来并成为新生班集体建设的骨干力量,对于校风、学风、班风的发展有着巨大的促进作用。

案例四

以培养班干部为抓手　促进班级和谐建设

辽宁中医药大学杏林学院　匡纹君

辅导员是学生和学校的纽带，起到管理教育学生，把学生培养成才的重任。2016 年，是我担任辅导员这一职务的第六个年头，这也是我第二次担任新生辅导员。新生入学之初，来自不同地区的同学齐聚一班。在接下来将要共同相处的五年时间里，我们会面对各种各样的问题，或学习方面，或生活方面，更多的则是人际交往方面。1998 年、1999 年出生的这批大学生，生在网络与各种传媒高度发达的时代，视野相对来说比较开阔，社会实践的参与程度也比较高。这些学生头脑灵活，有创新意识，可塑性也很强，对于辅导员来说，这是一个非常可喜的现象，也是开展工作的良好基础。但是由于所带的年级学生人数比较多，如何能通过行之有效的培养体系，将学生们的优良品质及特点发挥到极致，是我一直思考的问题。

我的设想是，通过主抓班干部、培养班干部的能力和素质，充分发挥他们的活力和积极作用，以他们每个个体的思想和行动影响、辐射周围学生，从而从根本上带动整个年级的进步和发展。辅导员需多花些精力进行有效的管理，这样学生自我管理能力才会有所提高，也才能减少各种摩擦；班干部们各尽其责、各施所能，班级管理工作方能井井有条，才能促进班级和谐。和谐班级建设是和谐校园建设进程中极其重要的一部分。

一、案例概况

大学生干部是一个激情澎湃、思想上进、工作积极的年轻群体，他们在高校日常的学习和生活方面起着模范带头作用，对建设一个优秀班集体起着非常重要的作用。班干部正确的自我定位、确定班级建设的目标、落实平时的基本工作、掌握开展工作的方法，在班级建设中都至关重要。

班干部的作用是不可小觑的，如果能塑造一批素质较强、品格高尚、思维活跃、具有高度责任心和较强能力的班干部，既对我工作的开展有很大帮助，同时对班干部本身来说也具有积极的意义。培养新时代班干部的方法绝不能是常规化的，如果循规蹈矩，按常理出牌，采取以往开会、培训、谈心交流、搞常规活动等方式，收效不会很明显。因此我决定结合自身曾任团委书记的经验，另辟蹊径，从改变思维方式切入，循序渐进，利用一系列具有创新意识的活动，来达到我的目标，从而使学生受益。

二、案例处理情况

(一)坚持选拔原则

在班干部的选拔中,我要求学生有崇高的道德品质和责任感,能够践行习近平新时代中国特色社会主义思想,关心时事政治、了解现代社会,有积极投身改革的时代责任感,有乐于吃苦、甘于奉献的精神。习近平总书记指出,青年是标志时代的最灵敏的晴雨表。当代青年伴随着改革开放的进程成长进步,他们接触的新鲜事物多,对世界了解得多,思路开阔、勇于创新,整体展现出昂扬向上的精神面貌。同时,他们也不可避免地受到改革开放和社会加速转型带来的社会变革冲击,以及来自西方纷繁复杂的意识形态的影响,形成了鲜明的思想特点。

学习是学生的天职,担任班干部的学生不但要有工作能力,还要有优异的成绩。班干部发挥模范带头作用的同时,成绩也要领先,这样才能让同学佩服,从而建立起自己的威信。担任班干部就意味着要经常为同学们无偿服务。只有具备良好的品质,才能在各种困难面前保持良好的心态;只有具备为同学服务的热心,才能将工作做踏实;只有具备为同学奉献的精神,才会有服务意识,不高人一等,不对同学指手画脚,团结同学,赢得同学的信任。

(二)发挥班干部的自觉能动性,培养他们的独立意识与管理意识

一般的观点认为,大一新生什么都不懂,就算是班干部,也不能放手让他们自己干,必须手把手地去教,带着他们去做。如此一来,辅导员事必躬亲,不仅加大了自己的工作量,同时对班级管理的过多干预也损害了班委会成员的积极性,削弱了他们的威信,而他们潜在的能力也随之被埋没了。为了避免这些负面影响,我计划让每个班委都成为一个能够独立运作的组织,班级要有完善的规章制度。同时我还引导班干部,在工作中要团结协作、分工明确,并且要留心班级事务,及时发现问题,迅速解决问题。

班委会成立之初,我给每个班级都发放了一份班委会工作职责,明确了各位成员的工作范畴,要求各班定期召开班委会例会,针对班级出现的问题进行深入探讨,拿出切实可行的解决方案。我认为,大一阶段所有班级在某些方面无须统一思想、统一行动,千篇一律、千人一面;除了学校、院系组织的各项活动外,各班要针对本班的实际情况,自行组织富有成效的活动,以此丰富同学们的业余生活,促进同学之间的友谊和团结,创设良好的学习氛围,培养良好的学习习惯。

每个班级都在班长的组织和带领下,拟定了自己班级的规章制度,严格按照奖惩措施实行;有各自生动活泼的小活动,如乒乓球赛、小型素质拓展训练、茶话会、“每周讲坛”、学习兴趣小组等。这些都是各班在民主讨论中形成的、群众支持的活动,收效甚好。我在与班委会成员、班级普通同学的交流中得到的反馈是,我仅提供大方向作为参考,其余放手让班委去做,这会促使他们动脑筋思考问题,在实践中使他们的组织、领导能力得到了锻炼,也让他们树立了威信,这对于今后的工作开展十分有利。班干部各司其职、分工协作,培养了团队意识和全局观。普通同学认为,班级活动集思广益,使每个人都有参与班级事务、贡献自己力量的机会,并

且辅导员没有强硬指令，尊重了个人意见和想法，大家都愿意参加此类活动。

（三）提升班干部的素质和能力，让他们成为具有影响力的“青年领袖”

班干部的角色可以说是多重的，既是学生，也是同学的服务者和老师的工作助手，应该走在同学的前面，成为同学的楷模。如何能做到这一点？仅仅通过说教是不够的，必须采取有创新性的活动，促使班干部思想上有所触动，从而将思想的启迪转化为行动。

我借鉴“青年领袖”这一理论，开办了“‘青年领袖’培训班”，将大一班干部都吸纳到这个培训班中来，每一期确定一个本期的核心词汇，利用拓展活动，寓教于乐，让学生领悟生活和工作的哲理。例如，第一次的核心词汇是“团结”，我带领学生做了齐眉棍、人椅等小游戏，让学生体悟到，一个团队要完成一项任务，必须团结协作，若有一个成员出现问题，整项任务就无法实现。每次活动都设置了心得分享这一环节，让学生与大家共同体味、分享在活动中的感受。

通过几次这样的活动，我明显地感觉到，班干部的实际工作更有想法、更有思路了，工作态度也更认真、更端正了。

三、案例反思

（一）取得的工作效果

通过一个多学期的工作，大一班干部的素质有了很大提升。从个体来说，他们变得更成熟，对于工作各个方面都有了更深刻的认识和体会，视野更开阔，思考问题也更加全面；工作上也更有闯劲，敢于尝试，不畏首畏尾；树立了自己的威信，得到了同学们良好的评价。从班委会建设方面来说，班委会成员能各司其职，团结一心，尽心尽力为班级同学服务，起到先锋模范作用，既有“身为干部，就要处处带头”的意识，又能与同学打成一片；从班级管理上来说，既有组织，又有监督，井井有条，班级走上了良性发展的轨道。

（二）对辅导员工作的启示

（1）培养班干部的公民意识，对于他们的日常工作很有意义，同时对于他们今后的人生大有裨益。进入大学校园，首先碰到的一个需公平处理的问题就是班干部的选举。在这个问题上是否民主，关系到学生对于辅导员以及由此产生的班委会成员的信任与否。辅导员如果处理不好这个问题，会影响学生看待校园、看待社会的视角。因此，辅导员必须创设公平、公正、公开的氛围和条件，让班干部意识到“权利”与“权力”的内涵和关系，以便他们今后更好地为同学服务。

（2）辅导员不要大包大揽，要相信学生。很多时候，不是学生没有水平和能力，而是辅导员的权威把他压制了。群众的眼睛是雪亮的，当同学认可的班委会诞生时，他们的个人能力同时也会得到同学的认可。因此，在“班干部是有能力的”这一前提下，辅导员要帮助其树立信心，提供正确的思路和方法，鼓励其放手去做。就算是大一的班干部，在鼓励、信任和全力支持下也会迅速成长起来。

（3）整体培养和个体交流相结合。对于学生干部的培养来说，仅仅采用“大锅饭”的形式绝不是上策,时常和每个人进行深入交流是必需的。我私下里经常找班干部聊天,了解班级状况,听取工作汇报,就班级出现的问题、工作思路和方法给予建议和指导,倾听他的心得、烦恼和期待,一方面给班干部指导和充电,另一方面也增进了师生之间的感情。

(4)发挥每一位班干部的作用,让每个班干部都得到锻炼。常规上来说,班委会成员为9名左右,班长、学委、团支书是不可缺少的,但是组委、体委的工作似乎可有可无,甚至出现"挂名"的情况,不仅同学遗忘了这些班干部,连他们自己也认为自己的职位不重要。要改变这种状况,就要在起初明确划分职责,让班干部都"有事可做"。基于这种思路,平时辅导员和班长都要有意识地合理分配任务。比如,我责成各班体委组织素质拓展,要求组委负责组织班会和各项活动等。这样,既减轻了班长的工作压力,也调动了每一位班干部的积极性。

(5)培养班干部应有计划性和持久性。班干部的培养必须是一项系统工程,随心所欲、信马由缰,或者虎头蛇尾,都不能取得预期效果。因此,辅导员应心中应有长远的规划,不能只在第一学期或者第一个月做了工作,之后就完全放手、退居幕后,应该把对班干部的教育和培养贯穿在大学五年的学业和生活中,时刻给予他们激励,让他们的工作热情、工作态势保持下去。

(6)采取新颖的方式达到教育目标。当代大学生的自主意识都很强,看待事物也很有自己的意见和主张。单纯运用传统的教育方式,开会、座谈、单独教育等方式,已经不适合现在的学生。尤其对于班干部,其本身的素质和能力有时高于一般同学,陈旧的方式往往会让他们感到无兴趣。因此必须采用素质拓展训练等新方法,吸引他们的眼球,在潜移默化中培养他们的领导意识、提升他们的管理水平。

第十节 ◎ 高校班集体建设与辅导员工作案例

案例一

我与2018级×专业A班级的故事

沈阳农业大学动物科学与医学学院　徐　畅

高校辅导员是大学生健康成长的指导者,班集体又是高校最基础的组织与管理单位。组织并建设良好的班集体,有助于大学生实现自我教育与自我管理,是高校教学任务的重要保证,亦是辅导员工作的重要组成部分。本文以某班级为例,以学风建设为中心,坚持"以生为本",坚持学生自治、自我管理制度,打造先进班集体。

一、案例概况

1. 案例概述

2018级某专业某班共28名同学,其中有11人来自辽宁省、17人来自外省,男生6人、女生22人,少数民族4人,家庭经济困难学生6人。2018年恰逢辽宁省本科录取批次合并,设立16个平行校志愿,此次改革对我校相关专业来说是一个挑战。该案例所在专业历年平均录取分数为510分左右,2018年该班级的平均分为490分;该专业历年的男女比例为1.5∶1,该班级的男女比例为6∶22。

2. 存在问题

案例所在班级主要存在两个问题:一是高考平均分较往年低20分左右,学生的学习能力有待提高;二是女生人数远多于男生人数,不利于开展班团活动。

二、案例处理情况

(一)处理原则

以学风建设为中心,坚持"以生为本",坚持学生自治、自我管理制度。以学风促班风,引领开展班级管理工作,打造先进班集体。

(二)处理过程

1. 突出学风建设

优良的学风是创建良好班风的前提和保障,是学生发展、进步的精神动力。2018级的整体高考成绩较低，因此学风建设是本班的重中之重，具体实施方案如下：

(1)入学伊始，以班会形式帮助学生开展职业技能规划，依托学校心理发展中心及创新创业中心帮助学生完成霍兰德职业性格测试等，帮助学生解读专业并找到最适合自己的学习办法，树立短期目标与长期目标，并定期检查完成状况。

(2)树立榜样，发挥模范作用。班级内部结对子，无论在日常复习还是期末复习阶段，同学们互相督促、资源共享、共同进步，建立学习资源共享网盘，成立“小讲师学习组”，帮助同学们快速进入学习状态、抓重点内容。

(3)充分发挥专业课教师的引导作用，帮助同学们充分认识专业，了解专业发展前景，帮同学们找准定位，找到适合自己的学习方法与选修科目。

2. 坚持“以生为本”

(1)建立班级学生、家长联络网。学生的培养需要学校与家庭共同完成，亲人是学生最早的导师。提升成绩是案例班级 1~2 年的短期目标，所以我制定了电话家访政策，每学期向家长汇报学习成绩并叮嘱家长督促学生学习。

(2)建立班级学生基本信息电子档案。档案内包含学生的基本信息，比如性别、民族、信仰、是否为家庭经济困难学生等，根据学生的个人情况，制定不同的培养方案。比如，要多关注有心理问题的学生；对孤儿或有其他经济困难的同学，需帮助分配勤工助学岗位，申请生源贷款、临时补助、减免学费、奖助学金；等等。

3. 坚持学生自治、自我管理制度

班级要打造一支有责任、有能力的班干部团体。大学生要形成自治、自我管理，拥有一支能力突出、有责任的班干部队伍至关重要。班干部可由“自我推荐+辅导员推荐+班级投票”的形式产生。班干部选举成功后，对其培养也很重要。班委全体成员都经过学校或学院规章制度培训、基础软件培训、基础文明礼仪培训及应用文书写作培训等。

班级设有 7 名班委，各班委各司其职，共同帮助老师完成工作。①团支书：对接学院组织部与对应党支部，负责班级同学的党团档案建立及相关团委活动；②班长：对接学生日常管理工作及掌握班级经困生动态，及时向辅导员反馈相关情况；③班主席：对接学院的文明督导部、生活部、纪检部等，主要负责关于学生生活起居的相关工作安排；④心晴使者：对接学院的心理发展部，时刻关注班级同学的心理状态；⑤学习委员：对接学习部与教务员老师，帮助同学们完成选课及综合素质测评等工作；⑥文宣委：对接文艺部，开展相关文艺活动；⑦体委：对接体育部，完成相关体健活动。我充分尊重学生意愿，帮助同学们大胆创新，提升工作能力，形成自治、自我管理模式。

三、案例反思

(一)案例现状

1. 学风建设成果凸显

案例班级共计 28 人,大一学分绩点 2.56,大二学分绩点提升至 3.58;英语四、六级通过率为 64%,计算机过级率为 55%;78%的同学获学校奖学金、助学金等奖励。

2. 班级凝聚力大大提高

同学们互帮互助,获校“先进班集体标兵”“学风建设先进班级”等荣誉,为学校首批免监考班级;大一伊始,班级“青年大学习”完成率不足 90%,后来每周均是 100%;班委会积极开展团小组会,每月开展不同主题的特色团课;同学们积极参加大学活动,获省级以上奖励 4 人次、市级以上奖励 2 人次、校级以上奖励 42 人次。

(二)工作启示

辅导员工作事无巨细,做好班集体建设可使日常管理工作事半功倍。创建一个良好的班集体,辅导员要敢想、敢做,不拘泥于“传统”做法。辅导员要善于调查,因地制宜,因人而异,在工作实施之前,敢于、善于花更多的精力与时间针对不同的班级制定合适的培养方案,大胆创新,共性中突出个性,帮助学生完成大学的自我管理与教育,吸收与接纳学生的建议,群策群力,共同进步、共同发展。

案例二

学生资助工作建设案例

沈阳农业大学农学院　李芳时

一、案例概况

家庭经济困难大学生已然成为大学生工作中最受关注的群体之一。无论是国家、高校还是地方，在贫困生经济资助方面都出台了相应的政策，做了大量的工作，形成了多元化的资助格局。目前学院资助家庭经济困难学生的奖金来源主要为国家助学金、国家励志奖学金、学校助学金等，以及社会企业及爱心人士发起的助学金，如凡舟助学金、大北农励志助学金等。

学生资助工作具有工作量大、时间跨度长、准确性要求高等特点。在资助过程中，对家庭经济困难学生认定和评议工作尤为重要，不仅要有特殊性和保密性，同时还要求实事求是、客观公正、公开透明。

二、案例处理情况

（一）处理原则

为了让学生资助工作更规范、更透明，学院构建了一申请、二核实、三公示等有关家庭经济困难学生资助评审程序及制度。为避免学生当众诉苦、互相比困，公示时只显示学生姓名、学号等基本信息，家长姓名、家庭经济情况等不予公开，有效保护了学生的隐私。在开展实物资助过程中，提倡差异性、一对一资助，避免大张旗鼓地发放款式相同、规格统一的资助物品，避免人为将困难学生与非困难学生区分开，避免给学生贴上贫困标签。

（二）处理方法

学院高度重视学生资助工作。在组织架构上，学院成立以主管学生工作的党委副书记为组长，辅导员、班主任代表等为成员的认定工作组，负责认定的具体组织和审核工作，监督学生资助工作的落实情况；以班级为单位，成立以辅导员（班主任）为组长，学生骨干、学生代表为成员的班级认定评议小组（成员不少于班级学生人数的 1/3），负责开展班级的民主评议工作。

学院通过多种途径和方式，提前向学生或监护人告知家庭经济困难学生认定工作事项，并做好资助政策宣传工作。学生本人或监护人在规定时限内自愿提出申请，如实填报综合反映学生家庭经济情况的申请表。特殊群体学生提交由县级以上相关部门核发的扶贫卡（扶贫手册）、低保证、儿童福利证、特困人员救助供养证、残疾证等真实、有效证件的复印件。学生因个人原因未在规定时限内向学校提出申请的，视为自愿放弃享受相关学生资助政策。

(三) 处理过程

各班级认定评议小组根据家庭经济困难学生申请材料提供的信息和学生基本情况,进行资格审查,按照要求认真进行民主评议,确定家庭经济困难学生初步人选。学院学生资助工作领导小组根据学生或监护人提交的申请材料,综合考虑学生日常消费情况以及影响家庭经济状况的有关因素,开展认定工作,认真审核班级民主评议结果,并结合家访、个别访谈、大数据分析、信函索证、量化评估等方式提高家庭经济困难学生认定精准度。学院对认定情况以适当方式、在适当范围内公示,接受广大师生的监督。公示时,严禁涉及学生个人敏感信息及隐私。无异议后,上报学校学生资助中心。

同时,学校还通过多种形式提供校内勤工助学岗位,尽可能帮助学生自力更生,既帮助学生解决经济困扰,又锻炼学生的实践能力,使学生实现自强自立。

三、案例反思

(一) 工作效果

学院根据学校学生资助中心的安排,及时到位发放资助资金,使有困难的学生得到资助;对家庭经济特殊困难的同学提供勤工助学岗位,帮助学生完成学业;通过国家助学贷款形式,为学生办理绿色通道,缓缴学费和住宿费;对于家庭突然发生重大病故或当年遭受自然灾害的学生,提供临时困难补助申请通道。学院认真落实各项资助款项发放工作,确保国家资助资金切实用到贫困学生身上。

学院坚持经济资助与育人相结合,切实做好贫困大学生的思想政治教育工作,既在经济上帮助学生渡过难关、生活上主动关心,同时在思想上和精神上给予正向引导和鼓励,促进学生自强成才。

(二) 对辅导员工作的启示

随着高等教育普及率的提高,社会对教育事业的广泛关注,以及高校生源的变化,家庭经济困难学生情况的复杂性也在不断增加,面对越来越多的情况,高校在开展资助工作过程中应不断创新。贫困生在受到资助的同时,他们的主观能动性教育、学习动力等方面的问题逐渐凸显,亟待解决。学校应不断加强对贫困生的人文关怀和思想教育,提升资助育人实效,构建发展型资助育人新模式,形成经济资助、心理辅导、学业指导、能力提升和精神内化的发展型资助育人新模式,使家庭经济困难学生从精神上和心理上健康成长。帮助学生树立自立自强、诚信处事的观念,让学生切实感受来自国家、学校和社会的关爱,使其愉快学习,全面发展。

学生资助是一项传递爱的事业,也是一项长期、系统且艰巨的工作。辅导员要怀着爱心、恒心和责任心,做好学生资助路上的思考者和实践者,奉献自己的光和热。

案例三

做学生成长成才的知心朋友

沈阳农业大学动物科学与医学学院　许海涛

辅导员是开展大学生思想政治教育的骨干力量，是高等学校学生日常思想政治教育和管理工作的组织者、实施者、指导者。辅导员应当努力成为学生成长成才的人生导师和健康生活的知心朋友。我从 2018 年开始，在沈阳农业大学动物科学与医学学院从事辅导员工作。担任辅导员的这几年时间，在我多年的工作经验中谈不上是时间最久的，却是最令我印象深刻的。我主要从以下几个方面开展班集体建设，并且取得了明显的效果。

一、正确引导，紧抓学生思想建设

年轻人，尤其是充满着无限活力与未来的大学生，就像是早晨七八点钟的太阳。抓好学生的思想建设工作，历来是开展辅导员工作的重中之重。在学生树立正确的世界观、人生观、价值观这一过程中，辅导员肩上的责任不可谓不重要。我带领学生以各班级团支部为单位，在各团支书的组织下，开展“学党史、强信念、跟党走”主题团日活动。在开展活动的过程中，一有时间，我就会和各个团支部一起学习和开展活动。其中一个团支部的 30 名团员全部参与其中，自行写稿并编排了一场朗诵，表现力不可小觑。参加过几次这种形式的团日活动后，我发现让各支部自行安排，不仅可以呈现出多元化的团课形式，与传统的思想课程相比，还可以提升学生的主动学习意识，同时潜移默化地影响着每一位同学。

二、公开透明，完善班级组织架构与制度

俗话说：“没有规矩，不成方圆。”班集体建设应以形成公开透明、公正合理的班集体制度环境为目标，坚持以人为本的原则，重点宣传班集体制度的优点，提高班集体决策的科学性和民主性，形成班集体同学自我管理、自我约束的运行机制。班委制度的建立是其中的重要环节。一个班集体的主心骨是班委，如果班委成员积极向上，那么班集体成员也会很优秀。所以在我的辅导员工作中，将评选、改选和监督班委作为管理各班集体的主要手段。如评选班委，必须在学生全员到齐、班主任和辅导员均到场参与的前提下，公平、公正、公开地进行投票选举。这种制度的好处显而易见，同学们对班委持肯定态度，那么班委工作的开展会十分顺利，辅导员的工作也会开展得相对顺利。

三、榜样引领，积极营造优良学风

学风建设是班集体风气建设的一部分。学风是学生在长期学习过程中形成的学习习惯、生活习惯、卫生习惯、行为习惯等方面的表现。辅导员应努力帮助班级培育勤于学习、奋发向

上、诚实守信、敢于创新的良好学风。每个学期考试月来临之际，我都会组织学生干部召开“诚信考试”大会，结合几年来的经验和校规、校纪，提醒同学们要诚信考试、诚信做人。同时我还会给各班级班长开会，让班长再次强调诚信考试的重要性，并发出倡议书，同时要求每名同学签字。双管齐下，效果还是很显著的。三年来，我所带领的班级和同学真正做到了“诚信考试”，实现零违纪。再如我带过的某一个班级，全班 30 名同学的学习热情都十分高涨，每到期末都会自发形成学习小组，查缺补漏、互相监督。这种良好学风的形成必然会带来令人惊喜的结果：该班级的考研率达到了 90%，成为名副其实的“学霸班级”。

四、自我剖析，激发学生想象与创造力

身为青年团员的大学生应该保持自我评价的习惯。每个年度结束后，我都会让团支书组织班级同学，对过去一年团支部的发展、建设等做出客观的评价，评价结果由班主任和辅导员老师审核后，录入智慧团建系统中存档留底。这并不是所谓的表面工作，在坚持这项工作几年下来后，我发现这样做可以有效提高班集体的集体荣誉感，使学生自发约束自身行为，能够从思想层面上规范自己的行为举止，从而做好学生的思想引领和行为引导。

大学生有别于中小学生，很明显的区别是他们有着更加开放和发散的思维。抓住这一点，正面引导学生，可以培养学生的创新精神。我带过的某一个班级的某位男同学，就曾在本科期间发表了数篇文章，还有同学在本科期间参与了很多大型数学建模活动并取得了不俗的成绩。

五、多元扩展，丰富学生业余生活

班集体文化是每一个班级的精神和灵魂，是班级发展的重要根基，是提升班级同学凝聚力的核心内容。加强班集体文化建设，努力构建富有文化内涵和特色风格的优秀班集体，对形成良好的班级学风、优秀的校风建设都具有重要的促进意义。某一毕业班就曾组织班级同学，利用课余时间写脚本、定场景、做造型，在学校的各个角落拍摄了一段音乐视频，作为结束大学生活的留念。这件事情启发了我，班集体文化不应局限于学习文化等方面，像这种娱乐文化、宿舍文化等也应作为辅导员工作内容之一。辅导员应该督促和引导学生们在德、智、体、美、劳各个方面全面发展。每一年，我都会组织开展以班级为单位的篮球赛、素质拓展等活动。尤其是素质拓展活动，每个班级分别选出相应人数的同学，共同参加同一游戏项目。此举能够培养同班级同学之间的默契，提高核心凝聚力。

结语：

班级是教育和管理的基本单位，班级工作的开展不能仅仅依靠班干部，班里的每一个同学都应该是班级建设的生力军，如此班级的凝聚力才能得到增强。学生在班集体中的主人翁作用发挥得越充分，对班集体的归属感就越强。辅导员作为学生生活和学习的陪伴者、思想的引领者，在督促建设出一个个优良班集体的同时，更要抓好每一位学生的思想政治教育，引导学生正确认识世界和中国的发展趋势、正确认识时代责任和历史使命、正确认识远大抱负和脚踏

实地,促使他们成为又红又专、德才兼备、全面发展的中国特色社会主义合格建设者和可靠接班人。

参考文献

一、著作类

[1]夸美纽斯. 大教学论[M]. 傅任敢,译. 北京:人民教育出版社,1984.

[2]何芳. 创造性地建设班集体[M]. 北京:知识出版社,2000.

[3]张耀灿,陈万柏. 思想政治教育学原理[M]. 北京:高等教育出版社,2001.

[4]张尉萍. 思想政治工作学教程[M]. 北京:中共党史出版社,2004.

[5]李学农. 班级管理[M]. 北京:高等教育出版社,2004.

[6]罗洪铁,董娅. 思想政治教育原理与方法:基础理论研究[M]. 北京:人民出版社,2005 .

[7]周保英. 新课改视域下班级管理案例析[M]. 武汉:华中师范大学出版社,2005.

[8]章叶英. 构建和谐班集体的方法与实践[M]. 北京:华龄出版社,2006.

[9]黄正平. 班集体问题诊断与建设方略[M]. 北京:教育科学出版社,2007.

[10]檀传宝. 德育与班级管理[M]. 北京:高等教育出版社,2007.

[11]张鹏. 校园视觉文化中隐性价值的研究[M]. 北京:人民教育出版社,2008.

[12]赵健. 学习共同体的建构[M]. 上海:上海教育出版社,2008.

[13]赵健. 学习共同体:关于学习的社会文化分析[M]. 上海:华东师范大学出版社,2008.

[14]伊冬梅,丁力. 中国当代高校学生组织研究[M]. 北京:时事出版社,2008.

[15]张晓明,陈建文. 高等教育心理学[M]. 北京:高等教育出版社,2008.

[16]赵志毅. 班级活动设计与组织[M]. 南京:南京师范大学出版社,2009.

[17]乐国安. 社会心理学[M]. 北京:中国人民大学出版社,2009.

[18]张作岭. 班级管理[M]. 北京:清华大学出版社,2010.

[19]赵海霞. 班集体建设智慧与策略[M]. 长春:东北师范大学出版社,2010.

[20]柏昌利,吴秀霞,林波,等. 高等学校班集体建设论纲[M]. 西安:西安电子科技大学出版社,2011.

[21]王芳,唐和英. 优秀班集体的建设与维护[M]. 芜湖:安徽师范大学出版社,2013.

[22]齐学红,黄正平. 班主任专业基本功[M]. 南京:南京师范大学出版社,2013.

[23]教育部思想政治工作司.加强和改进大学生思想政治教育重要文献选编(1978-2014)[M].北京:知识产权出版社,2015.

[24]冯刚.改革开放以来高校思想政治教育发展史[M].北京:人民出版社,2018.

二、学位论文类

[1]李健.大学优秀班集体的特征和构建研究[D].青岛:中国石油大学,2010.

[2]朱广生,高校班级文化建设现状与对策[D].上海:华东师范大学,2010.

[3] 覃吉春.基于绩效管理的先进班级评价研究[D].成都:西南交通大学,2010.

[4]刘索华.高校思想政治教育凝聚力功能研究[D].合肥:安徽大学,2011.

[5]周世杰.班主任与班级管理[D].上海:上海师范大学,2011.

[6]丁绍宏.大学生集体主义教育研究[D].长春:东北师范大学.2014.

[7]刘永春.高校辅导员队伍建设管理问题与研究[D].长春:吉林大学,2014.

[8]谢海红.高校班干部行为对班级凝聚力的影响[D].天津:河北工业大学,2014.

三、学术论文类

[1]高峰.论群体理论在高校学生教育管理工作中的应用[J].四川理工学院学报(社会科学版),2008(05):131-138.

[2]章小纯.新时期大学生班集体建设的探讨[J].当代教育论坛(管理版),2010(01):84-86.

[3]刘磊.浅论大学班集体文化[J].学理论,2010(10):202-203.

[4]徐玉莲.高校班级文化面临的现实困难与主要问题的解决[J].学理论,2010(14):226-227.

[5]伏荣超.学习共同体理论及其对教育的启示[J].教育探索,2010(7):6-8.

[6]华南.心理契约:大学班级管理新境界[J].扬州大学学报(高教研究版),2011,15(1):76-79.

[7]贾义敏,詹春青.情境学习:一种新的学习范式[J].开放教育研究,2011,17(05).

[8]肖冬梅,肖万飞.对新时期高校班集体建设的思考[J].教育探索,2011(07):91-92.

[9]张艳萍.当前高校班级建设存在的问题与思考[J].思想理论教育导刊,2011(05):113-115.

[10]查晶,刘宁.关于新时期高校班级建设的思考[J].北京教育(德育),2011(03):21-23.

[11]文大稷.高校辅导员的主体角色与育人职责[J].学校党建与思想教育,2011(18):162-163.

[12]王雅君.建设高校优秀班集体的思考探索[J].辽宁农业职业技术学院学报,2012(03):61-62.

[13]殷姿,刘才刚.大学班级的育人功能及其建设谫论[J].学校党建与思想教育,2013(26):50-52.

[14]乔凯.高校辅导员有效运用个案社会工作方法研究[J].学校党建与思想教育,2013(12):87-89.

[15]李伟娜.浅析高等学校班集体活动的创新策略[J].云南社会主义学院学报,2014(01):359-360.

[16]聂邦军.高校班级建设存在的问题及其应对[J].学校党建与思想教育,2014(20):64-65.

[17]何进,董春阳.高校班集体管理模式探索与研究[J].思想教育研究,2014(12):92-95.

[18]何涛.高校青年志愿者社团优化发展研究[J].三峡大学学报(人文社会科学版),2014,36(S1):104-106.

[19]李辉,任美慧.思想政治教育环境论:现状、问题与展望[J].思想理论教育,2014(07):33-38.

[20]盛佳伟.新形势下高校班集体建设的思考[J].思想理论教育导刊,2014(05):139-141.

[21]杨森清.辅导员在班级文化建设中的创新与实践[J].大众文艺,2014(23):253-254.

[22]黄生亚.立德树人视域下加强高校班集体育人功能探析[J].学理论,2014(33):247-248.

[23]刘凯.学分制背景下提高高校班级凝聚力的路径[J].山东青年政治学院学报,2014,30(04):78-83.

[24]梁朗.面向高校学生凝聚力的目标顾客群体差异化行为研究[J].首都经济贸易大学学报,2014,16(03):104-107.

[25]李小霞.注重班级文化建设,提升高校班级凝聚力[J].张家口职业技术学院学报,2014,27(02):47-49.

[26]王建东,高婧怡,高峰.大学班级凝聚力的影响因素和应对措施[J].文化学刊,2015(03):158-159.

[27]王伟.以"四位一体"班级文化引导基层班集体建设[J].产业与科技论坛,2015,14(03):154-155.

[28]姜希.营造良好班集体环境的策略[J].教书育人(高教论坛),2015(33):30-31.

[29]孙娜.班级凝聚力从哪里来[J].教学与管理,2015(26):15-17.

[30]汪婕.班级管理中的常见问题及其解决对策[J].才智,2015(15):17-18.

[31]龙春莉.高校辅导员职业认同现状与对策初探[J].教育教学论坛,2015(14):30-31.

[32]杨尔飞,司琼,汪子奇,等.高校班级建设考评制度探析[J].高校辅导员学刊,2015,7(6):45-47.

[33]徐峰,张琳. 巧用心理学技术,增强班级凝聚力[J]. 中国教育学刊,2016(10):104-105.
[34]叶玮光,侯玉环. 试论大学生友善价值观培育的情理并融策略[J]. 思想理论教育导刊,2016(09):103-106.
[35]王建亭,郝秀娟,刘健. 高校班级学生干部队伍建设探析[J]. 高教探索,2016(S1):166-167.
[36]金胜. 应然、实然、使然:高校优秀班集体建设问题探讨[J]. 教育现代化,2016,3(40):163-164.
[37]张育叶. 辅导员视域下的高校班集体文化建设[J]. 开封教育学院学报,2016,36(12):92-93.
[38]姜兵. 新形势下加强和改进高校班集体建设的对策研究:基于浙江工商大学班集体建设的实践[J]. 劳动保障世界,2017(02):51-52.
[39]常雅慧. 对高校班级文化建设的若干思考:基于勒温团体动力理论[J]. 吉首大学学报(社会科学版),2017,38(S1):172-174.
[40]史立伟. 小组工作介入大学新生适应性教育的探索与实践[J]. 思想教育研究,2017(03):117-120.
[41]辛德军. 社会工作视角下辅导员队伍建设理念的构建与创新路径[J]. 学校党建与思想教育,2017(19):91-93.
[42]江帆. 网络环境下加强高校思想政治教育和班集体建设的实践应对[J]. 科教导刊(中旬刊),2017(02):87-88.
[43]李涵. 基于需要层次理论的"95后"大学生班集体文化建设的研究[J]. 教育观察(上半月),2017,6(01):17-18.
[44]王涛. 浅谈高校班级干部队伍建设[J]. 农场经济管理,2018(04):63-64.
[45]张立春. 全员参与让班级评价更显民主与活力:对组织幸福龙章班评活动的思考[J]. 华夏教师,2018(22):91-92.
[46]刘洪波,杨巍. 新形势下新疆高校班级建设与管理研究[J]. 新疆大学学报(哲学·人文社会科学版),2018,46(03):30-34.
[47]刘颖,李军庆. 新时期主题团日活动在学生班集体建设中的思考与探索[J]. 现代交际,2018(18):17-18.
[48]姜玉洪,刘艳春. 高校班集体建设与评价体系研究[J]. 学校党建与思想教育,2018(18):66-68.
[49]冉真真,董华,吴星. 新时代下高校班集体建设的模式探究[J]. 科技资讯,2018,16(19):213-214.
[50]李佳. 网络环境下加强高校思想政治教育和班集体建设的实践应对[J]. 教育现代化,2018,5(25):269-270.

[51]邴浩,贾龙,范舒瑞.高校班团集体建设举措述评及实效分析:基于清华大学案例及数据的研究[J].中国青年研究,2019(07):113-119.

[52]郑银珊.高校班集体学风班风建设的研究:以中山大学新华学院为例[J].当代教育实践与教学研究,2019(08):112-113.

[53]徐兰英,刘一.社会主义核心价值观融入高校班级文化建设研究:基于河北大学省级优秀班集体的分析[J].河北大学成人教育学院学报,2019,21(01):108-112.

[54]冯刚.新时代高校班集体的发展状况与建构方向[J].思想教育研究,2019(03):106-109.

[55]代玉启,李济沅.高校班集体本质的时代拓展及其有效实现[J].思想教育研究,2019(03):110-113.

[56]邬小撑,许怡,陈南菲.高校班集体的模式构建研究[J].学校党建与思想教育,2019(05):47-49.

[57]朱宏强.改革开放以来高校班集体发展状况及特点研究[J].学校党建与思想教育,2019(05):50-52.

[58]王亚晶.交往视域下的高校班集体建设[J].学校党建与思想教育,2019(05):53-55.

[59]申小蓉.论新时代班集体建设的思想政治教育功能之强化[J].学校党建与思想教育,2019(01):24-26.

[60]黄荷昱.高校辅导员工作中的谈心谈话的作用探新[J].高教学刊,2019(13):186-188,191.

[61]吴小军,郭锋萍.高校思想政治教育与学生干部自我管理能力的提升[J].江苏高教,2019(09):116-120.

[62]李根.个性化评优在班级管理中的具体尝试和价值探索[J].生活教育,2020(10):32-35.

[63]申佩,李永山,潘莉.高校班集体建设研究文献分布与作者队伍评估:基于中国知网(2006—2019年)文献研究[J].高校辅导员学刊,2020,12(05):94-100.

[64]何进,曹蕾.疫情防控形势下高校班集体组织力建设实践[J].北京教育(德育),2020(09):46-49.

[65]刘轩.高校班级管理举措研究[J].教育教学论坛,2020(24):17-18.

[66]赵辉,于淼.新时代高校班集体建设路径的新思考[J].教育现代化,2020,7(26):119-121.

[67]吕品,李朋伟,仝艳.新时代背景下对高校班主任工作的几点思考[J].教育现代化,2020,7(06):85-86,102.

[68]冀里栋.新时期高校班集体建设的价值审思与有效实现[J].延边教育学院学报,2021,35(06):101-103.

[69]曲翔,彭雪婷.高校班集体建设与培育时代新人研究[J].学校党建与思想教育,2021

(21):49-52.

[70]刘震.加强班集体建设落实“立德树人”根本任务[J].中国冶金教育,2021(01):73-75,81.

[71]朱芳转.马卡连柯集体教育理论指导下的高校班集体建设[J].渭南师范学院学报,2021,36(02):14-20.

[72]陈梦霖.新时代高校班集体建设评价指标体系构建及应用[J].学校党建与思想教育,2022(05):83-86.

[73]郜原,张岁玲,杨德龙,等.“团队化引导”在大学班集体建设中的实践:高校青年教师班主任生涯发展之路[J].高教学刊,2022,8(03):150-153.